ÉLÉMENTS
DU
DROIT DES GENS MODERNE
EUROPÉEN

PAR

LE BARON LÉOPOLD DE NEUMANN
Conseiller aulique, Professeur de Droit à l'Université de Vienne
Membre de l'Institut de Droit international

TRADUIT DE L'ALLEMAND
(SUR LA 2e ÉDITION REVUE ET AUGMENTÉE)
ET ANNOTÉ

PAR M. A. DE RIEDMATTEN
Avocat à la Cour de Paris, Docteur en Droit

PARIS
LIBRAIRIE NOUVELLE DE DROIT ET DE JURISPRUDENCE
ARTHUR ROUSSEAU
ÉDITEUR
14, rue Soufflot et rue Toullier, 13
1886

ÉLÉMENTS

DU

DROIT DES GENS MODERNE

EUROPÉEN

ÉLÉMENTS

DU

DROIT DES GENS MODERNE

EUROPÉEN

PAR

LE BARON LÉOPOLD DE NEUMANN

Conseiller privé, Professeur de Droit à l'Université de Vienne
Membre de l'Institut de Droit international

———

TRADUIT DE L'ALLEMAND

(SUR LA 3ᵉ ÉDITION REVUE ET AUGMENTÉE)

ET ANNOTÉ

PAR M. A. DE RIEDMATTEN

Avocat à la Cour de Paris, Docteur en Droit

———

PARIS

LIBRAIRIE NOUVELLE DE DROIT ET DE JURISPRUDENCE

ARTHUR ROUSSEAU

EDITEUR

14, rue Soufflot et rue Toullier, 13

—

1886

AVERTISSEMENT DU TRADUCTEUR

———

Le petit traité de l'éminent professeur de Vienne (1) avait été signalé, dès son apparition, pour la sûreté de sa doctrine et son élégante concision. Des hommes autorisés ont confirmé la justesse de cet éloge, et il nous a paru qu'une traduction de son œuvre trouverait sa place dans notre littérature du droit des gens, et serait tout spécialement bienvenue auprès des maîtres

(1) Léopold, baron de Neumann, né le 22 octobre 1811, en Galicie, acheva ses études juridiques à l'Université de Vienne, où il se fit recevoir docteur en droit (1835). Il fut ensuite successivement ~vocat du fisc pendant quatre ans, professeur de statistique à l'Academie thérésienne, professeur de droit des gens et d'histoire des traités (en langue française) à la même Académie (1845-1848), membre de la Diète constituante qui siégea à Vienne et plus tard en Moravie (1840-1849), enfin professeur de droit des gens à l'Université de Vienne, où il enseigne depuis 1849. M. de Neumann a été en outre élu deux fois doyen de la Faculté de droit, puis recteur de l'Université de Vienne. Il est depuis 1868 membre à vie de la Chambre des Seigneurs d'Autriche, et depuis 1874 membre effectif de l'Institut de droit international. L'empereur d'Autriche a daigné lui confier l'instruction juridique de quatre archiducs, parmi lesquels le frère de S. M., l'archiduc Louis-Victor, et tout récemment le prince héritier, l'archiduc Rodolphe. — Principales

et des étudiants de nos Facultés. On y trouve, en effet, dans une langue toujours sobre, et tel qu'on le chercherait vainement ailleurs, un clair et méthodique exposé des principes essentiels, « illustrés par les faits les plus importants de l'histoire ». Il nous était d'ailleurs agréable de compléter par la traduction de cette œuvre autorisée nos études précédentes sur le droit public et la politique, auxquelles le public français a bien voulu réserver bon accueil (2). Nous devons donc remercier M. de Neumann de la gracieuse autorisation qu'il nous a accordée de devenir son traducteur.

L'auteur expliquant suffisamment dans sa préface et son introduction sa méthode et son but, nous n'avons pas à nous y arrêter davantage ici. Deux courtes observations suffiront.

publications : *Manuel des consulats*, Vienne, 1854; *Traité élémentaire du droit des gens à l'usage des académies militaires*, Vienne, 1856; *Recueil des traités et conventions de l'Autriche depuis 1763 à 1856* Leipsig, 6 vol.; *Nouvelle suite au Recueil des traités, allant jusqu'à la fin de 1877*, Vienne, 9 vol. (Extrait de l'Annuaire de l'Institut de droit international, 1879-1880.)

(2) La Théorie générale de l'État, le Droit public général, et la Politique, par *Bluntschli*, traduits de l'allemand par M. de Riedmatten, 3 volumes, Paris, Guillaumin, 2ᵉ édition revue et complétée, 1881-1884. On sait que le célèbre professeur de Heidelberg a également publié, sous la forme d'un code annoté, un traité considérable de droit des gens, qui fait justement autorité. Nous lui emprunterons plusieurs citations dans la traduction française de M. *Lardy*, aujourd'hui ministre plénipotentiaire de Suisse en France, 3ᵉ édition, 1881, également chez Guillaumin.

Pour rendre son œuvre plus limpide et plus simple, l'auteur en a proscrit toute annotation. C'était faire indirectement une juste critique de ce procédé qui consiste à noyer un texte dans des notes prolixes, plus encombrantes qu'éclairantes, et dont maintes publications, estimables d'ailleurs, nous ont trop souvent donné l'exemple dans notre domaine. C'était aussi nous prescrire notre devoir, et nous nous sommes en conséquence borné à des annotations essentielles, spécialement à des rapprochements de doctrine, à quelques citations de textes importants, et à des références indispensables à la législation et aux usages français. Ces annotations appartenant uniquement au traducteur, il doit seul en assumer la responsabilité.

En second lieu, l'auteur a cru devoir ranger dans un appendice spécial la matière importante du droit de légation, bien qu'elle fasse réellement corps, par la méthode et par l'objet, avec l'ouvrage lui-même, dont elle formerait plus justement, ce nous semble, la IVe partie. Un second appendice s'imposait dès lors naturellement pour la reproduction à peu près intégrale et rapidement commentée que l'auteur a donnée du *Traité de Berlin* (1878). Mais le temps a marché, et nous ne pouvions nous-même passer sous silence l'*Acte général de Berlin* du 26 février 1885, relatif au Congo ou plutôt à l'Afrique centrale. On sait en effet que cet acte considérable ne le cède en rien au traité de 1878 par le nombre des états qui l'ont délibéré, ni par l'importance des décisions prises et des principes formulés, notamment en ce qui concerne les conditions de l'occupation des pays encore barbares d'outre-mer par une puissance civilisée. Sous ce dernier rapport, et aussi par l'esprit qui l'anime, l'acte de Berlin est peut-être plus remarquable que le traité de la même ville, qui règle une situation de fait plutôt qu'il ne pose des principes nouveaux ; et la difficulté qui vient de surgir entre l'Empire allemand et l'Espagne au sujet des Carolines, lui donne encore un regain d'actualité. Nous avons donc cru nous conformer aux intentions de l'auteur en lui consacrant un IIIᵉ appendice.

Enfin, nous sommes heureux de pouvoir exprimer notre reconnaissance à M. *Louis Renault*, l'éminent professeur de droit des gens à la Faculté de Paris, qui a bien voulu s'intéresser à cette publication.

A. R.

Paris, octobre 1885.

PRÉFACE DE L'AUTEUR

La seconde édition de mes *Éléments du droit des gens moderne européen* (1) étant depuis longtemps épuisée, je me suis décidé à en publier une troisième sur le désir de mon éditeur et, je l'espère aussi, des amis de ce modeste livre.

L'on s'apercevra du premier coup d'œil que cette troisième édition a été *revue et augmentée*. Notre revision ne porte naturellement que sur certains passages qui demandaient une rédaction plus nette, et non sur les principes dirigeants ; mais quant aux additions, elles sont intéressantes et nombreuses.

Il importait avant tout, en effet, de faire une place aux grands actes publics et internationaux survenus depuis 1877, tels que le traité de Londres du 13 mars 1883 sur la navigation du Danube, et le célèbre traité de Berlin du 13 juillet 1878 dont personne ne méconnaîtra l'intérêt non-seulement pour la presqu'île des Balkans mais pour le droit public de l'Europe entière. Nous donnons en conséquence dans le contexte lui-même une histoire succincte mais complète de la question du Danube ; et quant au traité de Berlin, en raison

---

(1) *Grundriss des heutigen europäischen Völkerrechtes.*

de son importance pour ainsi dire inappréciable, nous en reproduisons le texte dans un appendice spécial, en y ajoutant quelques éclaircissements avec les modifications qu'il a pu déjà subir.

Ces *Éléments* ont sans doute été rédigés en vue de l'enseignement universitaire, et notre longue carrière d'enseignement nous a permis de nous assurer qu'ils répondaient assez bien à leur but. Toutefois, ils peuvent offrir aussi à tout homme cultivé un tableau clair et succinct des principales conclusions de la science, illustrées par les faits les plus importants de l'histoire.

Pour les étudiants, la parole vivante du maître est naturellement appelée à compléter et à éclairer son livre. Mais dans le droit des gens, comme en tout autre enseignement, la mission du maître est bien plus de conduire dans le champ de la science en montrant et en assurant les principes, que d'épuiser dans son cours la variété infinie et sans cesse renouvelée des faits.

Cette méthode suppose naturellement le concours de l'élève. Elle doit éviter le trop et le trop peu, et cependant ne rien omettre d'essentiel. Garder l'exacte mesure, tel est son devoir d'autant plus difficile que le droit des gens, résultant de la grande vie internationale des États, qu'il règle et qui le détermine à son tour, n'est pas codifié ni ne paraît codifiable.

On reprochera peut-être à ce manuel de ne s'être pas chargé d'un appareil de citations ni de bibliographie, de s'être même abstenu d'entrer dans la critique des questions controversées. Mais, pour répondre même imparfaitement à ce désir, il eût fallu sortir du cadre et du plan que nous nous étions marqués. Ceux qui veulent approfondir la matière n'auraient pas moins dû s'adresser aux œuvres étendues d'un Heffter, d'un Calvo, d'un Bluntschli, et d'autres encore ; et une revue de l'innombrable littérature du droit des gens depuis son éminent fondateur jusqu'à nos jours n'aurait fait que reproduire ou compléter les travaux d'un R. von Mohl, d'un Kaltenborn, d'un Ompteda ou d'un Kamptz. Moins encore pouvions-nous songer à entrer dans le champ des controverses et de la polémique sans nous charger à l'excès.

Notre seconde édition avait exprimé le vœu de trouver des lecteurs même en dehors du monde des écoles et parmi tous ceux qui s'intéressent aux affaires publiques. Nous conservons cette espérance aujourd'hui que notre modeste ouvrage se présente, croyons-nous, sensiblement amélioré.

Nous nous sommes efforcé de trouver dans la concision de ce guide élémentaire un juste milieu entre l'esquisse trop sèche et les explications prolixes. Au lecteur d'apprécier jusqu'à quel point nous y sommes parvenu. Que cette troisième édition trouve du moins auprès de lui le bienveillant accueil qu'il a fait à ses devancières.

L. von Neumann.

Vienne, août 1884.

INTRODUCTION

§ 1. — **Fondement du droit des gens.**

Ce n'est pas dans l'isolement, mais dans la vie sociale seulement que l'homme peut accomplir ses destinées. Robinson, jeté par la fortune hors de la société, s'estima bien heureux quand il y put rentrer. Si loin que remontent nos regards et notre connaissance de l'histoire, l'homme nous apparaît comme membre d'une communauté, famille, église, commune, état.

Au sens *subjectif*, le droit est la faculté pour l'individu de réaliser sa volonté comme membre de la société ; au sens *objectif*, le droit est la règle des rapports des membres de la société entre eux et avec la société, la forme aussi de l'organisation propre de la société elle-même, de son ordre et de sa forme externes. La *personnalité* et la *communauté* sont les deux éléments essentiels, l'un *individuel*, l'autre *collectif*, de tout ordre juridique.

Pour que le droit règne dans la vie publique et privée, il faut que ses deux éléments, qui se limitent l'un l'autre, forment une harmonique union où l'élément individuel, ou la liberté, et l'élément général, ou l'ordre, se pénètrent réciproquement. La personnalité, celle de l'individu comme celle du corps moral, ne peuvent accomplir leurs fins que dans un ordre juridique supérieur, qui les embrasse et les supporte ; et cet ordre élevé n'est pas une simple agglomération mécanique de personnes physiques ou morales; il a sa nature propre et objective.

Le *droit* et la *morale* se distinguent en ce que la morale commande à l'individu même abstraction faite de la société, qu'elle considère moins l'acte extérieur que l'homme intérieur, l'intention, et n'est point armée de contrainte. Mais le droit et la morale, loin d'être au fond des contraires, ne sont tous deux que les éléments du grand domaine de l'éthique ou du monde moral, qui embrasse l'homme entier.

L'humanité se partage en une multitude de nations diverses ; et la nation, au sens politique du mot et non au sens ethnographique, constitue l'état, à qui toutes les personnes physiques ou morales qu'il embrasse sont subordonnées, comme à l'ordre juridique supérieur, à l'organe de la réalisation du droit chez un peuple déterminé et pour l'accomplissement des fins de l'humanité.

L'état est une union d'hommes soumise au même gouvernement et formant ainsi une personne morale sur un territoire donné. Son but immédiat est de réaliser son propre droit et le droit de ses membres; son but suprême, de permettre à ses membres d'accomplir leurs fins. *C'est à l'état qu'il appartient de mettre l'ordre et la liberté en harmonieux accord.* Ou la liberté prétend seule régner, c'est l'anarchie; ou l'ordre étouffe la liberté, c'est le despotisme. Ces deux extrêmes sont la négation et la suppression de l'état. La manie de tout gouverner et réglementer d'en haut est un abus aussi pernicieux que l'impuissance à rien gouverner. C'est ce qu'on peut démontrer par l'exemple de l'omnipotence du gouvernement français depuis Louis XIV, qui étouffa toute indépendance, toute vie communale ou corporative, et par l'anarchie aristocratique de la république royale de Pologne.

L'état n'est cependant pas l'ordre juridique le plus élevé qui soit sur la terre, car l'humanité ne vit pas dans un seul état, mais dans une multitude.

Cet ordre juridique supérieur et suprême, c'est *l'ordre juridique international;* et la règle de cette communauté internationale de la vie des états dans leurs rapports entre eux, directement, ou par leurs membres, constitue le *droit des gens (Vœlkerrecht)* ou *des états,* par opposition au droit d'un État isolé, qu'on divise à son tour en *droit privé* et *droit public internes,* suivant qu'il règle les rapports des personnes physiques ou morales de l'état entre elles, ou ceux des gouvernants et des gouvernés. Pour marquer cette différence, le droit international est aussi nommé *droit public externe (œffentliches æusseres Recht, jus publicum externum),* par opposition au *droit public interne (jus publicum internum).* Les Français disent *droit des gens,* les Anglais *international law.* Le *jus gentium* des Romains ne répond cependant pas à l'expression moderne *droit des gens,* mais bien plutôt à ce que nous appelons le *droit international privé,* qui est la règle des rapports juridiques de ressor-

tissants d'états différents, et en général de leur commerce, puisée dans la raison naturelle, c'est-à-dire dans
la nature même de ces rapports, et ayant sa source dans
le droit privé et dans le droit international. Nous y
reviendrons § 9 et 11.

Les états particuliers sont comme tels *les sujets du
droit des gens*. L'ordre juridique international qui les
domine élève leur vie juridique à la hauteur d'un ordre
général humain, tout en respectant leur indépendance
propre.

L'ensemble des droits suprêmes de l'état constitue la
souveraineté, et elle est intérieure ou extérieure, suivant
qu'elle s'affirme à l'intérieur de l'état ou dans ses rapports avec le dehors. En droit des gens, l'expression
employée seule désigne naturellement la souveraineté
extérieure.

La monarchie universelle ou la dictature d'un état
tout-puissant serait en contradiction avec la communauté internationale comme avec l'indépendance des
états particuliers. Par la nature des choses, l'état
particulier occupe relativement une place bien plus
considérable dans l'ordre juridique international que
l'individu dans l'état, auquel mille liens l'attachent du
berceau à la tombe, et à qui il est bien autrement subordonné en tout sens que l'état particulier à la communauté
internationale. L'état est législateur ; aucun pouvoir
semblable n'existe encore au-dessus des états. L'état se
suffit infiniment mieux à lui-même (αὐταρκής) que l'individu.
Les états sont les porteurs directs de ce qu'on peut
appeler le principe individuel ou *subjectif* de l'ordre

juridique international. Indirectement, les individus peuvent aussi devenir les sujets du droit des gens. L'état étranger qui les admet chez lui, qui traite ou dont les sujets traitent avec eux, ne les considère pas seulement comme des hommes ou comme ses sujets temporaires, mais aussi comme les membres d'un autre état ; et, d'autre part, leur propre patrie a le droit et le devoir d'étendre partout sur eux sa main protectrice pour les défendre contre toute injure. L'injure faite à l'individu rejaillit souvent sur l'état lui-même ; le tort privé devient une affaire internationale.

Le droit des gens moderne est aussi volontiers qualifié d'*européen,* parce qu'il est surtout reconnu et appliqué par les états de l'Europe et par celles de leurs colonies qui se sont émancipées dans le cours des siècles. On l'appelle encore justement *chrétien,* parce qu'il est surtout pratiqué par les nations chrétiennes, dont la civilisation repose sur cette religion universelle-humaine, qui, à la différence des religions nationales exclusives de l'antiquité et des nations modernes non chrétiennes, reconnaît les droits universels de l'homme et des états. Les nations musulmanes et polythéistes ne participent au droit des gens européen qu'en tant qu'elles en reconnaissent les principes, ou que du moins elles s'efforcent de les observer (1).

(1) *Bluntschli* (traduit par Lardy, 3ᵉ édition, 1881, art. 6) affecte volontiers des formules plus larges : « Quoique le droit international se soit d'abord formé entre les nations chrétiennes, il n'est cependant pas restreint au monde chrétien. Son fondement propre est la nature humaine. Son but est l'organisation

La Turquie elle-même n'a été admise dans le « concert des États européens » que par le traité de Paris de 1856.

§ 1 (a). — **Des détracteurs du droit des gens.**

La légitimité du droit des gens résulte indirectement de la réfutation des objections fréquentes faites contre son caractère scientifique et sa valeur pratique.

Tout au plus, dit-on, pourrait-il être question d'une morale des nations ; mais comment ? d'un droit des nations, alors qu'il n'y a ni *loi* qui les règle ni pouvoir de contrainte qui la fasse exécuter ?

La loi édictée par une autorité supérieure, répondrons-nous, est loin d'être la source unique du droit, et comme telle ne doit pas être confondue avec lui. C'est la vie sociale elle-même, la *coutume*, qui est la source la plus abondante du droit ; et le droit des gens naît précisément des intérêts communs, du commerce (*Verkehr*) vivant des nations civilisées. Ces relations ne peuvent pas plus être niées que le fait des innombrables traités qu'elles ont enfantés entre les peuples les plus divers depuis les temps les plus reculés et de nos jours surtout. Or, ces traités peuvent être appelés, dans un sens large, sinon rigoureusement juridique, les lois des nations, et de fait ils sont souvent ainsi nommés, con-

de l'humanité. — Droit général de l'humanité, il unit les chrétiens et les mahométans, les bouddhistes et les brahmanistes, les disciples de Confucius et les adorateurs des étoiles, les croyants et les non-croyants.

formément à l'axiome connu : *Pacta dant leges pascis-
centibus.*

Quant au *pouvoir de contrainte*, il parfait sans doute le
droit, mais il n'appartient nullement à son *essence;*
sinon le droit serait toujours et partout armé de contrainte, et il n'y aurait plus en somme ni droit public
ni droit privé. Objecter d'ailleurs que le droit des gens
ne peut se faire respecter que par la violence ou la
guerre, c'est oublier qu'il se fait constamment reconnaître dans l'état habituel et normal, qui est la paix, et
que la guerre elle-même n'est que son recours suprême,
après l'épuisement des moyens pacifiques. Oui, la guerre
est violence, mais violence n'est pas toujours injustice;
elle ne l'est que lorsqu'elle sert l'injustice, à moins qu'on
ne veuille aussi taxer d'iniquité l'exécution forcée des
jugements. Mais, ajoutent nos détracteurs, la plus juste
des causes ne peut-elle pas succomber à la guerre? Cela
est vrai, quoique plus rare qu'on ne pense. Les peuples,
les états qui ont disparu de la carte du monde portaient
le plus souvent le germe de leur ruine dans leur propre
sein; ils étaient intérieurement atteints avant même
d'avoir reçu de quelque puissant voisin le choc décisif.
Souvent un petit peuple moralement vaillant n'est-il pas
sorti vainqueur de sa lutte sanglante contre un grand
peuple? Et si la paix, une fois conclue, doit être obéie
quelle qu'elle soit, n'en est-il pas de même de la sentence
du juge, régulière en la forme et peut-être injuste au
fond? L'histoire du monde est le tribunal du monde. Sans
doute, cette procédure des nations qui est la guerre, est
bien imparfaite. Mais notre procédure civile ou pénale

n'est-elle pas aujourd'hui hautement supérieure à celle des siècles passés avec ses jugements de Dieu, sa torture, ses bûchers?

. De même, combien le droit moderne de la guerre, le traitement des prisonniers, la garantie de la propriété privée de l'ennemi, etc., ne sont-ils pas aujourd'hui différents de l'ancien droit barbare de la guerre, même chez les peuples classiques, qui ne respectait ni les personnes ni les choses!

§ 2. — Source et science du droit des gens.

Le droit a sa source première et immédiate dans la conscience raisonnable et la volonté, non l'arbitraire, de l'homme né sociable et n'atteignant ses fins que dans la société, de l'homme donc vivant dans la famille, la communauté, l'état, de l'individu collectif. La *formation* et le progrès *du droit* sont *des faits historiques* comme le progrès du genre humain. La conscience du droit se manifeste d'abord par l'observation uniforme et la fixation de ce qui devient petit à petit le droit, par la *coutume*, source d'autant plus riche dans le droit des gens que la seconde source du droit, la loi ou la règle édictée par l'autorité, ne crée le droit que dans et par l'état.

Il n'y a pas, en effet, pour les états de pouvoir législatif supérieur autorisé à fixer les règles de leurs relations ; et les traités, si nombreux qu'ils soient, ne sont que des accords entre eux pour un but déterminé ; ce n'est qu'improprement ou par figure qu'on peut les appeler des lois internationales. Vainement tenterait-on d'ailleurs de construire un prétendu droit international positif et universel avec leurs innombrables dispositions, car ils ne font en tout cas loi que pour les contractants et quant aux choses qu'ils déterminent. On ne se tromperait pas moins en ne voulant reconnaître de droit international « positif » que dans les traités. *La plupart des droits des nations dans leurs relations réciproques dérivent* de l'usage ou *de la coutume*, précisément parce que la loi, au sens propre du mot, ne peut créer le droit entre les états.

Sans doute, la plupart des traités, qu'ils aient pour objet les relations pacifiques, le commerce, la navigation, une guerre commune ou la paix, présentent des ressemblances remarquables et souvent littérales, non que les plus récents aient été simplement copiés sur les plus anciens, mais en raison surtout de la similitude naturelle des rapports et des besoins, des progrès accomplis, des habitudes, des concepts juridiques.

En effet, les lois et les traités, les unes dans l'état seulement, les autres en dehors aussi, créent moins le droit qu'ils ne le déterminent, le modifient, en éclaircissent l'expression, donnant ainsi matière et impulsion à de nouveaux progrès.

Certains systèmes d'états, tels que les états fédéraux, par exemple, les États-Unis d'Amérique, la Suisse, le nouvel Empire allemand, qui possèdent à la vérité un pouvoir législatif commun, parce qu'ils forment ainsi un tout politique, ou du moins parce que

leur caractère est mixte, à la fois international et public.
Mais les lois générales de ces systèmes ne s'adressent
également qu'à leurs membres plus ou moins autonomes,
et leur ensemble ou l'état collectif se présente seul
comme un sujet du droit des gens. Ce n'est que comme
tout collectif que la Suisse et les États-Unis envoient
ou reçoivent des représentants diplomatiques. S'il en
était autrement pour la Suisse d'autrefois, si jusqu'au
commencement de ce siècle chacun de ses treize cantons se faisait représenter à la conclusion des traités
publics, c'est qu'elle n'était alors qu'une *confédération
d'états*, non un état fédéral.

La doctrine, en s'appliquant à la coutume et à la loi,
forme une nouvelle source de droit qui n'est autre que
la *science du droit*. La science éclaire et précise les coutumes, souvent vagues, qui naissent directement des
faits ; et de même, elle interprète les lois, les ordonne
et les ramène à leurs principes.

Nulle part cette source n'est aussi productrice que
dans le domaine international, en présence d'états
indépendants les uns des autres, qui ne reconnaissent
ni juge ni législateur communs. La coutume, et la
science, qui l'ennoblit et l'éclaire, remplacent, en effet, un
codex juris gentium, un code international qui manque et
qui paraît irréalisable. Nos grands maîtres du droit des
gens, depuis Grotius jusqu'à nos jours, sont plus que de
simples autorités théoriques. Expression de la plus
haute conception du droit de leur temps, leurs enseignements ont pénétré dans les traités et les usages,
dans la pratique des peuples. Cette puissance morale de

la science du droit des gens et de ses enseignements, leur propagation et leur intime union avec la pratique, sont doublement salutaires dans un domaine où la supériorité physique et l'arbitraire prétendent trop souvent régner. L'usurpateur audacieux qui s'efforce de justifier ses actes violents en invoquant les maîtres de la science, paie lui-même son tribut au droit des gens comme l'hypocrite à la vertu.

§ 3. — Méthodes du droit des gens.

La science peut suivre ici une triple voie : faire *l'histoire du droit des gens ;* exposer les principes de ce droit à une époque déterminée, ou en faire la *dogmatique ;* enfin, en montrer la *philosophie.*

La matière du droit des gens, comme de tout autre droit, se manifeste à nous dans les progrès de l'histoire ; et l'histoire du droit des gens est également *interne* ou *externe,* suivant qu'elle raconte les événements historiques qui ont exercé sur son développement une action directrice, ou qu'elle expose les progrès de ses principes et de ses doctrines.

La *dogmatique* ou le système du droit des gens positif a pour objet de montrer, à une époque donnée, chez un ou plusieurs peuples et dans une liaison naturelle, les principes du droit des gens dont l'histoire a déroulé sous nos yeux les progrès successifs.

Enfin, la *philosophie du droit des gens* s'élève au-dessus des progrès et des stades particuliers ou passagers pour les ramener aux principes suprêmes. Faisant abstraction des anomalies et des accidents d'une époque, elle dégage les grandes règles dans toute leur pureté, pour en mettre en évidence les plus hautes conceptions.

Sans doute, l'histoire elle-même du droit des gens, lorsqu'elle ne veut pas dégénérer en une sèche énumération de dates mais être pragmatique et montrer la liaison des effets et des causes, ne saurait se dispenser d'une vue philosophique ou d'un retour aux principes généraux ; et inversement, une dogmatique qui bannirait toute philosophie, ne serait qu'un mécanique rapprochement de formules. Mais n'oublions pas que la philosophie du droit des gens emprunte elle-même ses matériaux à l'histoire, à la vie réelle des peuples. La différence, c'est qu'elle s'efforce essentiellement d'en dégager les principes, de les ordonner et de les purifier, d'aboutir à un tout scientifique et vivant, comme au résultat suprême de son étude des siècles écoulés. Chaque époque a d'ailleurs son système philosophique qui se reflète, comme son type suprême, dans son droit, et surtout dans son droit des gens. A travers les générations qui s'écoulent, l'esprit humain travaille sans relâche au grand œuvre de l'intelligence du monde moral et physique.

Et cependant pas plus qu'aucune époque, aucun système de philosophie ne saurait se prétendre en possession de la vérité tout entière, et par suite la critique des principes suprêmes ne saurait aspirer davantage à constituer un système du droit des gens achevé pour jamais.

Le but du présent traité est de donner un exposé systé-
matique et rapide du droit des gens moderne des États
civilisés, et d'en montrer les principes dirigeants, eu égard
aux besoins de la pratique et aux exigences de la science.

§ 4. — Aperçu de l'histoire du droit des gens et de son élaboration scientifique.

Le droit des gens au sens moderne était inconnu des
peuples antiques par l'effet de leur exclusivisme politique et religieux. Ce n'est pas qu'on ne rencontre des
alliances ou des traités entre nombre d'entre eux, surtout
entre tribus congénères, comme entre les Hellènes, par
exemple. Mais l'idée d'une vaste communauté embras-
sant tous les États ne pouvait trouver de place en présence de l'isolement dont chaque État se faisait un principe, ou des tentatives de domination universelle telles
que celles des Perses ou des Macédoniens. Isolement
ou guerre jusqu'à l'anéantissement de l'existence politique propre de l'adversaire, telle était la règle ; les relations amicales n'étaient que l'exception. Les prisonniers
de guerre devenaient de plein droit des esclaves.

Lorsque ses relations avec ses voisins se furent multi-
pliées, et que le commerce, qu'elle abandonnait surtout
aux étrangers, demanda une réglementation distincte du
droit civil rigoureux applicable aux seuls citoyens
romains, Rome institua une magistrature spéciale dans
le *prætor peregrinus,* et le droit qui régla petit à petit ces
rapports prit le nom de *jus gentium.* C'est à tort qu'on l'a

souvent confondu avec le droit des gens moderne, car il
ne formait qu'une sorte de droit privé commun, dont
les règles, fondées sur les besoins de l'homme ou sur
la nature des choses, ne s'appliquaient qu'aux rapports
de ressortissants d'États différents, et non aux rapports
des États entre eux. Le *droit fécial* cependant se rapproche déjà mieux dans une étroite mesure du moderne
droit des gens. Les féciaux étaient, en effet, un collège
de prêtres établi par Numa Pompilius et qui interve-
naient dans les déclarations de guerre et la conclusion
de la paix. Leur droit, ou l'ensemble des actes et formules religieux qu'il comprenait, loin d'épuiser la
notion du droit des gens moderne, ne formait ainsi
qu'une portion de notre droit de la guerre.

Mais les faibles éléments de ce droit des gens des
Romains devinrent eux-mêmes inapplicables quand
Rome embrassa tout l'ancien monde connu, et dispa-
rurent avec la chute de l'Empire et les grandes migra-
tions qui inondèrent l'Occident.

Les Germains fondent alors sur les débris de Rome
de nouveaux royaumes, qui s'absorbent petit à petit à
mesure que les conquérants deviennent plus sédentaires
dans le vaste Empire des Francs de Charlemagne. Mais
cette puissance s'écroule à son tour sous ses faibles successeurs, et une grossière anarchie règne pendant des
siècles, jusqu'au jour où les germes d'un nouveau droit
des gens réapparaissent lentement, sous l'influence de
la suprématie spirituelle du pape, et par l'effet de la
religion chrétienne commune, des liens féodaux et de la
chevalerie. Si le moyen âge nous avait présenté le spec-

tacle de l'état incessamment en lutte pour son unité et
sa consolidation, ou de la monarchie se débattant contre
les étreintes de la noblesse féodale, au xvi° siècle cette
grande lutte s'achève à peu près partout par le triomphe
des princes, et une phase nouvelle et décisive s'ouvre
avec lui pour le droit des gens. La monarchie maintenant assurée peut jeter ses regards au dehors et occuper
à la guerre étrangère ses vassaux à peine apaisés et
ses armées permanentes récemment créées et doublement dangereuses par l'invention des armes à feu. La
découverte de l'imprimerie, la civilisation renaissant
avec l'étude de la littérature classique, les progrès du
commerce, les grandes découvertes de pays lointains,
tout se réunit alors pour appeler nos états chrétiens à
une vie nouvelle plus haute, en multipliant de mille
manières leurs liens et leurs relations. Les alliances,
les traités de commerce et de navigation surgissent en
foule, et les nouveaux besoins réclament enfin des légations permanentes, au lieu des anciennes ambassades,
qui n'avaient été que temporaires et d'occasion. Les
systèmes et les combinaisons politiques se succèdent;
ainsi le système des états de l'Ouest et du Sud, et le
système des états du Nord, tous deux reliés et séparés
par le saint Empire romain si étrangement rassemblé.
Les états faibles s'allient de leur côté pour sauvegarder
leur indépendance. Les tendances menaçantes de monarchie universelle d'abord de l'Espagne, puis de la
France, provoquent les grandes coalitions des autres
états dans l'intérêt du maintien de l'équilibre européen :
ainsi de Louis XIV, et plus tard de Napoléon I". Un

système politique grandiose, qui embrasse tous les états
de l'Europe, se forme de la sorte, grâce aux relations
toujours plus nombreuses des peuples. Le traité de
Westphalie (1648) fixe le système international des états
de l'Ouest et du Centre, le traité d'Oliva (1660) celui
des états du Nord; le congrès de Vienne (1815) fonde
un système politique nouveau sur des fondements
anciens.

Le progrès historique des relations des états depuis
le xvi° siècle marche de pair avec celui du nouveau droit
des gens qui les règle, et qui est surtout pratiqué et
respecté par les peuples civilisés chrétiens de l'Europe et
du dehors. Sans doute, les états chrétiens ont aussi des
relations avec les non-chrétiens, musulmans ou autres;
ils observent même à leur égard les règles du droit
des gens dans la mesure où ceux-ci les observent eux-
mêmes sinon en principe du moins en fait(1). Mais une
parfaite réciprocité ne se conçoit qu'entre personnes qui
se reconnaissent les mêmes droits; et si la Porte a été
admise, comme nous l'avons dit, dans le concert
européen par le traité de Paris du 30 mars 1856, le
principe du Coran, qui fait de la guerre aux Infidèles le
premier des devoirs, le droit et les mœurs des Islamites
sont et demeurent, malgré tout ce que l'on a pu récemm-
ment écrire ou décréter sur le papier, en pleine contradiction avec le droit des gens des états chrétiens.

---

(1) Cette formule de *réciprocité* paraît trop étroite. La conduite
des sauvages à notre égard ne peut pas être la mesure de notre
conduite au leur. Voy. d'ailleurs p. 45.

La dernière guerre turco-russe et le traité de Berlin
voy. Appendice II) ont grandement affaibli, pour ne pas
dire irrémédiablement ébranlé, ce vieil empire ; et cependant, par une étrange ironie de l'histoire, ces mêmes puissances qui ont tant contribué à ce résultat, d'ailleurs
inévitable, proclament sans cesse d'autre part que le
maintien de la Turquie est un des piliers du système de
l'équilibre européen.

L'élaboration scientifique du droit des gens accompa-
gna toutes ces transformations, qui en subirent d'ailleurs vivement l'influence. *Hugo Groot* (Grotius), né à
Delft en Hollande (1583), et mort à Rostock (1645), est
justement regardé comme le père et le fondateur de
notre science. Ses nombreux successeurs puisèrent
comme dans une mine féconde dans son célèbre traité
De jure belli et pacis, et se partagèrent bientôt en deux
écoles, dont l'une, avec Puffendorf et Wolff, nia le droit
des gens positif pour ne reconnaître qu'un droit des
gens philosophique, idéal, dit aussi naturel ; tandis que
l'autre, avec J.-J. Moser (mort en 1785), son principal
représentant, prétendit n'admettre qu'un droit des gens
fondé sur les traités et les usages. L'impulsion donnée
par leurs écrits fit naître ces grandes collections des
traités internationaux des Dumont, des Rousset, des
Leibnitz, des Schmauss, des Wenk, et dont la plus
récente et la plus riche, celle de Frédéric de Martens,
commencée à la fin du siècle dernier, se continue
encore de nos jours (1).

(1) Sous ce titre : *Nouveau recueil général des traités et autres*

Nos récents auteurs les plus en renom, Martens, Saalfeld, Klüber et autres, partant de la conception philosophique de Kant, distinguent le droit des gens en naturel et positif, l'un découlant de conceptions abstraites et du soi-disant état de nature des peuples ; l'autre fondé sur les traités et les usages, et dont le droit des gens naturel compléterait les lacunes. Mais cet état de nature prétendu de l'homme et des peuples ne saurait être invoqué comme un principe sérieux ; car, si haut que remontent nos connaissances historiques, l'homme nous apparaît en société, membre de groupes politiques plus ou moins achevés. D'ailleurs, la communauté internationale des peuples n'est-elle pas quelque chose de réel et de vivant bien plutôt qu'une pure abstraction? et l'étude philosophique du droit, spécialement du droit des gens, n'emprunte-t-elle pas à l'histoire aussi ses matériaux et ses déductions?

L'école historique fondée par Savigny et autres considère le droit comme un produit de l'histoire, et ses formes historiques comme autant de manifestations qui réfléchissent plus ou moins clairement l'idée du droit. Elle voit dans ces phénomènes du progrès du droit dans l'histoire, comme une liaison intime et nécessaire de causes et d'effets. Elle remonte des éléments particuliers de cette évolution aux lois générales qui la soutiennent et la déterminent. Ce travail ascensionnel vers les principes suprêmes est une condition nécessaire de toute

actes relatifs au droit international, continuation du grand recueil de *G. Fr. de Martens,* par *Jules Hopf,* Göttingue, Dietrich, éditeur.

philosophie du droit, de même qu'une culture philosophique préalable est indispensable pour l'accomplir. Il faut dire plus : les résultats suprêmes de l'histoire du droit et de la philosophie du droit, du droit positif et du droit philosophique, doivent ainsi concorder (1).

§ 5. — Division du droit des gens.

On divise habituellement le droit des gens en *droit de la paix et droit de la guerre*. Cette division n'est sans doute pas rigoureusement logique et ne correspond pas à la division traditionnelle et rationnelle des autres branches du droit. Celles-ci, en effet, s'occupent d'abord du droit en lui-même dans un exposé systématique, par exemple du droit privé, du droit public; puis, de la manière de le faire valoir et respecter, ou de la procédure. Or, loin que le droit des gens ne soit invoqué qu'à la guerre, il ne l'est plutôt alors qu'exceptionnellement. C'est dans l'état normal de la paix qu'on l'applique surtout. D'autre part, ce serait comprendre la guerre bien étroitement que de n'y voir qu'une procédure internationale, puisque la procédure, au vrai sens du mot, consiste à faire valoir son droit dans les formes légales.

Nous conserverons néanmoins cette division habi-

----

(1) *Bluntschli*, o. c. art. 15 : « Lorsque des usages anciens sont en contradiction avec le droit naturel, ou lorsque la conscience progressive des peuples les réprouvent, ils n'obligent pas ou cessent d'obliger les états. »

tuelle, en y ajoutant simplement, comme une troisième partie, l'esquisse *des droits et des devoirs* des agents diplomatiques, ces organes principaux du maintien des relations internationales.

Le droit de la paix se divise à son tour en droit des *personnes,* des *choses,* et des *obligations.*

PREMIÈRE PARTIE

—

DROIT DE LA PAIX

———

CHAPITRE PREMIER

DROIT DES PERSONNES

—

§ 6. — Les sujets du droit des gens.

Les *sujets du droit des gens* sont ou des personnes morales et collectives, savoir les états comme membres de la communauté internationale ; ou des individus, des personnes physiques. Parmi celles-ci, il faut mettre en première ligne les *souverains* et leurs familles ; puis, les *ministres ;* enfin, les divers *ressortissants d'un état* qui entrent en relation avec un état étranger ou avec ses ressortissants, en tant que séjournant ou possesseurs sur son territoire, ils deviennent ainsi temporairement ses sujets et sont soumis à ses lois, tandis que, d'autre part, leur propre patrie garde le droit et le devoir de les protéger contre toute injure ou déni de justice, les droits publics étant en même temps des devoirs (§ 1).

L'individu, l'homme qui vivrait en dehors de tout état, s'il en existe, ne pourrait pas invoquer le droit des gens, mais simplement un droit général plus vague, humain (1).

PREMIÈRE SUBDIVISION

---

§ 7. — Les états comme sujets du droit des gens.

L'état n'est pas l'œuvre du hasard ni de la volonté arbitraire de l'homme (du contrat), mais d'une dispensation providentielle. L'homme ne peut, en effet, atteindre ses fins que dans l'état. Ce n'est donc qu'indirectement et par dérivation que le contrat peut fonder un état ou lui donner une nouvelle forme, par exemple en suite de l'émancipation d'une province, comme la Belgique en 1830, ou d'une possession coloniale, comme les ci-devant colonies anglaises d'Amérique. Le progrès, l'organisation interne de l'état appartient, par contre, à l'activité libre de l'homme, et nombreux sont les passages et les degrés entre l'état patriarcal de l'Orient, les royautés et les républiques des Héllènes, la république et l'empire

(1) Comp. *Bluntschli*, o. c. sous l'art. 23 : « Cependant on peut constater une union plus intime des états : certains états étrangers usent de leur autorité pour faire respecter la *qualité de citoyen du monde*, lorsque l'état dont la victime dépend ne possède pas les moyens de faire punir l'outrage. »

romain, la féodalité germanique, enfin la monarchie absolue ou constitutionnelle moderne.

Par sa notion, l'état est, de plus, immortel. Mais les états réels naissent et périssent. Sans doute, on ne voit plus de nos jours détruire ou transplanter tout un peuple, chose d'ailleurs assez rare, même dans l'antiquité (Tyr, le peuple juif). Mais un état peut toujours se fondre ou disparaître dans un autre, totalement ou partiellement par révolte, conquête ou démembrement. Combien la carte de l'Europe n'a-t-elle pas changé depuis le xvi⁰ siècle seulement ? Telle puissance jadis prépondérante n'est aujourd'hui qu'une puissance de second ou même de troisième ordre ; telle autre, aux faibles débuts à peine remarqués d'abord, mais favorisée par les circonstances et les exploitant, s'est conquis une situation qui impose au monde. Guerres et révolutions apportent leur large contingent à l'élévation et au renversement des états.

Nous distinguons les *formes de gouvernement,* avec le vieil Aristote, d'après leurs chefs ou les gouvernants : le gouvernement d'un seul ou la monarchie ; le gouvernement des meilleurs et des plus considérés par leur naissance ou leur fortune, ou l'aristocratie ; le gouvernement populaire ou la démocratie. Ici, le peuple est souverain ; il fait la loi par lui-même ou ses représentants ; il gouverne par ses organes ou fonctionnaires élus, parfois à vie. Mais la monarchie illimitée, qui ne trouve pas une barrière dans le concours constitutionnel de la nation, peut dégénérer en pouvoir despotique ; l'aristocratie en oligarchie, ou pouvoir exclusif de quelques-uns ; la démocratie en la pire des énormités, en ochlocratie ou pouvoir sans frein de la plèbe, ce qui réenfante volontiers le despotisme, la société ne pouvant subsister sans ordre ni police.

La plénitude du pouvoir suprême de l'état se nomme la *souveraineté*, et elle est *interne* au regard des ressortissants de l'état, *externe* ou internationale au regard de l'étranger.

L'on distingue, en droit international aussi, des états *simples* et des états *composés*, et la constitution de ces derniers est elle-même très variée.

Un état mi-souverain ne possède dans la règle que la souveraineté interne et dépend, comme vassal ou protégé, d'un état suzerain ou protecteur. Mais cette dépendance peut être aussi plus ou moins étroite, très réelle ou presque nominale, suivant l'origine et les précédents historiques. Dès avant le traité de Berlin de 1878, qui a fait de ces principautés vassales de la Porte des états souverains, les puissances traitaient sans scrupule avec la Roumanie et la Serbie, et recevaient même leurs agents, sans les ranger toutefois dans le corps diplomatique traditionnel ni leur accorder un caractère diplomatique formel. Et bien que ce même traité ne fasse de la Bulgarie qu'une nouvelle principauté tributaire sous la suzeraineté de la Porte, elle n'en reçoit pas moins dès lors des agents diplomatiques, sans en envoyer cependant, c'est-à-dire sans exercer le droit actif de légation. Le droit public et international de la Bulgarie est donc encore flottant, en voie de se constituer.

L'état composé forme tantôt une *union réelle,* joignant indissolublement ses membres, tantôt une *union personnelle* qui ne les rassemble qu'en raison du prince ou de la dynastie commune et pour la durée de celle-ci, ou même pour la durée d'un ordre de succession déterminé. Ce dernier cas d'union persista pendant plus d'un siècle (1714-1838) après que la maison de Hanovre fut montée sur le trône d'Angleterre ; il ne cessa qu'à l'avènement de Victoria, la succession des cognats ayant alors prévalu en Angleterre, tandis que le Hanovre gardait un système mixte : là, les femmes de la ligne régnante furent préférées aux mâles des lignes collatérales ; ici, au contraire, les femmes n'étaient appelées au trône qu'à défaut de mâles dans toutes les lignes. Une union personnelle semblable subsiste encore entre le royaume des Pays-Bas et le grand-duché de Luxembourg, qui ferait retour à la ligne allemande aujourd'hui dépossédée des Nassau-Weilbourg si la maison de Nassau-Orange, souveraine des Pays-Bas, venait à s'éteindre ; on le trouve rappelé dans le protocole de Londres du 11 mai 1867. La principauté de Neuchâtel forma jusqu'en 1857, où elle fut définitivement incorporée à la Suisse, une union personnelle avec la Prusse. Il en fut de même un instant du Lauenbourg et de la Prusse. Le traité du 30 octobre 1864 mit en effet ce duché, en même temps que ceux de Sleswig et de Holstein enlevés au Danemark, sous le *condominium* de l'Autriche et de la Prusse ; puis l'Autriche l'abandonna entièrement à la Prusse par le traité de Gastein du 14 août 1865, contre une indemnité de 2 1/2 millions de thalers. L'union demeura personnelle jusqu'en 1876, où le Lauenbourg fut incorporé à la Prusse par une union réelle. L'union personnelle, l'histoire en témoigne, se transforme d'ailleurs volontiers en réelle. Les familles princières s'unissent par des mariages, des contrats successoraux (*Erbverbrüderungen*), etc., parce que les principautés tendent à former des états plus importants. Tous les grands états de l'Europe se sont formés petit à petit de la sorte.

L'union *réelle* comporte elle-même une indépendance constitutionnelle ou administrative plus ou moins grande de ses membres. C'est ce qui se voit notamment dans le double état de Suède et Norwège, qui n'en forme qu'un seul au regard de l'étranger. Cette presqu'île scandinave et septentrionale qui s'étend jusque vers le pôle, entourée par la mer, peu peuplée, peu faite pour exciter les convoitises du dehors, ayant enfin *une même* race et *une même* confession, peut plus facilement se passer d'une concentration de ses forces que des états entourés de voisins toujours en éveil et expansifs. L'union réelle peut aussi, sans détruire les coutumes provinciales, aller au point de vue *administratif* jusqu'à la *fusion :* telle la Grande-Bretagne depuis que les parlements d'Ecosse et d'Irlande (1801) ont été réunis au parlement d'Angleterre, et que la *législation* et la *politique* en ont été par suite centralisées.

Plusieurs états peuvent encore, sans perdre leur souveraineté même externe, former, pour leur sûreté ou leur intégrité communes, soit une *confédération* d'états (*Statenbunde*), soit un état fédéral (*Bundesstat*), organisme public qui se présente comme un seul corps, un tout politique au regard de l'étranger. L'union est dans les deux cas réelle et permanente. Mais en fait elle peut naturellement se rompre ou se dissoudre, comme fit en 1866 la confédération germanique après cinquante ans d'existence, comme cela arrive à l'état fédéral lui-même lorsque les éléments centrifuges l'emportent. La victoire des éléments unitaires ne fait, par contre, que renforcer l'union, comme on le vit heureusement pour les États-Unis d'Amérique après la cessation de la guerre civile (1861-1865). Une confédération internationale d'états qui multiplie et resserre ses liens se transforme volontiers en état fédéral par l'accroissement successif du pouvoir central. Ainsi de la Confédération suisse depuis 1803, en passant par les étapes de 1815, 1848 et 1874 (v. § 2, p. 9). L'état fédéral suppose d'ailleurs une parfaite égalité entre les états qui le composent, et non l'hégémonie ou la prépondérance l'un d'eux ; il est, par suite, essentiellement républicain.

L'*Empire fédéral allemand* de 1870, avec sa présidence héréditaire de la Prusse, comprend cependant, en dehors des trois villes hanséatique, vingt-deux états monarchiques, dont la souveraineté, déjà limitée en principe, tend à le devenir toujours davantage par la tendance naturellement unificatrice du pouvoir impérial. Mais cette formation se présente comme un exemple unique dans l'histoire.

L'état fédéral n'est pas une simple agglomération de souverainetés particulières ; il a lui-même sa souveraineté ; et par suite il possède, à l'encontre de la confédération d'états, des autorités centrales propres, exécutives, législatives, et même judiciaires. Le pacte d'union détermine dans quelle mesure ses membres conservent le droit de traiter avec l'étranger (1).

§ 8. — Droits généraux des états comme membres de la communauté internationale.

Le fondement des droits réciproques des états, c'est leur *égalité*. Tous les états souverains, petits ou grands, le Liechtenstein ou la Russie, sont, sans égard à leur puissance inégale, *égaux en principe*.

L'inégale puissance engendre toutefois des inégalités *de fait*, et amène dans la pratique certaines concessions au profit des grands états européens, un *ordre* ou un *rang*.

Les états qui jouissent des *honneurs royaux* font usage du titre, des armes, et de la couronne royale, et peuvent

(1) Tout ce paragraphe appartient plus encore au droit public comparé qu'au droit international. Voyez, pour plus de détails sur les formes de gouvernement, la souveraineté, les états composés et les unions, *Bluntschli*, traduit par M. de Riedmatten, *Théor. génér. de l'État,* liv. VI, ch. vii, et *Droit public général,* liv. III, ch. x. — *Bluntschli, Dr. int.,* cod., art. 68 : « Le droit international ne crée pas les états, mais il les unit par des lois et principes communs basés sur la justice et l'humanité ; » art. 29 : « La question de savoir si et dans quelle forme un nouvel état existe appartient en premier lieu au droit constitutionnel; celle de savoir si et avec quelle situation il doit être admis dans le concert des États appartient au droit international. »

s'envoyer des représentants de premier rang ou des ambassadeurs ; leurs chefs monarchiques, s'ils sont empereurs ou rois, se traitent de frères. Appartiennent à cette classe, outre les royaumes et les empires, les républiques considérables, les grands-duchés, jadis aussi l'Électeur de Hesse-Cassel. Le pape, quoique dépouillé de son pouvoir temporel depuis le 20 septembre 1870, a conservé les honneurs royaux, et exerce le droit de recevoir et d'envoyer des ambassadeurs.

L'Angleterre donne officiellement le titre d'impérial à son parlement, et sa reine a reçu récemment (1876) celui d'impératrice des Indes. Ce royaume avait d'ailleurs de tout temps, et de même autrefois la France, pris le titre plus pompeux d'empire dans ses relations avec les pays orientaux.

Les états qui ne jouissent pas des honneurs royaux accordent aux autres certains témoignages d'honneur, par exemple le pas, le rang des signatures, etc.

Le changement de la constitution d'un pays, ou même de la forme de son gouvernement, ne change en rien son rang. La France républicaine a les honneurs royaux comme la France monarchique. Un duc (celui d'Oldenbourg) qui devient grand-duc (1815) acquiert pourtant les honneurs royaux. On voit plus rarement un prince les perdre en tombant dans une situation inférieure (exemple, le roi d'Étrurie). Par contre, les deux principautés de Roumanie et de Serbie, jadis vassales de la Turquie et indépendantes depuis 1878, jouissent certainement des honneurs royaux depuis que leurs chefs ont pris le titre de roi avec l'assentiment des puissances.

§ 8 (*a*). — **Droits fondamentaux des états.**

Il suit du principe de l'égalité des états :

1° Chaque état a sa personnalité, c'est-à-dire le droit d'exister et de se déterminer lui-même (l'autonomie politique). Chaque état peut donc fixer à son gré sa constitution, l'ordre de succession de sa dynastie, son titre, ses armes, pourvu qu'il ne lèse pas les droits d'autrui. Charles X de Suède fit la guerre à la Pologne parce que ses rois, issus de la maison des Wasa, continuaient à prendre le titre de « rois de Suède » (paix d'Oliva, 1660).

L'émancipation politique d'un peuple est un fait historique que le droit des gens légitime quand elle se produit sans blesser les droits des autres états. Elle appartient toutefois plutôt au droit public intérieur qu'international lorsqu'elle résulte de la rupture ou de la scission d'un état antérieur, simple ou composé. Celui-ci, qu'elle menace, peut la combattre, sans que les puissances étrangères aient le droit d'intervenir, à moins que des traités, une garantie promise, une prétention juridique ne les y autorise. Mais une fois que la portion qui veut se séparer s'est acquise une existence indépendante assurée, elle entre à son tour dans la communauté internationale, tout en assumant une part proportionnelle des obligations de l'ancien état (1). La

(1) Comp. *Bluntschli* o. c. art. 48 : « Les droits et obligations d'un état ne passent pas avec ou *à la partie cédée ou détachée ;*

reconnaissance des puissances est alors désirable, et volontiers accordée de nos jours, mais elle n'est pas indispensable ; elle ne fait que corroborer l'existence du nouvel état par sa réception formelle dans la communauté internationale.

Le droit d'exister implique le droit de *se conserver*. Les états étrangers n'ont pas davantage le droit de s'opposer à l'*accroissement légitime d'un pays* par le développement de ses propres ressources, par des acquisitions pacifiques, ou la conquête dans une guerre juste. Par contre, les tendances de domination universelle ou de dictature sur l'étranger, de même que les guerres de pure conquête, placent en légitime défense tous les pays menacés dans leur indépendance.

Ce n'est, en effet, nullement une chimère, comme plusieurs l'affirment sans connaître ni l'histoire ni la poli-

— l'ancien état qui a seul contracté reste ayant-droit et obligé. » Art. 50 : « Lorsqu'un *état est annexé* à un autre, ses droits et ses obligations ne s'éteignent pas nécessairement. » En effet, les États-Unis ou les colonies espagnoles d'Amérique émancipées ont-elles assumé une portion quelconque des dettes de leur métropole ? et récemment la Lombardie et la Vénétie, une part de la dette autrichienne, ou l'Alsace-Lorraine de la dette française? Le traité de Berlin a dû édicter une disposition spéciale, fort équitable d'ailleurs, pour grever les parties détachées de l'Empire ottoman d'une portion de sa dette. Mais, d'autre part, le nouveau royaume d'Italie a fondu toutes les dettes des différents *états annexés* en une seule dette publique commune (loi de 1861), et s'est chargé dès 1860 de la dette pontificale en proportion de la population des Romagnes. — Ibid., art 54 : « La fortune des états qui cessent d'exister passe activement et passivement aux successeurs de ces états. »

tique, que cet *équilibre politique* qui donne aux divers états, seuls ou plus souvent unis, le droit de s'opposer aux entreprises dominatrices de potentats ambitieux, et au démembrement de pays qui forment des éléments essentiels de pondération. Cet équilibre est bien plutôt l'unique sauvegarde des puissances secondaires, et même de tout état. C'est pour le maintenir que l'Europe coalisée combattit la dictature d'un Louis XIV et d'un Napoléon Ier.

2° *Chaque état a droit au respect de sa personnalité*, et par suite est aussi tenu de rendre aux autres les témoignages usités d'estime et de respect, et de s'abstenir de toute usurpation de leurs droits souverains. Il évitera donc de susciter intentionnellement des obstacles à l'état étranger qui ne fait qu'affirmer et défendre son droit d'exister ou sa dignité. Tout prince qui garde sa parole peut aussi exiger qu'on ajoute foi à ses déclarations.

L'état peut et doit imposer à ses ressortissants eux-mêmes le même respect externe du pays étranger et de ses lois. Un contrat qui aurait pour objet la contrebande de marchandises prohibées ou n'ayant pas acquitté les droits, ou de les assurer en cas de saisie, doit être réputé nul de droit, inadmissible juridiquement et moralement, par suite impuissant à servir de fondement à une action civile (1).

---

(1) La cour suprême de l'Empire allemand a rendu récemment une importante décision en ce sens. La jurisprudence française avait au contraire prononcé en 1835 que « la contrebande à l'étranger n'étant prévue ni réprimée par aucune loi française

3° Tous les états ont également le droit de *commerce* ou de *relations mutuelles* (*Verkehr*), sans préjudice du droit de légiférer sur les douanes, la circulation des étrangers et les passeports. Une défense absolue de toute relation avec l'étranger, comme autrefois en Chine et au Japon, équivaudrait à s'exclure de la communauté internationale.

Les voies de communication nécessaires, tels que les détroits qui mènent à l'Océan et alors même que les deux rives en appartiendraient au même état, comme les Dardanelles, ne peuvent pas non plus être fermées aux étrangers. Inversement, l'état peut restreindre par contrat son droit de commerce, pourvu que cette limitation n'aille pas jusqu'à l'abandon des conditions même de son existence. L'entrée du territoire peut être accordée ou refusée aux étrangers, la permission ratta- chée à certaines conditions. Mais les considérations su- périeures d'humanité doivent du moins toujours être respectées : c'est ainsi qu'un navire pressé par la tem- pête ou poursuivi par l'ennemi ne saurait en aucun cas être repoussé du port auquel il demande asile.

L'état peut interdire à ses sujets, et sur son terri- toire même aux étrangers, un commerce ouvertement immoral, tel que la traite des esclaves. Sur l'Océan tou-

n'est pas une cause illicite d'obligation ». (Cass. 25 mars et 25 août, Sir. 35, I, 673 et 805.) La justice anglaise et américaine paraissent également encore de cet avis. — Une loi prussienne du 22 août 1853 punit l'introduction de contrebande à l'étranger, sans réserve de réciprocité. Comp. *Heffter* traduit par Bergson et annoté par Geffken, 4° éd., 1883, p. 78.

tefois, cette défense ne lierait les ressortissants des autres états qu'autant qu'ils se seraient engagés par des traités à l'abolition de cet abominable trafic. Le traité de Londres du 20 décembre 1841 conclu à cet effet entre l'Angleterre, l'Autriche, la Russie, la Prusse et la France, n'a pas été ratifié par cette dernière puissance (1).

4° La *liberté* et *l'indépendance* de l'état se marquent surtout dans sa *souveraineté territoriale,* c'est-à-dire dans son droit d'exercer librement sur son territoire, à l'exclusion de toute puissance étrangère, ses droits souverains. Aucun état ne saurait par contre prétendre à exercer des droits de ce genre, justice, police, droit d'impôt, sur un sol étranger, ni d'y recruter des troupes ou d'y provoquer l'émigration. Mais il est parfaitement permis en droit des gens de recevoir les émigrants de l'étranger, et même de les encourager par d'avantageuses promesses ; de même l'état peut-il unir à son territoire les fractions détachées d'un autre état qui en sont devenues indépendantes. Toutefois ces *annexions* chéries des modernes, qu'on accompagne d'un prétendu suffrage universel et libre, ne sont pas à prendre plus au sérieux au point de vue de la science et du droit, que ce suffrage n'est juridiquement nécessaire pour l'incorporation d'une province conquise, par exemple, dans une guerre légitime.

Toute immixtion sans droit dans les affaires intérieures d'un état constitue une violation de sa liberté et

____

(1) Comp. *infrà* l'Acte général de Berlin (1885), art. 8.

de son indépendance ; peu en importe le prétexte,
comme par exemple l'oppression ou la persécution de
races congénères ou de coreligionnaires. Les représentations sont admises; mais aller plus loin serait difficilement justifiable, car une demande bien fondée ne
doit elle-même user que de moyens légitimes.

§ 9. — Conflits des lois et des droits de divers états.

La souveraineté d'un état, de même que sa législation, se trouve souvent en contact ou même en conflit
avec celle d'un autre, dans leurs relations entre eux ou
celles de leurs ressortissants. Le droit des gens doit donc
aussi formuler ici des règles de décision. L'on exposera
d'abord à cet effet les principes du *droit international
privé,* ou l'ensemble des règles relatives aux conflits
des diverses législations; la théorie des *servitudes* du
droit des gens s'y rattachera; puis viendra celle des *interventions,* qui atteignent le plus gravement la souveraineté de l'état.

DU DROIT INTERNATIONAL PRIVÉ (1)

---

§ 10. — I. Du droit des étrangers en général.

Sont soumis à l'état, sous tout rapport, ses ressortissants ou ses sujets par la naissance légitime, le domicile permanent, ou l'entrée dans un service public. Les enfants illégitimes suivent la nationalité de la mère, ou acquièrent celle du père par la légitimation. La femme mariée prend toujours la nationalité de son mari.

On appelle *sujets temporaires,* dans un sens plus étroit, les étrangers qui séjournent plus ou moins longtemps dans un état sans entrer dans ses liens politiques, et de même ceux qui y possèdent des immeubles (les forains).

Le droit et la protection de l'état s'étend à ses nationaux établis à l'étranger. Il peut les rappeler chez lui (*ius avocandi*), soit pour le service militaire, soit pour l'accomplissement d'autres devoirs civiques, sans cependant que l'état de leur résidence, à moins de traité spécial, soit tenu de lui prêter secours à cet effet. Il leur accorde sa protection et son appui contre toute injure ou déni de justice, et s'interpose au besoin quand l'état étranger leur refuse satisfaction. L'injure d'un particu-

---

(1) Pour plus de détails sur cette matière, voy. les *Éléments de droit intern. privé d'Asser*, excellemment traduits, annotés et complétés par M. Rivier ; Paris, Rousseau, 1884.

lier peut ainsi devenir une injure de l'état et autoriser une demande de réparation dans les formes du droit des gens.

Tout sujet, bien qu'absent de son pays, conserve envers lui l'obligation de respect et d'obéissance, et demeure soumis à sa loi nationale en tout ce qui conserne l'*état* et la *capacité de sa personne,* ainsi quant à sa capacité de *contracter* et à son *état civil* (1).

Aucun état civilisé ne refuse de nos jours l'entrée de son territoire à l'étranger dûment légitimé et non suspect. Mais le rapatriement ou le renvoi des *vagabonds* suspects ou sans ressource fait l'objet de nombreux traités entre les états européens.

L'étranger jouit de la protection de l'état qui le reçoit sur son territoire, et dont il doit à son tour respecter les lois civiles, pénales et de police, de même qu'il est soumis à ses tribunaux (2). Jouissent seuls de l'*exterritorialité,* ou, en d'autres termes, ne sont pas soumis aux lois et aux tribunaux étrangers les souverains et les agents diplomatiques (ministres, envoyés, chargés d'affaires), les vaisseaux de guerre séjournant dans les eaux étrangères, et les corps de troupes qui traversent un pays étranger.

L'étranger ne jouit dans l'état que des droits civils, à l'exclusion des droits politiques, qui n'appartiennent qu'aux nationaux. Dans le droit des gens et le droit

(1) *Code civil,* art. 3 : « Les lois concernant l'état de la capacité des personnes régissent les Français même résidant à l'étranger. »

(2) *Code civil,* art. 3 : « Les lois de police et de sûreté obligent tous ceux qui habitent le territoire. »

civil modernes, par exemple d'après l'article 33 du code civil autrichien, les étrangers sont en effet placés sur la même ligne que les nationaux quant à la jouissance des droits civils, mais sous la réserve naturelle de la *réciprocité* (1). Le refus de celle-ci serait injuste, et autoriserait une rétorsion.

L'étranger qui veut acquérir un immeuble doit naturellement remplir en première ligne les conditions imposées aux nationaux eux-mêmes, et par suite avoir la capacité nécessaire. S'il ne réside pas dans l'état, il ne lui sera d'ailleurs soumis que quant à son acquisition, non quant à sa personne. Les « sujets mixtes », ou qui possèdent des immeubles dans divers états, ne sont pas pour autant les sujets de plusieurs états au sens propre et complet du mot, car l'on ne peut servir qu'*une* patrie de son entière et indivisible personnalité.

Les *impôts* tout *personnels* ou qui grèvent la personne, même sans égard à ses biens ou à son industrie, ne peuvent être exigés de l'étranger ; mais il est naturellement soumis aux impôts fonciers, et relève sous ce rapport de la juridiction du territoire.

L'étranger qui a rempli toutes ses obligations a le droit incontesté d'émigrer et de retourner dans sa patrie sans avoir à subir un droit de retenue sur le patrimoine

---

(1) Comp. art. 13, *Code civil* français : « L'étranger qui aura été admis par l'autorisation du roi à établir son domicile en France, y jouira de tous les droits civils, tant qu'il continuera à y résider. » La réciprocité n'est même pas exigée, et les mêmes droits, en général, sont en fait reconnus à l'étranger qui ne s'est pas fait autoriser à établir son domicile.

qu'il emporte avec lui. La succession qu'il délaisse ne peut pas davantage être saisie par l'état au détriment des héritiers testamentaires ou légaux; l'ancien *droit d'aubaine* du moyen âge a été aboli par tous les peuples civilisés. Bien plus, de nombreux traités entre la plupart des états permettent à l'étranger de transporter au dehors, sans subir de droit de détraction, les successions qu'il aurait recueillies même d'un sujet de l'état; et en l'absence de traités sur la matière, le même droit est généralement accordé sous réserve de réciprocité (*reservalia de observando reciproco*) (1).

§ 11. — II. Application de la justice de l'état aux étrangers.

La *capacité personnelle de contracter* est toujours régie par la loi nationale, et il en est ainsi même à l'étranger (§ 4 du code civil autrichien). Ce principe ne souffre exception qu'en vertu de textes formels, comme par exemple d'après l'art. 84 de l'Ordonnance autrichienne sur les effets de commerce, quant à la capacité de s'obliger par cette voie (2).

---

(1) La réciprocité, qui était encore exigée en ces matières par les a. 726 et 912, c. c., a même cessé de l'être en France depuis la loi du 14 juillet 1816, qui les a abrogés.

(2) Cette ordonnance n'est autre que l'*Allgemeine Wechsel Ordnung* de 1848, qui régit aussi l'Allemagne; son art. 84 est ainsi

Quant aux *choses*, il est aujourd'hui de principe reconnu que les *meubles* sont censés suivre la personne, lui être comme attachés, et qu'ils sont, par suite, également régis par la loi nationale de leur possesseur (1). Toutefois les immeubles réputés annexe ou dépendance inséparable des meubles par la loi de la situation, et qui sont ainsi immobilisés par elle, sont naturellement soumis au statut réel (*lex rei sitæ*).

Les *immeubles* sont toujours régis par la loi du territoire où ils se trouvent, ainsi quant aux conditions de leur acquisition, de leur charges réelles, et de leur aliénation (2).

La *validité d'un acte juridique* qui fonde, change, corrobore ou éteint des droits, dépend, abstraction faite de la capacité personnelle de l'accomplir, de la loi du pays où il doit et peut produire effet. Toutefois, lorsque l'acte passé dans un pays doit être exécuté dans un autre

---

conçu : « La capacité de s'engager par lettre de change est déterminée, pour les étrangers, par la loi du pays auquel ils appartiennent. Néanmoins un étranger incapable d'après la loi de son pays, mais capable d'après la loi allemande de s'obliger par lettre de change, peut s'obliger par lettre de change. » La loi française n'a pas de disposition spéciale de ce genre, et par application du principe de l'art. 3 du code civil, la jurisprudence se prononce en sens contraire.

(1) *Code civil italien* (1866), a. 7 : « Les biens meubles sont soumis à la loi de la nation de leur propriétaire, sauf disposition contraire de la loi du pays où ils se trouvent.

(2) *Code civ. français*, art 3 : « Les immeubles, même ceux possédés par des étrangers, sont régis par la loi française. » *Code civil italien*, a. 7 al. 2.

dont les lois ne contiennent rien d'exclusif ou de spécial à son endroit, il suffit qu'il soit conforme à la loi du lieu où il a été passé (*locus regit actum*).

Quant à la forme de l'acte, l'usage constant est de l'apprécier par la loi du lieu du contrat : ainsi de la question du nombre des témoins nécessaires dans un acte notarié.

Les *décisions judiciaires* entre deux parties, lorsque l'une ou toutes deux sont étrangères, sont régies exclusivement par la loi du lieu où elles sont demandées, quant à la compétence du juge, aux formes de la procédure et au genre de preuve admissible. Pour les actes de procédure, tels qu'une enquête, l'examen des livres de commerce à l'étranger, il est d'usage de recourir à ce qu'on appelle une *commission rogatoire* (*Requisitions* ou *Ersuchsschreiben*) adressée au juge étranger (1).

Les jugements rendus à l'étranger ne peuvent être *exécutés* sur le territoire d'un état qu'avec son assentiment, et les peuples civilisés ont conclu à cet égard de nombreux traités. L'exécution s'obtient sur requête de l'intéressé, et le magistrat étranger se contentera le plus souvent d'examiner si le jugement ne contient rien de contraire à ses propres lois (2). Ainsi l'arrêt qui autoriserait la poursuite et la saisie d'un esclave fugitif ne pourrait être déclaré exécutoire en Autriche, car l'esclave

---

(1) Comp. *Code civil italien* (1866), a. 9 et 10, qui contiennent sur tous ces points des dispositions explicites.

(2) *Code de proc. civile*, a. 546 ; *Code civ.*, a. 2123 et 2128 ; *Code italien*, a. 10 al. 3.

y devient libre de plein droit en mettant le pied sur le sol autrichien (1).

La *décisions arbitrales* sont à interpréter comme des contrats lorsqu'il s'agit d'un arbitrage librement consenti ; elles sont alors, en effet, comme une transaction des parties (2). S'il s'agit, au contraire, d'un arbitrage imposé par la loi, la décision sera plutôt assimilée à une sentence judiciaire. La *juridiction volontaire,* non contentieuse, par exemple en matière de tutelle, de curatelle, de succession non litigieuse, s'applique à l'étranger conformément à la loi du lieu de sa résidence. Mais sa capacité personnelle, la question d'état, par exemple s'il est mineur ou majeur, reste soumise à sa loi nationale.

§ 12. — III. La justice pénale au regard de l'étranger.

La justice pénale d'un état ne s'applique qu'aux infractions commises sur son territoire par toute personne, ou à l'étranger par ses nationaux, ou même par un étranger s'il s'agit d'attentat contre son existence, son crédit ou sa constitution (3). Certains pays, tels que l'Autriche, punissent même les étrangers saisis

(1) De même en France et dans la plupart des pays d'Europe et même d'Amérique.

(2) Comp. a. 1020 et 1021, *C. pr. civile.*

(3) Comp. *C. civ.,* a. 3.; *C. inst. cr.,* a. 5 à 7 ; et M. *L. Renault,* Étude sur la répression des délits commis à l'étranger, dans le Bulletin de la Soc. de lég. comp., de juin 1880.

sur leur territoire pour tous les crimes qu'ils auraient commis à l'étranger (1).

Aucun état n'est en principe obligé de prêter assistance à l'autre pour l'exercice de sa justice pénale, ou d'extrader le délinquant fugitif. Mais l'intérêt commun de la répression des délits a donné naissance à un grand nombre de traités d'*extradition* des malfaiteurs, spécialement des déserteurs (2). Ces traités sont tantôt relatifs aux délits de tout genre, tantôt aux délits de droit commun, à l'exclusion des délits politiques, ou encore seulement à certains délits déterminés et spécifiés.

L'extradition de ses propres ressortissants n'est jamais accordée par l'état, qui peut et doit les punir lui-même. Les deux pays les plus libres du globe font seuls exception à cette règle : l'Angleterre et les États-Unis consentent l'extradition de leurs nationaux eux-mêmes sur due réquisition, toujours sous réserve des *délits politiques*, faisant ainsi confiance aux lois et à la justice étrangères. Au reste, la plupart des récents traités d'extradition admettent, conformément à un principe posé par la loi belge, qu'un attentat contre la personne ou la famille d'un souverain étranger (meurtre, assassinat, ou empoisonnement), ne constitue pas un crime politique ni un acte connexe à un crime politique (3).

(1) *Secùs* en France.

(2) Les traités d'extradition de la France avec l'étranger ne contiennent plus aucune disposition relative aux déserteurs : par exemple, traité d'extradition avec l'Angleterre (1876); et nous n'avons même plus de conventions spéciales pour cet objet.

(3) Cette clause, connue sous le nom de *clause belge* de la loi du

L'extradition a lieu sur requête, après constatation de l'identité de la personne et production de charge suffisante pour justifier une accusation dans l'état étranger lui-même. L'extradé est conduit jusqu'à la frontière de l'état requérant, puis remis à ses agents contre remboursement des frais (1). Il ne peut naturellement être conduit par le territoire d'un troisième état qu'avec le consentement de celui-ci. En l'absence de traités, aucun état n'est tenu d'obtempérer à une demande d'extradition; mais, d'autre part, l'étranger dangereux peut en tous cas être expulsé du pays avec défense d'y rentrer.

22 mars 1856, et maintenue par l'art. 12 de la loi belge de 1874 sur l'extradition, est conçue comme suit : « Ne sera pas réputé délit politique, ni fait connexe à un semblable délit, l'attentat contre la personne du chef d'un gouvernement étranger ou contre celle des membres de sa famille, lorsque cet attentat constitue le fait soit de meurtre, soit d'assassinat, soit d'empoisonnement. » (*Annuaire de lég. c.*, 1874, p. 411.)

(1) La plupart des traités récents stipulent que ces frais demeureront à l'avenir à la charge de l'extradant. Exemple, art. 15 du traité d'extradition entre la France et l'Angleterre du 14 août 1876 : « Chacune des hautes parties contractantes supportera les frais occasionnés par l'arrestation sur son territoire la détention et le transport à la frontière des personnes qu'elle aura consenti à extrader en exécution du présent traité. »

§ 13. — **Des servitudes publiques.**

Les servitudes publiques (*Staatsdienstbarkeiten*) sont
des limitations de la souveraineté d'un état, qui se
trouve ainsi tenu de souffrir ou de ne pas faire, au profit
d'un autre, ce qu'il pourrait d'ailleurs librement faire
ou ne serait pas tenu de souffrir. Peu importe ici que le
profit en revienne directement à l'état dominant lui-
même, ou à ses sujets par son intermédiaire. Les servitudes qui consistent à souffrir et permettre sont dites
affirmatives ; celles qui consistent à ne pas faire, né-
gatives.

On parle aussi de servitudes *naturelles* ou géogra-
phiques, résultant, par exemple, de la situation enclavée
d'un pays qui ne pourrait communiquer avec le reste
du monde sans emprunter le territoire étranger qui
l'entoure. Mais ces servitudes naturelles ne sont qu'une
conséquence du droit de propriété, ou du droit d'exister et des conditions de cette existence ; et les traités
ne font qu'en régler et en préciser l'exercice, tandis
que *les véritables servitudes du droit des gens reposent
sur des traités* (1).

S'il y a doute sur l'étendue d'une servitude, la présomption est naturellement en faveur de l'état qui la
doit, en faveur de la liberté. Les servitudes sont en effet
des limitations de la souveraineté, et l'intégralité de
celle-ci, qui est la règle, doit se présumer, tandis

(1) Ou sur la possession immémoriale. *Bluntschli* o. c., a. 354, et
infrà p. 63.

que la limitation est à démontrer par l'état qui la
prétend.

La servitude du droit des gens ne doit pas être confondue avec le droit privé de propriété ou autre, qu'un
état pourrait posséder dans le territoire étranger. C'est
en effet le droit des gens qui s'applique à cette servitude,
et non la loi civile comme à la propriété privée ; l'état
dominant l'exerce comme une portion de sa souveraineté.

Au reste, l'obligation de l'état servant ne consiste qu'à
souffrir ou à ne pas faire, suivant l'axiome *servitus in
faciendo consistere non potest.*

La *prescription* ou l'usage prolongé sans contradiction ne crée pas les servitudes du droit des gens. Un
délai pour prescrire ne peut en effet être établi que par
un législateur, et il n'en est pas au-dessus des peuples.
On ne saurait donc parler ici d'une prescription au
sens usuel du droit civil. Nous expliquerons plus loin,
en parlant du domaine de l'état, dans quelle mesure il
existe aussi en droit des gens une prescription qui protège le possesseur contre des troubles permanents.

Les servitudes *s'éteignent* avec le traité qui les fonde,
ou par l'extinction de la chose qui en fait l'objet, ou par
la consolidation, c'est-à-dire par la réunion de l'état
dominant et de l'état servant.

Les simples changements de gouvernement ou de
constitution ne les atteignent pas, car les états sont
réputés immortels, et persistent en changeant de forme.
Toutefois si, en suite d'une consolidation, il se produi-
sait une nouvelle séparation, la servitude ne revivrait

pas *ipso facto*. S'étant éteinte, il faut un nouveau traité pour la faire revivre.

Les servitudes du droit des gens sont fort diverses. Les plus fréquentes cependant sont celles de passage, de traversée, d'étape ; puis le droit de garnison, comme l'Autriche l'avait à Ferrare, à Comacchio, et dans quelques forteresses de la confédération germanique ; le droit de libre navigation dans les fleuves pour les états riverains, ou même pour les tiers venant de la mer, jusqu'au point où le tirant d'eau des navires de mer le permet. La disposition du traité de Londres du 13 juillet 1841, confirmée par le traité de Paris du 30 mars 1856, et qui autorise la Porte à fermer aux navires de guerre les détroits des Dardanelles et du Bosphore, ne constitue pas une servitude, mais une nouvelle reconnaissance solennelle par les grandes puissances de « l'ancienne règle de la Porte ottomane ». La défense faite à la France en 1815 de reconstruire les fortifications d'Huningue formait une servitude négative ; et de même, le traité de Paris de 1856 défendit à la Russie de refortifier Sébastopol, et à la Russie et à la Porte d'avoir sur la mer Noire plus d'un certain nombre de navires de guerre. La Russie ayant déclaré en 1870 ne plus vouloir supporter cette servitude, les cosignataires du traité de Paris en consentirent la suppression. (Protocole du 13 mars 1871.)

§ 14. — Du droit d'intervention.

Aucun état n'a en principe le droit de s'immiscer dans les affaires constitutionnelles ou administratives de l'autre, pas plus que dans ses rapports internationaux avec des tiers.

La non-intervention est donc la règle, le droit d'intervenir une exception qui ne se justifie que pour des raisons graves en vertu d'un droit formel ; des motifs de pure prudence ou d'utilité seraient insuffisants.

Quant à la forme, il y a l'intervention proprement dite quand l'état intervient pour son propre compte et comme partie principale, à la différence de l'intervention qui ne prête qu'une coopération, une aide, une assistance, par exemple, en faveur d'un parti dans une guerre civile, ou d'un prétendant dans une guerre de succession. Une troisième forme ou l'intervention *préventive* a pour objet de prévenir un danger à craindre soit directement d'un état étranger, ou de la lutte des partis dans son sein.

L'intervention proprement dite est légitime et obligatoire de la part de l'état qui a assumé par traité la *garantie* d'une constitution ou d'un droit déterminés, lorsqu'il en est requis par le garanti. Ce cas se présente surtout dans les états composés et d'après le but même de la constitution fédérative, quand l'un de ses membres est attaqué dans son intégrité ou dans son existence politique (1).

(1) Par exemple, art. 5, *Const. fédér. suisse* de 1874 : « La confédé-

Il y a également lieu à une intervention de ce genre quand le changement constitutionnel d'un état lèse les droits acquis de l'intervenant, par exemple son droit de succession éventuel.

On peut enfin intervenir pour s'opposer à l'intervention injuste d'un tiers, et pour protéger ainsi l'état menacé.

Pas plus qu'aucun autre qui se prétendrait lésé, l'état qui a le droit d'intervenir ne doit d'ailleurs entamer aussitôt la guerre. La guerre est un moyen extrême, et ne doit être déclarée qu'après avoir vainement épuisé les voies pacifiques. L'on recourra donc d'abord aux moyens amiables ; on prendra des mesures préventives et protectrices, par exemple, l'envoi d'un corps d'observation sur la frontière ; et si l'autre état procédait à des armements considérables sans raison plausible, on l'interpellerait sur leur but. Les usages internationaux l'obligent à répondre.

Les raisons que nous venons d'indiquer sont les seules qui légitiment une intervention proprement dite.

La tyrannie et l'injustice d'un gouvernement étranger n'autorisent elles-mêmes que des représentations amicales, sans recours aux armes, et dans les cas extrêmes, la rupture des relations diplomatiques. Nous parlerons, au chapitre des traités et alliances, de l'intervention par

---

ration *garantit* aux cantons leur territoire, leur souveraineté dans les limites fixées par l'art. 3 (c'est-à-dire en tant qu'elle n'est pas limitée par la const. fédérale), leurs constitutions, la liberté et les droits du peuple, les droits constitutionnels des citoyens, ainsi que les droits et les attributions que le peuple a conférés aux autorités. »

voie de coopération ou d'assistance. Sans aller jusqu'à prétendre qu'au cas de guerre intérieure, il ne puisse jamais être permis à l'étranger d'assister un parti qui se trouverait brutalement lésé dans ses droits, dans la pratique ce concours, qui peut avoir des suite graves pour celui qui l'entreprend, ne doit être donné, par égard surtout pour soi-même, qu'après mûre et sérieuse réflexion (1).

Il n'est pas besoin non plus de démontrer que dans un grand système d'états aux intérêts aussi complexes et solidaires que le système politique européen, les non-belligérants sont en droit de coaliser leurs forces pour prévenir une guerre qui en menacerait l'équilibre, ou pour lui marquer son terme. Une guerre barbare de destruction dont on ne voit pas la fin, dont les désastreuses conséquences, comme une flamme dévastatrice, pénètrent jusque dans les états voisins (telle la guerre de l'indépendance grecque, ou les guerres de race et de religion des Slaves méridionaux contre les Turcs, 1876 à 1878), autorise sans conteste l'intervention des grandes puissances, surtout de celles que leur situation y intéresse directement. L'humanité, la prudence politique, le bon droit peuvent ici s'allier.

(1) Comp. *Bluntschli*, o. c. art. 478 : « On peut intervenir pour faire respecter des droits individuels nécessaires, ou les principes généraux du droit internationnal, lorsqu'ils viennent à être violés dans les luttes civiles. » Ex.: les fréquentes interventions en faveur des chrétiens de Turquie. — Art. 471 : « On peut également intervenir lorsque la conduite inique d'un État constitue un danger général. »

L'histoire moderne et l'histoire récente nous offrent des exemples nombreux, trop nombreux peut-être, d'interventions de tous genres. Ainsi, l'intervention de la Prusse, que rien ne justifiait, en 1787, dans les Pays-Bas, jeta ce pays dans les bras de la France; la propagande armée et révolutionnaire de la Convention (1792), provoqua une vaste intervention européenne, d'ailleurs échouée; on intervint trois fois en Pologne, mais ce fut pour se la partager trois fois; les congrès de Troppau, de Laibach et de Vérone autorisent une intervention pour prévenir ou empêcher l'adoption des formes politiques nouvelles et constitutionnelles, et mènent les armes autrichiennes en Piémont et à Naples, les armes françaises en Espagne. Les grandes puissances interviennent, comme elles le déclarent expressément, pour le maintien de l'équilibre européen, lors de la séparation de la Belgique avec la Hollande (1831) et de la fondation du nouveau royaume belge. L'Angleterre, la France et la Russie avaient déjà fait de même lors de la fondation du royaume de Grèce (1827 et 1830). Nous voyons l'Angleterre intervenir à elle seule pour la protection de la constitution portugaise (1826), puis, de concert avec la France, en faveur d'Isabelle d'Espagne et de Donna Maria de Portugal (1834), et les grandes puissances user par deux fois du même procédé (1833 et 1840) dans la guerre de la Turquie contre son vassal rebelle d'Egypte, la seconde fois avec l'accession tardive de la France. La conservation de l'empire ottoman est encore toujours, à en croire les congrès, les conférences et les diplomates, un objet capital de l'art politique européen.

Les Turcs d'Europe, autrefois la terreur du continent, n'y vivent cependant aujourd'hui que grâce à la protection et à l'intervention des puissances ; mais il suffit de jeter un coup d'œil sur le traité de Berlin du 13 juillet 1878 (voir l'Appendice) pour se convaincre que la conservation de ce vieil empire est en contradiction formelle avec les derniers événements. Ses dispositions ne tendent à rien moins qu'à le consolider.

SECONDE SUBDIVISION

---

§ 15. — Les souverains comme sujets du droit des gens, leur personne et leur famille.

Dans la monarchie, la souveraineté appartient au seul monarque, sans qu'il y ait à distinguer si son pouvoir est illimité, ou si le *concours* d'ordres ou de représentants de la nation lui est indispensable pour l'exercice de certains droits souverains (1). Ce concours limite la souveraineté sans la partager, car elle est de sa nature indivisible. Le prince électif est d'ailleurs souverain comme le prince héréditaire, que ce dernier ait été appelé au trône d'après un ordre de succession agnatique (des mâles par les mâles), cognatique, ou mixte. La souveraineté est dite *légitime* quand sa possession ne

(1) Ce qui est le cas dans toutes les *constitutions modernes*. *Bluntschli* nous paraît s'exprimer plus exactement, art. 126 : « C'est au droit constitutionnel d'un État qu'il appartient de décider si la souveraineté doit être personnifiée dans le chef de l'État.» Il est inexact de dire, dans le droit public moderne surtout, que le prince est seul en possession de la souveraineté (*im Alleinbesitze*); la souveraineté appartient à un bien plus haut degré à *l'ensemble organisé* de la nation. Comp. *Bluntschli*, Théor. génér. de l'État, 1. VII, ch. II.

lèse aucun droit acquis, ou qu'elle est obtenue avec l'assentiment des ayants-droit ; elle est illégitime ou usur-
pée dans le cas contraire. Mais en droit international,
et à moins qu'il n'y ait quelque juste raison d'intervenir,
l'on s'en tient volontiers, sans se prononcer sur le droit
lui-même et sur les réclamations peut-être légitimes
d'un prétendant évincé, à la possession de fait, à la
détention actuelle de la souveraineté ; c'est avec le possesseur actuel que l'on traite ; on reçoit ses agents diplomatiques et on lui envoie les siens (1). Une reconnaissance expresse de la souveraineté nouvelle, qu'elle
soit échue par succession ou autrement dévolue ou conquise, n'est pas nécessaire. Seulement il est aujourd'hui
d'usage que le nouveau souverain notifie son avènement et qu'on lui réponde en l'en félicitant. Au reste,
le principe qui domine les *relations internationales des
souverains* (nous ne parlons pas ici des demi-souverains,
qui n'ont qu'une souveraineté intérieure sous un suzerain), c'est également leur essentielle égalité.

Le souverain a le droit général de représentation au
regard de l'étranger, ou de *légation*. Le chef du gou-

______

(1) *Bluntschli*, o. c., a. 116 : « La représentation de l'État à
l'extérieur incombe dans la règle au gouvernement qui a de fait
la direction des affaires (*qui actu regit*). » Art. 117 : « On peut
conclure des traités obligatoires avec un usurpateur victorieux et
reconnu dans le pays. » Les puissances ont conclu successivement
des traités obligatoires avec le Directoire français, avec Napoléon Iᵉʳ, avec Louis XVIII restauré, avec Louis-Philippe, avec la
République de 1848, avec Napoléon III, avec le gouvernement de
la Défense nationale (1870), sans examiner si ces gouvernements
étaient arrivés au pouvoir d'une manière strictement légale.

vernement (le président) exerce ce droit au nom et par
le mandat de la nation même dans les pays où celle-ci
est réputée souveraine, comme dans la·république (1).
Le chef de l'état a le droit de légation actif et passif ;
il envoie et reçoit les ministres, traite avec l'étranger,
commande ·les forces militaires, déclare la guerre,
conclut la paix. Il porte sans violer l'égalité les titres
et les armes qui lui appartiennent dans l'usage international. Plusieurs de ces titres ont été jadis octroyés
par le pape, qui reçoit lui-même le titre de Sainteté,
et s'intitule humblement *Servus servorum Dei*. Les
empereurs et les rois sont appelés *Majesté*. Le sultan
portait en outre le titre de Padischah (Hautesse) et de
Commandeur des croyants (islamites). Les grands-ducs,
et de même ci-devant le prince électeur de Hesse-Cassel,
s'intitulent Altesse royale, les ducs allemands depuis 1844
Altesse. Parmi les titres ecclésiastiques, citons ceux de
« Roi très chrétien » et de « Fils aîné de l'Église » (c'est-
à-dire de l'église romaine-catholique, car dès avant
Clovis, baptisé en 496, les Germains avaient compté des
rois chrétiens schismatiques, notamment ariens, les
Vandales, par exemple) qu'on donnait au roi de France ;
le roi « catholique » d'Espagne, « Sa Majesté très fidèle»
de Portugal, « Sa Majesté apostolique » d'Autriche, et
le ci-devant « *Rex orthodoxus* » de Pologne. Tous ces
titres ont été conférés par les papes, et il en est de

____

(1) En France par exemple, *l. const.* du 25 fév. 1875, a. 3 :
« Le président de la république nomme à tous les emplois ; — les
envoyés et les ambassadeurs des puissances étrangères sont accrédités auprès de lui. »

même du titre de « *Defensor fidei* » des rois anglais, dont Léon X gratifia Henri VIII pour son ouvrage contre Luther, *De septem sacramentis.* Ce qui est plus remarquable encore, c'est que ce prince continua à le porter et le transmit à ses successeurs nonobstant sa défection connue de la foi et de la primauté catholiques. Les républiques, notamment les plus importantes, y compris la Suisse, et de même les fédérations, sont appelées « sérénissimes » (*allerdurchlauchtigst, durchlauchtisgst, respublica serenissima*).

La plupart des souverains s'intitulent aussi « par la grâce de Dieu; » quelques-uns plus récents par leur dynastie ajoutent « et par la volonté du peuple » : « Napoléon, par la grâce de Dieu et la volonté du peuple français, Empereur, » etc.

Le souverain jouit à l'étranger de *l'exterritorialité,* c'est-à-dire qu'il n'est soumis ni aux lois ni à la juridiction du pays étranger qu'il visite, et qu'il y est reçu avec les honneurs et le cérémonial dus à son rang, à moins qu'il ne préfère garder l'incognito. Les immeubles qu'ils posséderait à l'étranger y sont néanmoins assujettis aux impôts et au statut réel de leur situation. Sa personne et son mobilier sont seuls dispensés de tout impôt, et aucune exécution pour un motif quelconque ne saurait les atteindre.

Cependant aucun souverain ne peut faire à l'étranger acte de juridiction sur sa suite, et moins encore y exécuter une sentence pénale. La reine déposée Christine de Suède dut quitter la France pour y avoir fait juger par ses courtisans et fait exécuter par ses gardes du corps, son écuyer Monaldeschi. Des actes de ce genre sont aussi contraires au droit des gens et moralement impossibles de nos jours que la juridiction d'un monarque sur un autre, telle qu'on la vit s'exercer sur un Richard Cœur de Lion ou une Marie Stuart.

§ 16. — La famille du souverain.

La femme du souverain occupe dans la famille régnante la première place après lui. La reine qui règne par son propre titre ou en vertu de l'ordre même de succession a d'ailleurs tous les droits d'un souverain et son époux, qu'on l'appelle le *queens consort* ou le « prince consort », n'est alors que le mari de la reine et son premier sujet.

L'épouse du prince régnant, abstraction faite naturellement d'un mariage morganatique, prend à côté de son royal époux le premier rang et le plus élevé dans la dynastie, la cour, le cérémonial international. Elle emprunte également le titre de son époux, et s'appelle « Majesté » comme lui-même. Toutefois le conjoint d'une reine en titre ne reçoit pas le titre de majesté, sauf en Portugal, après que la reine lui a donné un fils ou une fille. Guillaume III d'Orange, l'époux de la reine en titre Marie, ne devint roi d'Angleterre que comme co-régent de son épouse et par un acte formel du parlement, en suite de la révolution anglaise de 1688 et de la déposition de son beau-père Jacques II.

Les membres de la famille *impériale* (en Autriche, les archiducs et les archiduchesses, en Russie, les

grands-ducs et les grandes-duchesses) portent le titre
d'Altesse impériale; ceux de la famille royale, le titre
d'Altesses royales; ceux d'un grand-duc, le titre d'Altesse
sans épithète. Toutefois l'héritier du grand-duc régnant
s'il est en même temps son fils ou son neveu, est
également qualifié d'Altesse royale. Les *princes* hérédi-
taires ont, en outre souvent, d'autres titres : l'ancienne
France avait le Dauphin, l'Angleterre a encore son
Prince de Galles, l'Espagne le Prince des Asturies, les
Pays-Bas le Prince d'Orange, la Suède le Prince de
Gothland (1). Le prince héritier ne porte pas de titre
en Turquie, et cette qualité appartient toujours, d'après
la loi du *séniorat*, au prince de la maison d'Osman que
son âge rapproche le plus du sultan régnant. Toutes
les maisons souveraines sont en outre réputées d'*égale
naissance* (*ebenbürtig*), à moins qu'une loi successorale
spéciale, qui se rencontre en Russie, n'autorise le
mariage du prince héritier qu'avec une princesse née
dans la pourpre. Louis XV de France épousa Marie
Leczinska, la fille du roi simplement électif de Pologne.
D'après l'art. 14 de l'Acte fédéral allemand du 8 juin
1815, les membres des familles médiatisées — souveraines (*reichstændische*) jusqu'en 1806 —conservent l'égalité de naissance avec les familles souveraines ; et cette
disposition — non plus qu'en général les autres articles
de l'Acte fédéral, relatifs à des droits acquis de certaines personnes et de certaines classes, plutôt que de
pur droit international — n'a pas été atteinte par la paix

---

(1) L'Italie, le prince de Naples.

de Prague du 23 août 1866 qui vint dissoudre l'ancienne Confédération germanique.

Les membres d'une famille souveraine ne peuvent en général se marier sans l'autorisation du prince régnant, qui en est le chef ; parfois, comme en Espagne, l'autorisation du parlement est elle-même exigée (1).

Ils sont d'ailleurs eux-mêmes les sujets du souverain. Cependant le *co-régent* ou le *régent* du royaume pendant la minorité ou la maladie prolongée du souverain jouit, à l'exception du titre, des mêmes droits que ce dernier. Le droit public intérieur de chaque état détermine les cas de régence, ainsi que l'âge de majorité du prince. Cet âge est généralement inférieur à celui de la majorité civile.

Les *relations privées* du souverain et des membres de la famille régnante s'apprécient en général d'après les lois civiles, sous réserve des statuts de famille (droit privé des princes) sur leurs affaires intérieures, apanages, dotations en cas de mariage, réserve, tutelle. L'article 20 du code civil autrichien est conçu en ce sens : « Les questions juridiques qui concernent le chef de l'état, quant à son patrimoine privé ou quant aux modes d'acquérir du droit civil, seront également jugées par les tribunaux ordinaires, d'après la loi générale (2). »

(1) Comp. art. 6 du *sénatus-consulte napoléonien* du 10 nov. 1852 : « Les membres de la famille (impériale) — ne peuvent se marier sans l'autorisation de l'empereur — qui a pleine autorité sur eux et qui règle leurs devoirs et leurs obligations par des statuts qui ont force de loi. »

(2) Notre *code civil* n'a pas de disposition semblable ; mais le

§ 17. — Perte de la souveraineté.

La *souveraineté personnelle se perd définitivement* par la mort, l'abdication, la réunion de l'état à un autre état en suite d'un traité de paix ou autre convention internationale, et *temporairement* (sous réserve des droits du souverain légitime en cas de restauration, ou du *postliminium*) par l'usurpation.

Les droits ou la situation des souverains *abdiqués* ou *déposés* qui résident à l'étranger varient avec la coutume et les convenances. Tant qu'on persiste à les considérer comme les seuls souverains légitimes, on peut continuer aussi à les traiter comme tels : ainsi fit Louis XIV à l'égard du prétendant fils de Jacques II, jusqu'au jour où il s'obligea par la paix d'Utrecht à reconnaître la nouvelle dynastie. Le malheur et la haute situation antérieure commandent en tous cas des égards. Le duc de Bordeaux, récemment décédé, et de même avant lui son père Charles X de France, jouissaient en Autriche de la juridiction privilégiée du maréchal de cour (*Obersthofmarschallgericht*) dont ressortissent les exterritoriaux. Louis-Napoléon, plus tard Napoléon III, les Bourbons aînés, puis Louis-Philippe, et de même les républicains français exilés, trouvèrent en Angleterre un asile hospitalier.

Les obligations internationales de l'état, qui ne meurt pas, ne dépendent nullement de la vie ou du

principe était le même avant la République actuelle ; à plus forte raison depuis.

règne plus ou moins prolongés du souverain. Mais il est d'usage de munir de nouvelles lettres de crédit les agents diplomatiques du prince régnant qui vient à changer.

CHAPITRE II

§ 18. — Du droit des choses.

§ 18. — Les choses ou les droits sont corporels ou
incorporels, mobiliers ou immobiliers ; et certains meubles
sont eux-mêmes réputés immeubles par la loi, comme
formant une dépendance nécessaire d'un immeuble, par
exemple le *fundus instructus* d'une terre. Les choses sont,
en outre, divisibles ou indivisibles, fongibles on non
fongibles, puis simples, ou composées comme un trou-
peau, une bibliothèque, celles-ci rappelant les personnes
morales ou collectives du droit des personnes, les communes et les corporations par opposition aux individus.

Entre les choses, les unes sont possédées par quelqu'un, les autres n'appartiennent à personne (*res
nullius* ou *adespotæ*), et celles-ci se divisent à leur tour
en choses qui peuvent être appropriées, et choses qui ne
le peuvent pas, parce qu'elles servent à tous et sont
inépuisables (*usus inexhausti*), comme la lumière, l'air,
le libre Océan. Mais le droit des gens n'a à s'occuper que
des *res nullius* qui se trouvent en dehors de tout état ;
celles qui se trouvent dans l'état sont, en effet, naturel-

lement soumises à sa loi, qui seule détermine les conditions de leur acquisition (1).

La propriété est le droit d'user et de disposer exclusivement d'une chose. Elle s'acquiert ou par le mode *originaire* de l'occupation d'une *res nullius*, ou d'une manière *dérivée* et sur une chose déjà possédée, par le *contrat*. L'*usucapion* ou la prescription forme, en outre, en droit civil, un mode spécial d'acquérir par l'effet d'une possession régulière et prolongée pendant un temps déterminé, qui éteint d'autre part le droit du précédent propriétaire. Elle est admise par toutes les législations, et protège la propriété contre des revendications trop tardives. Son principe et l'idée qui la constitue se retrouvent même dans toutes les branches du droit, donc aussi dans le droit des gens. Le droit a toujours besoin d'être protégé contre des attaques arbitraires qui mettraient en question la possession la plus constante. S'il en était autrement dans le droit des gens, la carte de l'Europe serait sans cesse à refaire. Qu'il suffise de rappeler ici les « chambres de réunion » de Louis XIV. A défaut d'une *loi*, il y a donc certainement un *droit de prescription* international, et la possession immémoriale et non contestée, la *possessio temporis immemorialis*, analogue à la *praescriptio longi* ou *longissimi temporis*, remplace ici l'usucapion.

Le *domaine de l'état* a également les deux caractères essentiels de tout domaine : il est exclusif, et l'état en dispose librement. Appartiennent à ce domaine, d'abord

____

(1) *Code civil*, a. 713 et s.

l'ensemble du territoire, et, dans un sens plus étroit, par opposition à la propriété privée des particuliers, les choses qui font partie du *domaine public* de l'état. Celles-ci sont à leur tour dans le domaine public *pour l'usage et pour le fond*, comme les édifices publics, dont l'usage lui-même appartient à l'état; ou *pour le fond seulement*, l'usage en restant à tous les citoyens, comme les cours d'eau navigables et les routes. L'état garde sur la propriété privée elle-même, inviolable en principe, un *domaine éminent* exceptionnel, d'où résulte son droit *d'expropriation* contre entière indemnité en cas d'urgence ou pour cause d'utilité publique. Hors ces cas, il n'a sur les choses de son territoire qu'un *droit de règne et de gouvernement*, spécialement le droit d'impôt. L'état féodal du moyen âge, l'état patrimonial des siècles antérieurs avaient sur ce point d'autres vues et d'autres principes, qui, grâce au progrès du droit politique, n'appartiennent plus qu'à l'histoire.

Appartiennent d'ailleurs aussi au territoire de l'état, les *colonies* séparées de la mère-patrie ou du corps de l'état, et situées généralement au loin. Le droit public de la métropole détermine leur situation.

Un territoire peut aussi se trouver dans le *condominium* de plusieurs états, pour parts divises, ou indivises et simplement idéales. Exemples : le condominium de l'Autriche et du duché de Warschau établi par la paix de Schœnbrunn (1809) sur les salines de Wieliczka; l'ancien condominium des lignes du Holstein, source si constante de querelles ; celui de la Prusse et de l'Autriche sur le Schleswig-Holstein et le Lauenbourg, en vertu de la paix de Vienne du 30 octobre 1864, aboli quant au Lauenbourg dès l'année suivante par le traité de Gastein (septembre 1864), et quant au Schleswig par la guerre de 1866 et la paix du 26 août de la même année.

§ 18 (*a*). — De l'occupation. — Frontières.

Les conditions de l'acquisition originaire par l'occupation sont : 1° une *chose sans maître* devant le droit des gens ; 2° *l'intention* (*animus*) de se l'assujettir ; 3° la *prise de possession réelle*, démontrée par des signes visibles et permanents. La déclaration qu'on veut posséder est donc insuffisante si le fait ne l'accompagne ; et l'intention et le fait doivent tous deux tendre à une possession permanente (1). Mais le domaine une fois acquis ne se perd pas par une simple interruption passagère de la possession sans *animus derelinquendi*. La possession immémoriale incontestée et l'impossibilité à tout autre de démontrer un droit antérieur persistant constituent, nous l'avons dit (§ 16), un domaine légitime inattaquable.

Les *frontières* de l'état ou la périphérie de son territoire peuvent être artificielles, ou naturelles comme une chaîne de montagnes, un fleuve, une mer, un désert. Certains territoires entre les états sont même parfois déclarés inhabitables par traités, pour prévenir des occasions de conflit ; c'est ce qu'on rencontre dans

---

(1) Comp. *infrà* l'*Acte général de Berlin* (1885), a. 34 et 35.

plusieurs anciens traités de paix entre l'Autriche et la
Porte. Quant aux montagnes, c'est ordinairement leur
crête, quant aux fleuves, le thalweg, c'est-à-dire la ligne
que suit la navigation, ou plus exactement le centre du
courant, que l'on prend pour frontière ; que si le fleuve
vient à changer de lit, son lit abandonné demeure la
frontière. Des principes analogues s'appliquent aux
lacs. Le lac de Constance, par exemple, appartient sur
ses rives à chaque état riverain, et il leur est commun
au delà (1).

Le rivage de la mer sépare le domaine des divers
états entre eux et d'avec le libre Océan. Sont réputés
dépendances du territoire, les bras de mer dont les deux
rives appartiennent au même pays ; hors ce cas, la mer,
jusqu'à une portée de canon du rivage, c'est-à-dire jusqu'au point où elle peut être dominée du rivage ; ou, en
vertu de traité, au plus jusqu'à trois milles marins du
rivage. Les frontières maritimes sont souvent aussi, et
surtout dans les contrées lointaines, fixées par les
degrés de longitude et de latitude, ou indiquées comme
des frontières terrestres artificielles par des signes conventionnels, des bouées par exemple. Quand les frontières de deux états sont litigieuses, on recourt à des
commissions dites de règlement de frontières, nommées
à cet effet, et qui doivent s'aider des cartes anciennes
et des dires de témoins âgés et autorisés ; l'on peut

____

(1) Comp. *Bluntschli,* o.c. art. 301 : « La ligne médiane d'un lac
sert également de ligne de démarcation entre les états riverains,
sauf usage ou convention contraire. » L'exemple que cite M. Neumann semble contredire plutôt que confirmer la règle qu'il pose.

aussi recourir à un arbitrage. Il est prudent de liquider ces questions, de crainte que l'incertitude des frontières n'engendre des querelles, puis des guerres sanglantes. C'est dans les forêts vierges du Canada que la guerre de Sept ans prit naissance. Le domaine de l'état implique le droit d'user de la chose, d'en percevoir les revenus, soit civils [publics], soit naturels, ou de les affermer à autrui ; il comprend également le droit d'*accession*, par exemple, d'une île née dans son fleuve ou sur ses rivages, tandis qu'il faudrait une véritable occupation pour acquérir une île sans maître au milieu de l'Océan ; enfin, le droit au sol que l'*alluvion* successive ou la brusque et violente *avulsion* détache ou arrache au domaine d'autrui pour le joindre indissolublement au rivage de l'état.

§ 19. — Droit de disposer du domaine de l'état
(*Statseigenthum*).

Il faut ici bien distinguer le domaine de l'état au sens propre du mot ou dans sa signification plus étroite, de la propriété privée, sur laquelle l'état ne possède qu'un droit de disposition exceptionnel et sous condition d'indemnité (1).

(1) L'expression classique *Statseigenthum* dont l'auteur se sert constamment est encore plus amphibologique que notre mot *domaine*. Comp. *Bluntshli*, *Théorie générale de l'état*, III, ch. v, qui signale l'impropriété de l'expression pour désigner la *souveraineté territoriale*, mieux nommée *Gebietshoheit*.

L'état peut disposer de son domaine de plusieurs manières. Il peut, par exemple, l'affermer contre une rente, comme celle que le recès principal R. D. assura en 1803 au primat archichancelier d'Allemagne sur le péage de la navigation du Rhin. Toutefois l'on ne recourrait plus de nos jours à des concessions de fiefs au profit de quelque étranger. Les constitutions d'hypothèque ou de gage, très fréquentes au moyen âge, sont également devenues très rares, et se rencontrent le plus volontiers dans des traités de paix, pour garantir le paiement de l'indemnité de guerre. Parfois le gage est alors livré, même avec le droit d'en jouir (antichrèse). C'est ainsi que les forteresses de Stettin, Küstrin et Glogau furent engagées par la Prusse à la France en 1807 ; qu'en 1768 la république de Gênes remit la Corse en gage à la France en raison des secours militaires fournis par celle-ci ; mais Gênes ne s'étant pas acquittée de sa dette et ayant même disparu comme état, la Corse est depuis demeurée définitivement française. Aujourd'hui encore les emprunts d'états sont souvent assurés par des *hypothèques* spéciales ou par des revenus publics ; et leurs effets de droit privé s'apprécieront naturellement d'après les lois de l'état débiteur. En outre, et sans qu'il soit besoin d'affectation spéciale à cet effet, toute dette contractée expressément par un pays ou par l'une de ses portions *grève* légalement la commune ou la province qui l'a contractée, sans que nous voulions d'ailleurs indiquer par cette expression la naissance d'un droit réel privé ; l'état qui manque à ses engagements le paie par la perte de son crédit et ses graves conséquences.

§ 20. — Perte du domaine de l'état.

Le domaine de l'état se perd par l'abandon (*derelictio*), ou par une cession contractuelle, par exemple un traité de paix. Le vote des habitants du territoire cédé ou annexé n'est pas nécessaire ; il n'est même souvent qu'une comédie et un mensonge d'invention ou d'imitation napoléonienne. Nos pratiques républicains de l'Amérique du Nord n'ont jamais songé à faire ratifier par un vote populaire subséquent leurs annexions du Texas ou de la Californie (1).

Il est d'ailleurs de principe en cette matière et sauf convention contraire, que les droits et les charges

(1) *Geffken* sur Heffter, o. c., p. 439: « En revanche, le principe d'après lequel l'objet propre de la cession n'est pas la population, mais le pays avec la somme des droits de souveraineté qni s'y rattachent, a apporté un adoucissement à la rigueur inhérente à la cession forcée, en ce sens qu'on donne aux habitants le droit de choisir l'état auquel ils veulent appartenir. — Un délai est fixé pour l'option, et ce délai expiré, ceux qui n'ont pas formulé l'intention de quitter le pays cédé sont considérés comme ayant opté en faveur du nouveau souverain. — Tout imparfait qu'il est, ce mode est le seul moyen d'adoucir les exigences politiques. Pour éviter que l'option ne prenne *in fraudem legis* la forme d'un déplacement momentané du domicile, le règlement d'émigration porte généralement défense de reprendre domicile dans le pays quitté, tout en permettant d'y conserver ses immeubles. »(Art. 6 du traité du 24 mars 1860 pour la réunion de la Savoie et de Nice à la France, art. 2 du traité de Francfort du 10 mai 1871.)

réelles du territoire cédé passent au nouveau possesseur
comme étant attachés à la chose elle-même. Le congrès
de Vienne avait neutralisé le nord de la Savoie, et ce
pays est resté neutre quand la Savoie a passé à la France
en 1860 par le prétendu effet du suffrage universel de
son peuple, plus exactement par la cession qu'en fit
l'Italie à la France. Cette neutralité a été respectée par
les armes allemandes en 1870 et 1871.

L'état peut naturellement revendiquer son domaine
contre tout possesseur illégitime, fût-il de bonne foi,
sans qu'il ait même à restituer à ce dernier ce qu'il aurait dépensé pour l'acquérir. Toutefois le possesseur
pourrait réclamer ses impenses utiles, qu'il n'a pas tirées
de la chose même, et il fait siens les fruits perçus antérieurement à la revendication de l'ayant-droit, et que
celui-ci a négligé de faire. Son silence contenait en
effet une sorte d'approbation de la possession du tiers ;
du moins pouvait-il être interprété de la sorte.

§ 21. — De la mer et du domaine y relatif.

La mer dans son ensemble, l'Océan, cette route im-
mense des peuples, ne peut faire l'objet d'une occupation
du droit des gens. Mais il en est autrement des mers
intérieures et de certaines portions de mer qui rentrent, en certains cas, dans le domaine de l'état. Lui
appartiennent même comme une dépendance naturelle :
les terrains *submergés* (*See-einbrüche*), tels que le Zuy-
der-See, qui était d'ailleurs auparavant un territoire de

l'état ; les *havres*, *baies*, *ports*, etc., naturels ou artificiels, comme accès du territoire. Chaque état détermine librement si tel de ses ports est ouvert ou fermé (comme les *ports de guerre*), et sous le rapport commercial, s'il est ou non port *franc* ou d'entrepôt.

Les mers intérieures dont le rivage appartient à un seul état, telles que la mer Noire jusqu'en 1774 (paix de Koutschouk-Kainordschï), et la mer d'Azof actuellement encore, peuvent être fermées aux étrangers (*mare clausum*) par la libre volonté de l'état riverain, ou, s'il y a plusieurs riverains, par leur accord. Il en est autrement des détroits, du moins dans le droit moderne ; leurs deux rives fussent-elles aux mains d'un même pays, car ils sont réputés voies annexes de l'Océan. Par une exception déjà signalée (§ 13), il est interdit aux vaisseaux de guerre étrangers de traverser sans l'autorisation de la Porte les deux détroits qui relient la mer Noire à la Méditerranée. Le péage du *Sund*, que le Danemark perçut pendant des siècles sur tous les navires circulant entre la mer du Nord et l'Océan, a été aboli par un traité européen (1857), moyennant une indemnité de plus de trente-trois millions de thalers, que les contractants s'obligèrent à payer proportionnellement à l'importance de leur navigation dans ces mers.

Aucun état ne saurait prétendre à un droit exclusif de commerce et de navigation sur l'Océan ; mais chacun d'eux peut renoncer vis-à-vis des autres au droit de faire le commerce avec certains pays ou de naviguer dans certaines mers. L'état garde d'ailleurs sur son propre domaine maritime tous les droit de souveraineté, juridiction, police, droit d'impôt, et il peut en interdire l'accès aux navires étrangers. En ce cas pourtant, l'usage et l'humanité réservent toujours le droit *d'asile* pour les vaisseaux battus par la tempête ou poursuivis par l'ennemi ou par des pirates.

D'après une pratique qui n'est pas toujours justifiable, le droit de représailles ou des cas exceptionnels *d'urgence*, par exemple pour un transport de troupes en temps de guerre ou pour d'autres raisons politiques majeures, permettent encore aujourd'hui à l'état de retenir dans ses ports ou de frapper *d'embargo* les navires étrangers, mais naturellement pourvu qu'il y ait nécessité et que le propriétaire soit *indemnisé*. Nous parlerons, en traitant du droit de la guerre, de l'invention moderne d'un prétendu blocus pacifique à titre de représailles.

L'état règle sans conteste tout usage de son domaine maritime et des îles qu'il renferme, par exemple la pêche, la récolte du sel marin, l'exploitation de bancs d'huîtres.

§ 21 (*a*).

Le *cérémonial maritime*, qui mérite une mention spéciale en raison de son application persistante, comprend l'ensemble des formes et des témoignages de politesse que les navires se rendent entre eux, ou qu'ils rendent à des personnes de haut rang, ou même à des ports, à des forteresses, et qu'ils en reçoivent à leur tour. Ces formes sont tantôt de pure courtoisie, tantôt comme une reconnaissance de la souveraineté territoriale. Les *saluts de mer* sont de plusieurs sortes : 1° Le *salut du pavillon*, qui est le plus significatif, et consiste à amener ou à ferler son pavillon sur le mât, à le baisser ou à l'enlever complètement en signe de subordination (1). Un navire qui se rend baisse également son pavillon et arbore un pavillon blanc. 2° Le *salut des voiles*, cargaison des hautes voiles, ou leur abaissement jusqu'au milieu du mât. 3° Le *salut du canon*, qui est le salut ordinaire et régulier des navires, et qui consiste à tirer un certain nombre de coups de canon, le plus souvent impair, avec ou sans boulet, et variant avec les honneurs à rendre, (jusqu'à 21, ou même jusqu'à 101). Le salut est habituellement rendu par un nombre égal de coups, soit à la fin du salut reçu, soit en répondant coup pour coup. Sont moins usuels aujourd'hui le *salut de la voix*, ou le *vivat* poussé par l'équipage, le *salut de la mousqueterie*, ou les salves d'armes de petit calibre, et de même le salut qui consiste à se placer sous le vent, ou à envoyer, pour le complimenter, un ou plusieurs de ses officiers à bord du navire rencontré.

Chaque puissance prescrit librement à ses navires même en haute mer, et aux navires étrangers dans ses propres eaux, le cérémonial qu'ils auront à observer

(1) D'après *Perels*, traduit par Arndt (*Dr. marit intern.*, Paris 1884, p. 164, note 1), ce salut ne serait plus en usage. *Heffter* p. 468) dit également: « Ce salut est de la plus grande humilité, et même avilissant si l'on amène le pavillon tout bas. Aussi les nations ne se soumettent-elles plus à cette dernière manière de saluer. »

On réclame ordinairement des navires étrangers qui viennent dans nos eaux, le salut par le canon et par le le pavillon, de nos navires de guerre, ports et forteresses, qui y répondent dans la règle de leur côté par le canon.

Lorsque le domaine maritime est contesté, comme l'était, par exemple, le domaine prétendu par Venise sur l'Adriatique, l'obligation du salut maritime l'est également.

Les souverains, princes et princesses de sang royal, ministres diplomatiques de 1ʳᵉ classe et amiraux, sont salués les premiers par tous vaisseaux, par les ports et par les forteresses, toutes les fois qu'ils entrent dans un port ou naviguent sur la côte.

En haute mer, aucune puissance n'a le droit, en l'absence de traité, d'exiger des navires étrangers un témoignage quelconque d'honneur. Pour prévenir toute difficulté, plusieurs puissances ont même supprimé par traité toute sorte de salut en haute mer. Le refus du salut avait autrefois occasionné des guerres sanglantes, par exemple au xviiᵉ siècle entre la Hollande et l'Angleterre. A défaut d'autre stipulation, les navires de commerce qui ont du canon saluent les navires de guerre par des coups de canons, sinon par les voiles ou le pavillon. Toutefois, ce salut leur est en partie épargné quand ils voguent à pleines voiles. Les navires de guerre de même rang ne se saluent pas, ou bien encore le navire qui est sous le vent salue le premier. Mais un navire de rang inférieur salue le premier le navire de rang supérieur, un navire isolé fait de même pour la flotte ou l'escadre qu'il rencontre, et une flotte auxiliaire pour la flotte principale. Le salut est dans tous ces cas rendu par le canon. L'Angleterre, puis la France et l'Espagne ont exigé jusqu'à ces derniers temps que les navires de guerre des autres puissances saluassent les premiers leurs vaisseaux amiraux, non seulement du canon, mais aussi du pavillon.

§ 22. — Du domaine fluvial.

Les fleuves appartiennent jusqu'à leur embouchure, c'est-à-dire aux deux rives extrêmes où ils se jettent dans la mer, aux états qu'ils traversent, et cela pour des parts *divises* quand ils forment la frontière entre deux ou plusieurs états.

Les principes posés par le congrès de Vienne (1815) sur la navigation des fleuves communs à plusieurs états sont demeurés ceux du droit international moderne (1). Le traité de Paris du 30 mars 1856, qui les étendit au

(1) On sait que ces principes ont leur source première dans l'article 5 du *Traité de Paris* du 30 mai 1814 : « La navigation du Rhin, du point où il devient navigable *jusqu'à la mer* et réciproquement, *sera libre*, de telle sorte qu'elle ne puisse être interdite à personne, et l'on s'occupera, au futur congrès, des principes d'après lesquels on pourra régler les droits à lever par les états riverains de la manière la plus égale et la plus favorable au commerce. — *Il sera examiné et décidé de même dans le futur congrès de quelle manière la disposition ci-dessus pourra être également étendue à tous les autres fleuves qui, dans leur cours navigable, séparent ou traversent différents états.*

Danube, édicta de plus des dispositions spéciales sur ce fleuve principal de l'Europe et surtout de l'Autriche, ce qu'on n'avait pu faire en 1815, la Turquie n'ayant pas été partie au congrès de Vienne. Elle n'a été admise dans « le concert européen » que par le traité de Paris.

D'après le congrès de Vienne, tout fleuve qui traverse ou qui sépare plusieurs états est ouvert, depuis son point de navigabilité jusqu'*à la mer*, c'est-à-dire jusque *dans la mer*, à la libre navigation de tous les états riverains, *et même de tous les navigateurs*, d'après l'interprétation pratique qui prévalut et qui a été corroborée par les *actes* récents relatifs au Danube. Chaque état conserve d'ailleurs sa suprématie sur son domaine fluvial, sans préjudice de la liberté de la navigation, qui ne peut être entravée par aucun droit d'étape, d'échelle ou de relâche forcée. — Des *taxes de navigation* — ne pas les confondre avec les *droits de douane* sur les marchandises importées — ne peuvent désormais être levées sur tout le parcours commun qu'ensuite d'une entente des états riverains, et elles doivent de plus être proportionnelles au poids du chargement et à la longueur du voyage, sans égard à la valeur des marchandises (1). — La *police des rivières*, dont le règlement est également renvoyé aux traités à intervenir entre les états riverains d'après des principes communs, doit être exercée par chacun d'eux sur son domaine, chaque état riverain demeurant tenu de maintenir le chemin de halage et en général de pourvoir à la naviga-

____

(1) Ces taxes doivent, par suite, demeurer faibles, et n'être pour ainsi dire qu'un *correspectif du service rendu*.

bilité du fleuve. — Par suite aussi, aucun d'eux ne saurait entreprendre en droit-soi une construction ou autre ouvrage qui tendrait à nuire aux autres, par exemple à changer le cours du fleuve, à mettre à sec un port concurrent (1).

(1) Art. 108 à 115 de l'*Acte final de Vienne* (9 juin 1815) concernant la navigation fluviale : « Art. 108. *Les puissances dont les états sont traversés par une même rivière* (c'est-à-dire *fleuve ; voyez infrà* l'art. 15 du traité de Paris, 1856) *navigable, s'engagent à régler d'un commun accord* tout ce qui a rapport à la navigation de cette rivière. — 109. La navigation, dans tout le cours navigable de ces rivières *jusqu'à leur embouchure*, sera entièrement libre et ne pourra, sous le rapport du commerce, être interdite à personne ; » — les règlements relatifs à la police de cette navigation, « seront conçus d'une manière uniforme pour tous, et aussi favorables que possible au commerce de toutes les nations. — 111. Les règlements sur la navigation seront fixés d'une manière uniforme, invariable et assez indépendante de la qualité différente des marchandises pour ne pas rendre nécessaire un examen détaillé de la cargaison. — 112. Chaque état riverain se chargera de l'entretien des chemins de halage qui passent par son territoire, et des travaux nécessaires pour la même étendue dans le lit de la rivière. — 114. On n'établira nulle part des droits d'étape, d'échelle ou de relâche forcée. Quant à ceux qui existent déjà, ils ne seront conservés qu'en tant qu'ils seraient nécessaires ou utiles à la navigation et au commerce *en général*. — 115. Les douanes des états riverains n'ont rien de commun avec les droits de navigation. — 116. Tout ce qui est indiqué dans les articles précédents sera déterminé par un règlement commun, qui renfermera également tout ce qui aurait besoin d'être fixé ultérieurement. Le règlement une fois arrêté ne pourra être changé que du consentement de tous les *états riverains*, *et ils* auront soin de pourvoir à son exécution d'une manière convenable et adaptée aux circons-

Nombre de traités de navigation sur fleuves communs ont été conclus ensuite et dans l'esprit de ces règles du congrès de Vienne ; ainsi entre les pays riverains du Rhin, de l'Elbe, du Weser, de l'Escaut. Les péages de l'Escaut (1) et ceux de Stade (ou de l'Elbe) (2) ont ainsi disparu moyennant une indemnité consentie par les intéressés à la Hollande et au Hanovre (1863 et 1861), jusqu'alors autorisés à les percevoir. La commission des riverains, réunie à Mayence en 1831, a également mis un terme aux entraves que la Hollande prétendait imposer, au mépris des règles de Vienne, à la libre navigation de l'embouchure du Rhin et de ses bras, par une interprétation sophistique des mots « jusqu'à la mer (3) ».

§ 22 (a). — De la navigation du Danube.

La Russie, s'étant mise après la paix d'Andrinople (1829) en possession de l'embouchure de Sulina, domi-

tances et aux localités. » — Comp. sur toute cette matière, *Engelhardt*, Du régime conventionnel des fleuves internationaux, Paris 1879. — Les principes de Vienne furent appliqués au Parana et à l'Uruguay par le traité du 10 juillet 1853 entre la France et la Confédération Argentine ; traités identiques à la même date avec la Grande-Bretagne et les États-Unis.

(1-2) Traités du 22 juin 1861 et du 12 mai 1863, dans *de Clerq*, tome VIII.

(3) Les droits de navigation n'ont cependant disparu complètement sur le Rhin que par la *convention de Manheim* du 17 octobre 1868 entre la France, le grand-duché de Bade, la Bavière, le grand-duché de Hesse, les Pays-Bas et la Prusse. Voy. *de Clerq*, X, p. 177.

naît en fait le bas Danube. Le traité de Paris (1856)
changea cette situation : la Russie y perdit une portion
de la Bessarabie et se trouva même tout à fait séparée
du Danube. Les règles du congrès de Vienne sur la
navigation des fleuves communs purent être enfin appliquées aussi au Danube (1), et deux commissions furent
instituées, l'une dite *européenne* et composée des représentants de toutes les parties au traité de Paris,
l'autre *riveraine*, et ne comprenant que les états riverains (2). La première, toute passagère, devait surtout
avoir pour tâche « de dégager des sables et autres obstacles les embouchures du Danube, ainsi que les parties
de la mer y avoisinantes », afin de les mettre « dans les
meilleures conditions possibles de navigabilité ». La
seconde devait « élaborer les règlements de navigation
et de police du fleuve, ordonner toutes mesures pour le
maintien de sa navigabilité, et prendre en outre la
place de la commission européenne aussitôt que celle-ci
aurait terminé ses travaux, par suite, assumer à son tour
le soin de la navigabilité des embouchures.

Ces travaux de navigabilité et l'élaboration de ces
règlements devaient être achevés dans un délai de deux

_____

(1) *Traité de Paris*, art. 15 : « Les puissances contractantes
stipulent entre elles qu'à l'avenir ces principes (du congrès des
Vienne) seront également appliqués au Danube et à ses embouchures. *Elles déclarent que cette disposition fait désormais partie du
droit public de l'Europe, et la prennent sous leur garantie.* »

(2) Art. 16 et 17 dudit traité. Le traité de Paris innovait sur
celui de Vienne en établissant pour le Danube une commission
européenne au lieu d'une commission composée des seuls *riverains.*

ans (1), qui fut plus tard porté à dix, et la commission européenne terminait son œuvre en 1865 par l'Acte européen de navigation du 2 novembre 1865.

Mais le délai primitif de deux ans est depuis bien longtemps écoulé, et la commission riveraine, loin de prendre la place de la commission européenne, lui a petit à petit cédé la sienne. C'est celle-ci qui est maintenant seule appelée à traiter et à mener à bonne fin la question d'ailleurs européenne du Danube (2).

Conformément au traité de Paris et au règlement du congrès de Vienne du 24 mars 1815, les états riverains du Danube avaient cependant élaboré, dès le 7 novembre 1857, un acte qui proclamait l'entière liberté de la navigation du Danube, et dont les prescriptions sur la police sanitaire, le pilotage, etc., s'inspiraient de l'esprit libéral le plus favorable au commerce. Cet acte réservait toutefois aux seuls riverains la navigation intérieure d'un port riverain à l'autre ; les étrangers ne pouvaient s'y livrer

(1) Art. 18 du *Traité de Paris :* « Les puissances signataires, prononceront, après en avoir pris acte (de l'achèvement des règlements et des travaux), la dissolution de la commission *européenne;* et dès lors, la commission *riveraine permanente* jouira des mêmes pouvoirs que ceux dont la commission européenne avait été investie jusqu'alors.

(2) Art. 1er de l'*Acte* du 2 novembre 1865 : « La commission européenne du Danube restera chargée, *à l'exclusion de toute ingérence quelconque,* d'administrer au profit de la navigation ces ouvrages et établissements (créés en exécution de l'art. 16 du traité de Paris), de veiller à leur maintien et conservation, et de leur donner tout le développement que les besoins de la navigation pourront réclamer. »

que sous certaines conditions et en vertu d'une concession, disposition qui souleva les vives protestations de
l'Angleterre et de la France, assez mal étayées d'ailleurs
sur l'esprit ou les termes du traité de Paris. C'est ainsi
que l'acte du 2 novembre 1865, élaboré par la commission européenne, fait seul règle pour l'instant.

L'importance de la question du Danube demande
cependant que nous indiquions sommairement ses destinées ultérieures.

Les puissances signataires du traité de Paris (1856)
décidaient quelques années plus tard, dans ce qu'on
appelle le Protocole de Londres de la conférence de la
mer Noire, du 13 mars 1871, que la commission européenne du Danube demeurerait en fonctions pendant
douze années ultérieures, savoir jusqu'au 24 avril 1883,
terme stipulé pour l'amortissement de l'emprunt contracté sous leur garantie pour les travaux du fleuve.
Mais la paix de Berlin (1878) vint avant cette échéance
modifier gravement la situation par ses articles 52-57.
On sait que la Roumanie et la Serbie y furent pro-
clamées états souverains, que la Bulgarie y devint une
principauté nouvelle autonome et tributaire, enfin que
la Russie y récupéra la Bessarabie, que le traité de Paris
lui avait enlevée.

Ce même traité, tout en confirmant d'ailleurs les pouvoirs de la commission européenne, ordonna le rasement
des forteresses du Danube, depuis son embouchure jusqu'aux Portes de Fer, et interdit aux navires de guerre
de circuler dans cette portion du fleuve. Le parcours
d'un caractère mixte, national et international, qui ne

s'étendait d'abord que jusqu'à Isaktscha, puis à Galatz, se trouve de la sorte prolongé jusqu'aux Portes de Fer. Les règlements de navigation, de police fluviale et de surveillance pour tout ce parcours sont confiés à la commission européenne ; et la charge d'écarter les obstacles à la navigation près les Portes de Fer et les Cataractes est remise à l'Autriche-Hongrie, autorisée à percevoir une taxe provisoire pour en couvrir les frais (1).

(1) Citons ici les art. 52 à 57 du *traité de Berlin*, que l'auteur n'a pas reproduits dans l'appendice (§ 68) : « Art. 52. Afin d'accroître les garanties assurées à la liberté de la navigation sur le Danube reconnue comme étant d'intérêt européen, les hautes parties contractantes décident que toutes les forteresses et fortifications qui se trouvent sur les parcours du fleuve depuis les Portes de Fer jusqu'à ses embouchures seront rasées et qu'il n'en sera pas élevé de nouvelles. Aucun bâtiment de guerre ne pourra naviguer sur le Danube en aval des Portes de Fer, à l'exception des bâtiments légers destinés à la police fluviale et au service des douanes. Les stationnaires des puissances aux embouchures du Danube pourront toutefois remonter jusqu'à Galatz. — Art. 53. La commission européenne du Danube, au sein de laquelle la Roumanie sera représentée, est maintenue dans ses fonctions et les exercera dorénavant jusqu'à Galatz. Tous les traités, arrangements, actes et décisions relatifs à ces droits, privilèges, prérogatives et obligations sont confirmés. — Art. 54. Une année avant l'expiration du terme assigné à la durée de la commission européenne, les puissances se mettront d'accord sur la prolongation de ses pouvoirs ou sur les modifications qu'elles jugeraient nécessaires d'y introduire. — Art. 55. Les règlements de navigation, de police fluviale et de surveillance depuis les Portes de Fer jusqu'à Galatz seront élaborés par la commission européenne assistée de délégués

La commission européenne proposa en conséquence un avant-projet de règlement, mais qui ne put aboutir, en raison surtout de la protestation de la Roumanie contre la présidence attribuée à l'Autriche dans la commission *mixte* qu'il prévoyait (à composer de délégués de l'Autriche, de la Roumanie, de la Bulgarie et de la Serbie), et malgré la modification ensuite proposée d'adjoindre périodiquement à cette commission un ou deux délégués de la commission européenne.

Enfin comme le traité de Berlin avait décidé (art. 54) que les états intéressés s'entendraient pour régler définitivement la question avant l'échéance du 23 avril 1883, une conférence des puissances signataires se réunit à Londres en janvier 1883, et fixa ses délibérations dans le traité du 10 mars suivant.

Ce traité étend l'autorité de la commission européenne de Galatz jusqu'à Braïla, et proroge ses pouvoirs pour une durée de vingt et un ans à compterdu 24 avril 1883, avec stipulation qu'à l'expiration de ce terme ils

des états riverains et mis en harmonie avec ceux qui ont été ou seraient édictés pour le parcours en aval de Galatz. — Art. 56. La commission européenne du Danube s'entendra avec qui de droit pour assurer l'entretien du phare de l'île des Serpents. — Art. 57. L'exécution des travaux destinés à faire disparaître les obstacles que les Portes de Fer et les cataractes opposent à la navigation *est confiée à l'Autriche-Hongrie.* Les états riverains de cette partie du fleuve accorderont toutes les facilités qui pourraient être requises dans l'intérêt des travaux. — Les dispositions de l'art. 6 du traité de Londres du 13 mars 1871, relatives au droit de percevoir une taxe provisoire pour couvrir les frais de ces travaux, sont maintenues en faveur de l'Autriche-Hongrie. »

se renouvelleront de plein droit par tacite reconduction de trois ans en trois ans, faute par l'un des contractants de dénoncer, un an avant l'échéance de chaque terme, qu'il entend proposer des modifications soit à la composition soit à l'étendue des pouvoirs de la commission. — Le contrôle de la commission ne s'applique pas à la portion du bras de Kilia, dont les deux rives appartiennent au même riverain; mais la portion de ce bras qui sépare le territoire russe du territoire roumain est soumise aux mêmes dispositions que le bras Sulina, sous la surveillance des délégués des deux pays à la commission européenne.

Les plans des travaux à entreprendre par la Russie et la Roumanie sur le bras qui leur est commun ou sur les branches du Kilia qui leur sont propres ne seront communiqués à la commission européenne que pour permettre à celle-ci de s'assurer que ces travaux ne sont aucunement préjudiciables à la navigation. En cas de divergence entre la Russie et la Roumanie dans le sein de la commission au sujet des travaux du bras de Kilia, la question sera portée devant les puissances. — La Russie garde le droit de prélever sur ce bras « des péages destinés à couvrir les frais des travaux entrepris par elle »; si elle en use, elle aura toutefois à en aviser les puissances représentées dans la commission, « en vue de sauvegarder les intérêts réciproques de la navigation dans les bras de Soulina et le bras de Kilia. » — Le règlement de navigation, de police fluviale et de surveillance du 2 juin 1882, annexé au traité du 18 mars 1883, est enfin adopté par toutes les puissances et déclaré

applicable à la partie du Danube située entre les Portes
de Fer et Braïla. Tous les traités, conventions, actes et
arrangements relatifs au Danube sont maintenus en
tant qu'ils ne sont pas abrogés par le présent acte (1).

§ 83. — Les navires et les droits de la navigation.

Le principe que le navire continue le territoire,
comme une île flottante qui reste soumise à la seule loi
et souveraineté de sa nation, ne s'applique absolument

---

(1) Art. 1 à 8 du *traité de Londres*. — M. Neumann n'ajoute pas
que cette laborieuse réglementation est demeurée *en suspens* par
l'opposition formelle et assez légitime de la Roumanie, qui admet
difficilement que des travaux à exécuter sur son territoire soient
confiés à l'Autriche, pas même riveraine en cet endroit (art. 57
du traité de Berlin), et qui craint de se voir majorée par elle
dans le sein de la commission *mixte* prévue par l'art. 90 du
règlement de navigation du 2 juin 1882 annexé au traité, et
ainsi conçu : « *L'exécution* du présent règlement est placée sous
l'autorité d'une commission mixte dite *commission mixte du
Danube*, dans laquelle l'Autriche-Hongrie, la Bulgarie, la Roumanie et la Serbie seront chacune représentées par un délégué. *La
présidence de cette commission appartiendra au délégué de l'Autriche-
Hongrie*. Un membre de la commission européenne du Danube,
désigné pour une période de six mois, par ordre alphabétique des
états, prendra part aux travaux de la commission mixte, et jouira
pendant cette participation de tous les droits appartenant à ses
autres membres. » — *Geffken* sur Heffter (*Droit intern.*, 4ᵉ édition)
critique justement les dispositions du congrès de Berlin sur la
navigation du Danube : « Elles impliquent, en effet, trois systèmes
administratifs différents : l'un dirigé par une commission *européenne* sur la partie maritime située en aval de Galatz, l'autre

que dans le domaine maritime de l'état, et sur la haute mer, grand chemin de tous les peuples. Dans les eaux étrangères, les navires marchands sont soumis à la loi étrangère, et les navires de guerre demeurent seuls exterritoriaux. Si donc, d'après nos lois (1), un esclave devient libre quand il met le pied sur le sol ou sur un navire autrichien, au moins faut-il que ce navire s'il est marchand, se trouve dans les eaux autrichiennes ou en haute mer, et non dans les eaux d'un autre état qui admettrait encore l'esclavage. La fiction qui assimile le navire au territoire n'est donc pas exacte d'une manière absolue; on peut même la trouver superflue, car, d'une manière générale, une fiction qui prétend admettre comme *légalement* vrai le contraire de ce qui

placé sous la surveillance d'une commission *riveraine* sur la section moyenne de Galatz aux Portes de Fer, et le troisième abandonné à la discrétion des *états supérieurs* (Autriche-Hongrie, Bavière et Wurtemberg). Cette division (qui s'écarte des principes de 1815, déclarés applicables au Danube en 1856) n'a pas manqué de donner lieu à de regrettables différends dont on attend encore la solution. Pour appliquer l'art. 55 du traité de Berlin, la commission européenne a proposé d'instituer un syndicat spécial, qualifié de *commission mixte*. La Roumanie s'y oppose parce que le traité ne dit mot d'une commission mixte. » Comp. la consultation de *Holzendorff*, rédigée à la demande du ministère des affaires étrangères de Roumanie, *Rumæniens Uferrechte an der Donau*, Leipsig 1883. Ses conclusions sont entièrement favorables à la Roumanie, et la commission *mixte* lui paraît plaisamment une commission *d'immixtion*. — Le système adopté pour le Congo par l'*Acte général de Berlin* se distingue heureusement de ces dispositions compliquées. (*Vide infrà*, Appendice III.)

(1) Même observation que page 42.

existe réellement, si elle peut être légalement invoquée dans le droit privé, ne saurait l'être semblablement dans le droit des gens.

L'état a le droit de déterminer les conditions à remplir par les navires étrangers qui entrent dans ses ports, qui y chargent ou déchargent leurs marchandises. Il peut librement favoriser certaines nations par ses douanes ou autrement. Mais l'égal traitement de tous les navires étrangers devient de plus en plus la règle depuis l'admission, dans presque tous les traités de commerce, de la clause que les contractants jouiront du traitement de la nation la plus favorisée. L'état peut d'ailleurs protéger et encourager sa propre navigation par des surtaxes imposées aux étrangers (tarifs différentiels), et en réservant exclusivement le cabotage ou la navigation côtière à ses nationaux. Mais interdire absolument à la navigation étrangère l'entrée de ses ports, comme l'ont fait jusqu'à récemment la Chine et le Japon, serait se mettre en dehors des relations internationales et du droit des gens.

Le navire indique et symbolise sa nationalité par son pavillon, qui doit être ainsi respecté par tous. L'état peut aussi permettre à des navires étrangers, affrétés par lui par exemple, de naviguer sous son pavillon, pour autant qu'il n'en résulte aucun préjudice pour les tiers, par exemple, qu'il ne s'agisse pas de leur faire obtenir de la sorte des privilèges qui ne seraient accordés dans certains ports étrangers qu'à ses propres vaisseaux.

Le *droit d'épave* (*Strandrecht*) ou le prétendu droit

exercé pendant des siècles par les habitants des côtes du nord de l'Europe, de s'emparer des navires et des biens échoués sur leurs rivages, a heureusement disparu chez tous les peuples civilisés. Le *droit de sauvetage* (*Bergrecht*) qui l'a remplacé n'est qu'un droit d'indemnité pour les peines et les frais employés au sauvetage et à la garde des biens naufragés. Les lois du pays déterminent à qui profitent les biens sauvés au cas où leur propriétaire légitime ne les réclamerait pas dans un délai légal de prescription, qui fait règle dans le domaine maritime de l'état comme sur son territoire. Les traités modernes des peuples civilisés garantissent d'ailleurs aux navires étrangers, en cas de naufrage ou d'échouement, les mêmes secours et les mêmes prestations qu'à leurs propres navires.

Les navires étrangers, à l'exception des navires de guerre ou des navires qui ont à bord un prince ou un ambassadeur, sont soumis aux lois et à la juridiction de l'état dans le domaine maritime duquel ils se trouvent, et paient les taxes qu'il a fixées. Le navire qui s'enfuirait d'un de nos ports pourrait même être poursuivi en haute mer en raison d'un crime commis dans nos eaux; on sait que ce « droit de poursuite » ne se donne pas sur la terre ferme, à moins de traité spécial; il impliquerait un acte de souveraineté sur un territoire étranger.

L'équipage d'un navire n'en forme pas moins sous l'autorité de son capitaine une société d'un genre tout particulier, ayant sa situation propre, et à qui, par suite, les lois de l'état étranger ne sont pas applicables en tout. La vie intérieure et la discipline à bord du navire, le rapport des chefs et des hommes, fret du navire, etc., demeurent du ressort du capitaine, souvent aussi des consuls de leur pays, qui en représentent à l'étranger les intérêts commerciaux. Si même le navire et les marchandises n'appartiennent qu'à des étrangers, c'est de leurs consuls que ressortiront le règlement des avaries et la répartition du dommage causé par fortune de mer.

La France émet seule la prétention de poursuivre devant sa justice pénale les délits commis dans un port étranger par un homme de l'équipage à bord d'un navire français contre l'un de ses compagnons, ou en général contre un Français (1). Les autres puissances peuvent lui reconnaître ce droit, s'il leur plaît, mais elles demanderont naturellement la réciprocité (2).

Les *pirates* ou brigands de mer, et de même, en temps de guerre, les *corsaires* qui sans être munis d'une autorisation compétente (sans *lettres de marque*), attaquent et pillent les navires, tombent sous la juridiction de l'état qui s'en empare. La France a mis fin en 1830 par la conquête d'Alger aux entreprises monstrueuses des *états barbaresques*, ces pirates auxquels certaines

(1) C'est ce qui résulte de l'intéressant *avis du conseil d'état* du 20 novembre 1806, sur la compétence en matière de délits commis à bord des vaisseaux neutres dans les ports et rades de France.

(2) L'avis du cons. d'état fait précisément application du principe au profit des neutres; la réciprocité est donc bien reconnue par la France.

puissances européennes elle-mêmes avaient cru devoir payer tribut pour éviter leurs déprédations.

Un but légitime lui-même, tel que la répression de la traite des noirs, n'autoriserait pas, en l'absence de traité, à arrêter et à visiter des navires étrangers en haute mer (voy. § 8, 3). Nous parlerons plus loin du droit de visite en temps de guerre.

Le *droit des gens maritime* a une grande importance en tant de paix, plus grande encore en temps de guerre, et s'oppose au *droit privé maritime*, que chaque état établit pour régir son domaine maritime et ses navires, ceux-ci même en haute mer, et sous certains rapports même dans les eaux étrangères. En temps de paix, l'on évitera de se faire justice à soi-même, même au cas d'un conflit en haute mer avec un navire étranger et de préjudice causé. Le pays de l'offenseur, en effet, ne refusera pas satisfaction à l'offensé. Mais les difficultés qui peuvent surgir entre neutres et belligérants n'en sont que plus nombreuses.

Le droit des gens maritime, né de la communauté des besoins et des relations, repose essentiellement sur des usages. La collection la plus célèbre de ces usages maritimes, le *Consolato del mare,* qui nous vient probablement de Barcelone et de la fin du xiii° siècle, fit règle pendant des siècles, spécialement pour les pays riverains de la Méditerrannée (1).

---

(1) Le texte s'en trouve dans *Pardessus, Lois maritimes.*

CHAPITRE III

—

LE DROIT DES OBLIGATIONS, OU DES ENGAGEMENTS

DES NATIONS ENTRE ELLES

———

§ 24. — Des traités.

De même qu'entre les particuliers, les obligations naissent principalement entre les états des *traités* ou *contrats;* puis des *quasi-contrats,* par exemple de la gestion d'affaires sans mandat, ou de tel autre acte licite, comme le paiement de l'indû ; enfin des *actes illicites* ou des *délits.*

Les traités sont le mode le plus fréquent et le plus solennel de la formation des obligations entre les peuples ; et leur religieux respect, qui est une condition nécessaire des relations internationales, est aussi un principe fondamental du droit des gens. Les *traités* internationaux, aussi dénommés *conventions* quand ils sont moins solennels, sont des contrats passés par les chef des états ou par leurs représentants sur des intérêts, des affaires, des droits ou des choses des états respectifs. Un traité entre souverains sur une affaire toute personnelle, ou entre souverains et particuliers, même dans l'intérêt de l'état, comme pour un emprunt public ou des fournitures, ne constitue donc pas un traité international. Certains traités présentent toutefois un caractère mixte par la réunion de conventions privées et de conventions publiques, mais c'est qu'alors le caractère public ou international y domine : ainsi quand les puissances stipulaient de la maison Rothschild un prêt de 60 millions en faveur du nouveau royaume de Grèce et en assumaient la garantie (1833) (1).

Les *concordats* conclus avec le pape comme chef de l'Église catholique sur des questions ecclésiastiques de nature externe, non dogmatique ni liturgique, forment un autre genre spécial de conventions. On ne pouvait les regarder sous tous rapports comme des traités *internationaux* même lorsque le pape était encore souverain temporel (jusqu'au 20 septembre 1870); mais tout en formant un groupe à part, ils rentrent certainement dans les traités *publics,* puisque le pape est encore aujourd'hui réputé souverain. Ils diffèrent d'ailleurs beaucoup entre eux. Le concordat *français* de 1801 relève les autels, mais donne aussi au pouvoir civil des droits qui l'emportent sur les fameux articles de l'Église gallicane eux-mêmes. Le concordat autrichien de 1855 a dû, par contre, disparaître comme incompatible avec la nouvelle constitution de l'état et en raison de la récente

----

(1) De même le traité récent des puissances avec la maison Rothschild, de Londres, pour l'emprunt égyptien (1885).

constitution vaticane de 1870. Combien les nombreux concordats conclus de 1820 à 1840 entre le pape et la Bavière, Baden, le Wurtemberg, la Prusse, ne contrastent-ils pas avec ces deux exemples? *Date Deo quod Dei est, Cæsari quod Cæsaris est,* tel est, en cette matière, le vrai principe; mais les passions ne l'interprètent pas toujours de même.

Du reste, un traité privé peut lui-même faire l'objet d'un recours international quand l'état étranger refuse de le laisser exécuter ou lui refuse l'appui de ses tribunaux. L'état protège aussi ses nationaux à l'étranger, et même tout spécialement.

§ 25. — Conditions essentielles des traités.

Ce sont : 1° un objet licite (*causa*); 2° la capacité des contractants ; 3° leur libre consentement.

L'absence de l'une de ces conditions rend le traité nul ou sans effet.

§ 26. — Licité de l'objet.

Ce qui est possible physiquement, moralement et juridiquement, peut seul faire l'objet d'un contrat. Quand l'une de ces conditions manque, la chose promise ne peut ou ne doit pas être livrée, et ce qui aurait été livré en correspectif peut être répété, puisqu'en somme le contrat est inexistant.

L'impossibilité physique n'a pas besoin de commentaire. Est impossible moralement ce qui est absolument interdit, par exemple, la promesse d'introduire l'esclavage, abstraction faite de ce qui se passerait dans l'intérieur d'un état fédéral ou même d'un état simple, où cette promesse, tout en restant moralement condamnable, pourrait ne l'être pas devant le droit des gens ; ou encore, la promesse de cesser soi-même ou de fermer à autrui toute relation avec l'étranger.

Est impossible juridiquement ce qui lèse les droits d'autrui. Nul ne peut donc prendre des engagements qui seraient en contradiction avec ceux qu'il aurait pris antérieurement envers un tiers ; et il en est ainsi, alors même que le traité antérieur aurait été tenu secret : ce ne serait que violer plus gravement sa foi. Mais rien n'empêche de faire avec plusieurs états des traités qui subsistent et puissent s'exécuter parallèlement ; d'accorder tel avantage commercial à un peuple quand on ne l'a pas auparavant concédé à un autre d'une manière exclusive ; de promettre à plusieurs un secours de guerre partiel et déterminé, à supposer que ces états ne soient pas en guerre. Que si, après avoir promis à plusieurs, nos forces ne nous permettent pas d'envoyer à tous le secours promis, hommes ou argent (subsides), le plus ancien stipulant devra être préféré. De même, le premier traité l'emporte au cas de promesse successive à deux personnes d'une même chose indivisible, car nous n'avions pas le droit d'en disposer par un second traité au détriment du premier. Gênes se plaignit justement de la remise faite par l'Autriche à la Sardaigne, au traité de Worms (1743), et pour se la gagner dans la guerre de Succession, du marquisat de Finale que Gênes avait acquis de l'Autriche dès 1708 moyennant finance.

Est également nulle la promesse du fait ou de la prestation d'un tiers, puisque c'est promettre ce dont on ne peut disposer. Mais rien n'empêche de promettre ses *bons offices* pour déterminer un tiers à faire ou donner. Ces bons offices peuvent aller jusqu'à l'*intercession* (ne pas la confondre avec l'*intervention*), qui emploie tous les moyens utiles et amicaux, à l'exclusion du recours aux armes, mais naturellement sans garantie du succès. Inversement, un traité entre deux états ne peut, dans la règle, en obliger un troisième, à moins que celui-ci ne soit, comme tributaire ou mi-souverain, dans une absolue dépendance de l'un d'eux. Les traités conclus par la Porte obligeaient aussi ses vassaux, et le traité de Paris de 1856 le rappelle dans son article 32, d'après lequel les anciens traités de la Porte, indubitablement conclus pour l'ensemble de son territoire, demeurent en pleine vigueur jusqu'à leur renouvellement. On peut, par contre, parfaitement stipuler un droit au profit d'un tiers, ou même imposer à son contractant et en faveur d'un tiers une charge que ce tiers serait d'ailleurs autorisé à réclamer.

Un tiers peut encore être visé par le droit d'*accession* qu'un traité lui ouvre, ce qui se rencontre lorsque le traité contient une clause en ce sens ou que sa validité est même surbordonnée à cette accession. Si le traité ne fait que lui attribuer des droits ou confirmer ceux qu'il

possède, le tiers peut même être « compris dans le traité »
sans qu'il ait besoin d'y faire une accession expresse.
C'est même le devoir des parties principales de comprendre aussi dans leur traité de paix ceux de leurs
alliés qui ne figurent dans la guerre qu'en seconde
ligne, en raison d'un secours ou d'une assistance accessoire et limitée. Il y aurait inconvenance et injustice à
les oublier (1).

Peu importe d'ailleurs pour la validité que chaque
promesse ait ou non son correspectif, ou que les prestations réciproques soient ou non équivalentes. C'est à
la partie qui s'engage de peser et de calculer ce qu'elle
promet. La loi civile ordinaire qui permet de demander
la rescision de certains contrats commutatifs pour cause
de *lésion énorme* ou d'outre moitié, ne saurait être
étendue aux traités du droit des gens. Les états n'ont
pas de juge au-dessus d'eux qui puisse connaître
d'une semblable lésion, d'ailleurs bien rarement appré-
ciable ici au mètre et au franc.

Une cause de nullité aussi vague et indéterminée
compromettrait la sécurité des traités. Les traités et
alliances sont dits *égaux* ou *inégaux*, non au point de
vue d'une égalité matérielle, mais suivant qu'ils ont ou
non lieu entre états de même rang et de même importance politique, suivant que les grandes puissances con-
tractent entre elles ou avec une puissance secondaire.
Un grand état peut faire, en vue d'avantages politiques,

----

(1) Comme l'a fait la Russie à l'égard de la Roumanie dans la
paix récente de *San-Stefano* (1878).

de plus grands sacrifices de sang et d'argent que tel autre inférieur, dont l'existence et le maintien sont pour lui d'une importance majeure ou capitale. Un traité n'ajouterait donc rien à sa force par ces stipulations empruntées aux formules privées, et que nous retrouvons dans quelques-uns d'entre eux et des plus importants, comme dans le traité d'Utrecht (1731) la clause de renonciation réciproque à invoquer la *lesio enormis* s'ajoutant à la renonciation à la couronne d'Espagne faite par Louis XIV et son frère d'Orléans pour eux et leurs descendants, et à la renonciation de Philippe V pour lui-même et les siens à la couronne de France. Par contre, serait nul comme immoral le traité qui impliquerait la ruine de l'état ou de son indépendance, par exemple sa renonciation à décider de la guerre et de la paix. En renonçant au droit de guerre, au droit même de défense, Carthage en présence de Rome, après la troisième guerre punique, ou la Pologne vaincue par la Russie (1768), renonçaient par le fait à leur existence politique et souscrivaient à leur propre ruine.

§ 27. — Capacité des contractants.

La capacité de traiter appartient aux souverains, même usurpateurs, tant qu'ils sont en possession du pouvoir et pour autant qu'ils sont autorisés à faire acte de gouvernants ; nous y reviendrons dans le droit de la guerre. Les états mi-souverains ou tributaires n'ont naturellement aussi qu'une capacité restreinte de traiter ; l'étendue de leur droit à cet égard dépend de la nature et du degré de leur dépendance de l'état suzerain ou protecteur, parfois aussi de l'histoire elle-même de cette situation. C'est ainsi que les principautés danubiennes passaient des conventions avec leurs voisins sur les rapports de commerce, les postes, les télégraphes, l'extradition des déserteurs, longtemps avant d'avoir été érigées en états souverains par la paix de Berlin (1878).

Dans les systèmes d'états, comme la Suisse ou les États-Unis, le gouvernement de l'ensemble possède seul en principe le droit de traiter avec l'étranger ; les états particuliers n'y peuvent passer que de rares conventions sur des objets de police et de voisinage. Si le gouvernement ou la constitution du pays est elle-même contestée, la possession du pouvoir est déterminante pour les autres états, sans qu'ils aient à examiner si le possesseur actuel a en général ou plus que tout autre le droit de traiter. Le droit public de l'état détermine d'ailleurs si et dans quelle mesure le prince peut engager le pays, s'il lui faut ou non l'assentiment d'autres facteurs, de la représentation nationale, ou, comme en Amérique, du sénat seulement. D'après la loi autrichienne fondamentale du 21 décembre 1876, § 11, « rentrent dans les attributions du Reichsrath, l'examen et l'approbation des traités de commerce et de ceux des traités politiques qui entraîneraient des charges pour l'Empire ou pour l'un de ses membres, ou des obligations pour les citoyens, ou une modification du territoire des royaumes et pays représentés au Reichs-rath (1). »

Le traité conclu par une personne dont les droits sont ainsi limités, n'est naturellement valable que par l'adhésion des facteurs constitutionnels nécessaires à sa perfection. Qu'en contractant sans pouvoir suffisant l'incapable ait ou non engagé sa propre personne, comme on se plaît à le dire, la chose importe ici peu, puisque l'absence des approbations légales nécessaires empêche certainement le traité international d'exister. L'autre partie pourra cependant réclamer une indemnité si le traité lui avait été présenté comme parfait nonobstant l'absence de ces approbations qu'il n'était pas en elle d'obtenir, ou s'il en est résulté pour elle un réel dommage.

§ 27 (*a*). —De la ratification et des promesses (*sponsions*).

Les traités internationaux sont dans la règle conclus et signés au nom et sur le mandat des souverains par leurs plénipotentiaires ou leurs ministres. Mais ils ne sont parfaits que par la *ratification* des souverains, ou

(1) La plupart des constitutions monarchiques modernes ont des dispositions de ce genre, limitant les droits du prince ; à plus forte raison dans les républiques. *Lois const. franç.* de 1875 (loi du 16 juillet), art. 8 : « Le Président de la République négocie et ratifie les traités. Il en donne connaissance aux Chambres aussitôt que l'intérêt et la sûreté de l'état le permettent. — Les traités de paix, de commerce, les traités qui engagent les finances de l'état,

en Amérique du président, jointe à l'assentiment des deux tiers du sénat. On sait que le sénat américain représente dans le congrès les états particuliers et leur souveraineté, base de celle de l'Union. Toutefois le traité ne produit pas seulement effet dès la date de sa ratification ; dans les usages diplomatiques et à moins qu'un autre terme n'ait été stipulé, il est efficace du jour où il a été régulièrement dressé et signé par les plénipotentiaires, en ce sens du moins que la ratification rétroagit à cette date pour en constater l'existence plutôt que pour la corroborer (1).

L'usage des ratifications est immémorial et répond à la nature des choses. Dans des questions aussi importantes, il est naturel que le souverain ou le chef de l'état se réserve le dernier mot. Et cet usage est si bien établi, que la nécessité de la ratification est toujours sous-entendue, qu'elle ait été ou non réservée dans les pouvoirs du négociateur, ou, comme c'est aujourd'hui la règle, dans le traité lui-même, avec indication d'un terme pour l'échange des ratifications. Pour qu'un traité soit exécuté avant toute ratification et immédiatement, ce qui n'a d'ailleurs lieu qu'en cas d'urgence extrême, il faut que les plénipotentiaires l'aient expressément consenti, qu'ils l'aient même exigé. Ainsi fit-on en

ceux qui sont relatifs à l'état des personnes et aux droits de propriété des Français à l'étranger, ne sont définitifs qu'après avoir été votés par les deux Chambres. — Nulle cession, nul échange ne peut avoir lieu qu'en vertu d'une loi. »

(1) Comp. p. 102 et *inf.* Append. III, a. 38 de l'Acte général de Berlin.

1840, à la mort du sultan Mahmoud II, alors que le télé-
graphe ne reliait point encore Constantinople aux capi-
tales de l'Europe, et que la Turquie, désarmée et sans
ressources en présence des soldats victorieux du vice-
roi d'Égypte, ne pouvait être sauvée que par une intervention immédiate.

La ratification peut, elle doit même être donnée
quand les négociateurs ont agi dans la mesure de leurs
instructions et de leurs pouvoirs ; mais ce n'est pas à
dire qu'elle doive l'être alors *nécessairement et en toutes
circonstances*, sinon elle ne serait plus guère qu'une pure
formalité, et son usage constant et historiquement
prouvé depuis bientôt treize siècles, montre bien qu'elle
est autre chose. Elle permet, en effet, au souverain de
s'assurer si son ministre a exactement suivi ses instructions *ostensibles* et à la fois les instructions *secrètes* qui s'y
ajoutent souvent. Tel événement peut d'ailleurs se produire dans l'intervalle ou tel acte de l'une des parties,
qui heurte violemment le respect dû aux contrats, et
rende tout traité sérieux désormais impossible avec elle.
Les circonstances elles-mêmes peuvent aussi changer à
tel point entre la signature et la ratification, que le
traité utile deviendrait nuisible ; tel fait tenu caché et
soudain découvert peut même faire du refus de ratifi-
fier une véritable nécessité politique. Et si l'état peut, s'il
doit même dénoncer un traité définitif et ratifié devenu
inexécutable sans péril pour lui-même ou sa constitution, comment ne pourrait-il pas se retirer d'un traité
auquel l'élément décisif ou la ratification fait encore
défaut, alors que le prince le reconnaît nuisible ou qu'il

prévoit que les facteurs constitutionnels compétents lui refuseront leur assentiment? La clause *rebus sic stantibus* peut prêter à l'abus ; mais n'en est-il pas ainsi de toute formule générale ? L'abus possible ne prouve rien contre le droit de ne pas ratifier qu'on s'est réservé, et qu'on n'exercera d'ailleurs que pour des raisons graves (1).

(1) Comp. sur cette matière *Geffken* sur Heffter, o. c. p. 199 et s.: « Le traité n'est régulièrement parfait, partant conclu, qu'après l'échange des ratifications.— Cela repose simplement sur l'importance et la portée des intérêts en jeu dans la réglementation des rapports internationaux, et dont le soin ne saurait être laissé au jugement du plus consciencieux et du plus habile mandataire. — La ratification n'est donc pas, comme l'avance Heffter, le complément traditionnel nécessaire pour la validité du traité ; *elle ne suspend pas l'exécution* du traité, mais tant que l'échange des ratifications n'a pas eu lieu, *le traité n'existe pas encore.* Même dans les cas exceptionnels où il a été convenu que l'exécution du traité conclu par les mandataires devra commencer sans attendre la ratification, comme dans le traité des quatre puissances contre Méhémet-Ali en 1840, cette ratification est néanmoins réservée, ainsi que l'indique déjà l'expression « sans attendre l'échange des ratifications ».— Si un négociateur chargé de réserver la ratification prend sur lui, à cause de la gravité des circonstances, d'omettre cette réserve, il fait simplement une *sponsion* dans la pensée qu'il ne sera pas désavoué par son gouvernement. — Néanmoins la signature des mandataires (au bas du projet) n'est pas un acte sans importance *rentrant encore dans la période des négociations ; les négociations sont terminées dès que les mandataires ont apposé leurs signatures ;* ils manifestent par cet acte leur conviction que l'intention de leurs mandats a été remplie. C'est parce que le problème politique est résolu que cette *rédaction définitive* du projet de traité est considérée comme tellement importante que

On donne le nom de *sponsions* aux promesses d'une personne dépourvue de pouvoirs ou qui outrepasse ceux qu'elle a, expression qui, soit dit en passant, n'a de commun avec la *sponsio* du droit romain qu'en ce qu'elle est également une promesse. Un exemple classique d'une *sponsio* du droit des gens est celle que firent les consuls de Rome (324 ans avant J.-C.) pour sauver leur armée enfermée dans les Fourches-Caudines, sinon de la honte, du moins de l'esclavage ou de la destruction, — et que le sénat refusa de ratifier. Ce qui aurait été livré en suite d'une sponsion peut être répété comme indû si la ratification vient à manquer. Toutefois il en est autrement quand il s'agit d'un avantage ac-

les traités sont généralement datés du jour de la signature des mandataires. La teneur de ce qui a été convenu *ne peut donc plus subir de modification ; la ratification peut seulement être donnée ou refusée ; elle doit être pleine et entière*. — En droit international (dit très bien *Zorn*), la modification par la représentation nationale d'un traité (non ratifié) se qualifie de refus joint à de nouvelles ouvertures. » — Tout cela nous paraît excellent ; les distinctions qu'ajoute M. Geffken sont plus contestables. — Voyez aussi art. 38 de l'*Acte général de Berlin* (*infrà* Apend. 14). Un ministre avait proposé de rendre cet acte « provisoirement obligatoire » ; mais cela ne sembla pas pratique à tous, et il y fut suppléé en stipulant que les puissances ne prendraient dans l'intervalle aucune mesure contraire à l'acte signé. Cet article 38 est intéressant parce qu'il ne fut adopté qu'après « un examen approfondi des divers modes de ratification suivis jusqu'à ce jour, dans le but d'arriver à simplifier autant que possible une opération essentielle, mais laborieuse, quand un grand nombre de puissances participent à un même arrangement international ». (Annexe n° III au *Protocole* n° 9 de la Conférence.)

cordé à la guerre par un général sur la foi imprudente
et crédule d'une promesse faite par son adversaire sans
autorisation de son souverain, comme dans l'exemple
précédent la vie sauve accordée à l'armée romaine par
les Samnites, ou, pour prendre un second exemple, la
remise d'un place forte. Le général trop crédule ne
peut accuser ici que sa propre imprudence. Par contre,
une partie qui n'aurait reçu la propriété d'une chose que
sur la foi de sa sponsion non ratifiée, ne saurait se
dispenser de la restituer. Une indemnité, analogue à celle
due par le mandataire du droit privé qui dépasse ses
pouvoirs, ne saurait être personnellement réclamée du
sponsor dans ces matières où les intérêts en jeu sont de
beaucoup supérieurs aux forces d'un particulier, à moins
toutefois qu'il n'y ait lui-même expressément engagé
sa fortune, exemple que l'antiquité a connu, mais qui
se rencontrerait difficilement de nos jours.

§28. — **Libre consentement des contractants.**

Coacta voluntas, etiam voluntas, dit un ancien so-
phisme. Une volonté extorquée est en effet bien moins
la volonté du contraint que celle du contraignant. Sans
doute, toute contrainte n'est pas en elle-même injuste. La
contrainte peut être au service du droit, tendre à le réaliser. C'est ainsi que la *juste contrainte* d'un vainqueur
impose au vaincu un traité de paix, qui, pour être douloureux, n'en doit pas moins être respecté, sous peine
de renoncer à toute paix valable et d'aboutir aux

guerres d'extermination. La paix fonde donc un droit formel mais inattaquable entre les belligérants, qui cessent ainsi de l'être, de même que fait dans l'état la sentence du juge entre les parties litigantes.

A un point de vue plus haut, il faut appliquer ici la parole du poète : « L'histoire du monde est le jugement du monde. » Chacun comprend sans doute la juste douleur d'une nation brusquement vaincue et humiliée, alors surtout qu'elle s'était illustrée par des siècles de glorieux combats et par un rôle prépondérant dans l'histoire ; on loue même son désir de relèvement moral et politique ; mais le droit des gens n'admet pas ni ne légitime les appels à la *revanche*.

Hors ce cas de contrainte légitime, il faut s'en tenir au principe général : le consentement libre est nécessaire à tout contrat, et son absence rend aussi le traité international non avenu ; ainsi de l'*erreur* qui porte sur la substance de la chose, et non simplement sur des accessoires ou sur les motifs ; du *dol ;* de la *violence,* soit physique, soit morale par la menace d'un mal supérieur aux inconvénients du contrat et qui mettrait en péril la vie du négociateur ou l'indépendance de l'état, et alors même qu'elle ne serait pas injuste en soi, c'est-à-dire qu'elle ne serait pas employée pour faire reconnaître un droit douteux (1). Un prince fait prisonnier dans une

(1) Comp. *Geffken* sur Heffter, p. 197. « A la différence du droit privé, la violence ne peut mettre en question la validité des traités que si elle s'exerce *contre le mandataire* chargé des négociations ou de la ratification, *non quand elle s'exerce contre la partie contractante,* car autrement aucun traité dicté par le vainqueur

guerre légitime, comme François Ier à la bataille de Pavie, traite pourtant valablement quand l'on n'use à son égard d'aucune contrainte physique ou morale directe ; il ne pourrait donc, à l'instar de ce roi pour la paix de Madrid (1526), prétendre que son consentement est nul comme extorqué.

De nos jours cependant, l'usage plus raisonnable a prévalu de ne pas traiter avec le prince fait prisonnier, et par suite impuissant à exercer ses droits de souveraineté, mais avec les organes ou les conseils qui constituent la régence durant la captivité du roi. Napoléon Ier, après la chute qui termina sa carrière mouvementée, fut mis en quelque sorte au ban de l'Europe et conduit à Sainte-Hélène. Prisonnier à Wilhelmshœhe, Napoléon III, son neveu, dont la carrière étrange aussi brilla vingt ans comme celle de son oncle, renvoya la diplomatie prussienne à s'adresser à Paris à l'impératrice régente ; et celle-ci ayant été renversée le même jour (4 septembre 1870), la République, qui prit sa place, signa d'abord les préliminaires, puis la paix définitive de Francfort (10 mai 1871).

au vaincu ne serait valable. » Mais l'on peut ajouter avec *Bluntschli*, o. c. art. 458 : « Les traités devenus d'une manière permanente incompatibles avec le développement ou la vie de l'état peuvent toujours être par lui dénoncés. » Manifeste de la Prusse en date du 9 octobre 1806 : « Au-dessus de tous les traités, se trouvent les droits des nations. » Toutefois (art. 408), « on admet qu'un état conserve sa libre volonté, lors même qu'il est forcé par sa faiblesse ou *par la nécessité*, de consentir au traité que lui dicte un plus puissant. » Il y a ici comme toujours une question de mesure et d'équité qui se sent mieux qu'elle ne se définit.

§ 29. — Forme et confection des traités.

Le traité est une promesse acceptée. Il est parfait aussitôt que les états contractants ont exprimé l'accord de leurs volontés. De simples *pollicitations* ou des promesses non acceptées ne créent donc point encore des droits, à moins qu'une exécution totale ou partielle concourante ne vienne impliquer une acceptation tacite.

Les délibérations (*Verabredungen*) en vue d'un traité à conclure ne constituent pas encore le traité, mais ont la valeur de *résolutions* (*punctations*) qui arrêtent dès maintenant et obligatoirement les bases du futur traité, qui aura à les spécifier et à les rédiger plus complètement. Les *punctations* se rencontrent le plus souvent dans les préliminaires de paix, qui réservent généralement à la paix définitive le règlement de tous les points de détail : ainsi des préliminaires de Villa-Franca (10 juillet 1859) suivis de la paix de Zurich (9 novembre 1859), et des préliminaires de Versailles (26 février 1871) suivis de la paix de Francfort-sur-le-Mein (10 mai 1871).

Le droit des gens n'impose pas aux traités une *forme extérieure* obligatoire. Certains auteurs ont bien prétendu que les états étant immortels et leurs engagements se prolongeant au-delà de la vie des souverains, tous leurs traités devaient être rédigés par écrit, afin qu'ils ne pussent jamais être mis en question et que les termes en fussent assurés et précis. Mais ce ne sont là que des raisons de prudence qui conseillent la rédaction écrite,

qui en font même pratiquement la règle ; et l'écriture ne
devient pas pour autant une *condition sine quâ non* de
validité, ni n'appartient à l'essence du traité. Nombre
de traités écrits, même minutieusement élaborés, ne
sont-ils pas d'ailleurs devenus une cause de conflit par
des obscurités imprévues? Et dans le droit civil, maints
contrats réels, qui doivent durer plus longtemps que la
vie des contractants ne sont-ils pas stipulés verbalement?
En fait, nous n'avons sans doute que de rares exemples
de traités verbaux entre états ; mais l'expression parlée
de la volonté commune produit le même effet que sa
rédaction écrite, quand la volonté conste.

Bien que la volonté de contracter ne se présume pas,
le droit des gens peut lui-même reconnaître des *traités
tacites* comme résultant d'actes dont le sens est indubitable et qui tiennent parfaitement lieu de volonté écrite
ou parlée. Certains actes expriment en effet aussi clairement que les plus clairs discours la volonté de leur
auteur, voire ses intentions à venir. Or, il ne s'agit jamais ici que d'une chose, l'accord démontré des volontés.

De même, il importe peu que le traité écrit ait été
rédigé en un *seul* exemplaire ou en plusieurs, que l'une
des parties n'ait adhéré que verbalement ou qu'il y ait
eu échange de déclarations reproduisant les clauses du
contrat, pourvu que la volonté de s'obliger réciproquement soit indubitable. On rédige souvent autant d'exemplaires qu'il y a de parties au contrat, et pour éviter
toute discussion sur le rang des signatures, chacune
d'elles en dresse elle-même un exemplaire, et n'a plus

ensuite qu'à l'échanger lors de l'échange des ratifications. Lorsqu'il n'est dressé qu'un exemplaire, les signatures s'y suivent ou sont réputées s'y suivre d'après le rang des contractants, et s'il y en a plusieurs colonnes, la colonne de droite dans le sens du blason (de gauche pour celui qui signe) est réputée la plus honorable, puis vient la première place dans la colonne ou les colonnes suivantes, puis de nouveau la seconde place de la première colonne, et ainsi de suite. Entre états de même rang, il est aujourd'hui d'usage *d'alterner*, en sorte que chacun prenne le premier rang à son tour dans l'un des exemplaires. On recourt d'ailleurs à divers expédients pour prévenir tout conflit, par exemple à l'ordre alphabétique des états signataires. Nous y reviendrons en traitant du droit de légation.

§ 30. — **Modalités et divisions des traités.**

De même que les contrats privés, les traités du droit des gens peuvent stipuler un *terme* ou une *condition*, et la condition, comme le traité lui-même, doit être possible au point de vue physique, moral et juridique. Elle est dite *suspensive* quand elle fait dépendre la validité de la convention d'un événement futur et incertain ; *résolutoire*, quand cet événement doit au contraire résoudre l'engagement.

Nous avons dit que les traités sont *préliminaires* ou *définitifs*. Pour ne déterminer que les points principaux, les premiers n'en sont pas moins obligatoires ; ils règlent le plus souvent sommairement la situation de deux belligérants, en attendant que le traité définitif intervienne.

Un traité de quelque étendue se divise souvent en traité *principal* et traité *annexe* ou accessoire. L'annexe règle habituellement la situation des alliés avec les parties principales, ou entre les alliés seulement. Les grandes puissances estiment volontiers qu'il est au-dessous de leur dignité de figurer dans des annexes au traité d'autrui, et veulent avoir elles-mêmes leur traité principal.

On distingue dans les traités des articles principaux et des articles accessoires, puis des clauses complémentaires ou séparées, parfois en contradiction avec les articles publics, et plus ou moins longtemps tenues secrètes. Souvent aussi les clauses du traité principal sont précisées ou expliquées dans une annexe, et cela aussi pour des raisons de forme au regard d'un grand état. Telles sont dans le traité de Paris les annexes relatives à la « neutralisation » de la mer Noire, à l'ancienne règle de la clôture des détroits au profit de la Porte, et à l'île d'Aland.

Les traités sont très divers, soit par leur origine, soit par leur but ou leur objet, dont ils prennent volontiers le nom (traités de paix, de vente, d'échange, de règlement de frontière, de constitution de servitude, etc.). On distingue en outre les traités qui stipulent simplement une ou plusieurs prestations déterminées, et ceux qui fondent une situation permanente, des obligations et des devoirs constants entre les contractants. Les seconds sont eux-mêmes tantôt *économiques* ou *de commerce* (*Verkehr*) — comme ceux relatifs aux postes, aux chemins de fer, au commerce proprement dit, aux douanes, à la navigation, ou encore à l'administration de la justice, à l'exécution des jugements étrangers, à la police des frontières, etc.; — tantôt d'*association* (*Gesellschaftsverträge*), qui se divisent eux-mêmes en deux groupes : 1° ceux qui fondent une association *permanente,* une confédération internationale, une union douanière comme l'ancien *Zollverein* prussien-allemand, ou des unions postales ou télégraphiques, ou un système organique et public d'états, comme l'état fédéral ; 2° et les simples *alliances*, soit pour la paix, soit pour la guerre (alliance offensive et défensive), afin de se prêter mutuellement secours dans les cas expressément spécifiés (*casus fœderis*). Offrent un caractère propre ces récentes *conventions militaires* par lesquelles la Prusse adjoignit à son armée les contingents de troupes des petits états allemands, ou même ces *pactes dits d'administration* (*Administratiwertræge*) comme celui par lequel elle se chargea d'administrer la principauté de Waldeck, ou plus exactement d'y agir en souveraine.

Le *parlement douanier* de la Confédération du nord (1866), qui avait remplacé l'ancienne conférence douanière, a été lui-même absorbé par le Reichstag depuis la fondation du nouvel Empire allemand, qui a déclaré toutes les affaires de douane et de commerce affaires d'empire. L'ancien *Zollverein* disparut ainsi définitivement : formé de l'union douanière prusso-hessoise, à

laquelle se joignit ensuite l'union thuringienne, puis
l'union de Bavière et de Wurtemberg, refondu en 1883
dans le Zollverein prussien-allemand, il prépara, comme
les esprits réfléchis le pouvaient prévoir, par l'union préalable des intérêts matériels, l'union politique récente sous
l'hégémonie de la Prusse.

§ 31. — **Alliances.**

Il ne faut pas confondre les simples *ententes* générales
d'amitié et de politique dans les époques de crise, avec
les *alliances* formelles, qui stipulent, spécialement pour
le cas de guerre, des secours (troupes, argent, etc.) ou
des droits (le passage d'un corps de troupes, l'occupation
d'une forteresse). C'est ainsi, par exemple, que l'alliance
des trois Empires (Autriche, Russie, Allemagne, 1876)
dont on a récemment tant parlé et qui parcourut des
phases si diverses, ne constituait nullement un véritable
traité. Il n'y avait ici ni rédaction positive d'un pacte, ni
promesse de prestations déterminées, mais simplement
amicale entente sur certains principes dirigeants. Or une
semblable entente ne lie aucune des parties pour l'avenir
toujours si mobile et plein d'imprévu ; aucune d'elles ne
songe à y engager sa liberté d'action. Il en est de même
des déclarations collectives ou individuelles des princes
et chefs d'état sur des questions de politique générale,
sans promesse d'aucune prestation déterminée. Malgré
leur portée, qui peut être considérable, elles ne constituent point des traités. Les principes de la Sainte-

Alliance (20 septembre 1815), personnellement acceptés par les souverains d'Autriche, de Russie et de Prusse, établissaient une sorte de droit permanent d'intervention dans les affaires intérieures des états constitutionnels, mais ne furent réellement appliqués qu'ensuite des congrès de Troppau, Laybach et Vérone, par les interventions des Autrichiens en Piémont et à Naples, des Français en Espagne.

La célèbre déclaration du président des États-Unis (doctrine de *Monroë*, 1823) forme dans une certaine mesure comme une réaction contre ces tendances. Elle porte en effet que les États-Unis ne prétendront jamais à s'immiscer dans les affaires intérieures d'aucun état de l'ancien continent, et qu'ils y considéreront tout gouvernement de fait comme légitime au point de vue des relations internationales, mais que d'autre part ils ne permettront l'établissement d'aucune nouvelle colonie sur le continent américain. Cette déclaration eut pour suite immédiate la reconnaissance de l'existence politique des anciennes colonies espagnoles d'Amérique, sorties victorieuses de leur lutte contre la métropole.

§ 32. — Des confédérations.

Toute nation indépendante a le droit de contracter avec une autre dans un but licite, propre ou commun, une société ou union permanente, qui n'a nullement besoin pour exister valablement de la reconnaissance des tiers. Une société de ce genre forme un système d'états qui peut sans conteste invoquer le droit des gens, prétendre aux relations internationales, exercer le droit actif et passif de légation. La simple confédération d'états jouit elle-même de ces droits, parce qu'elle forme un tout politique, alors même que ses membres conserveraient, au regard de l'étranger aussi, leur souveraineté particulière. Au reste, plus la confédération se centralise et se rapproche de l'état fédéral, plus son droit de légation se caractérise. L'état fédéral se présente à l'extérieur comme un tout compact, une unité politique et de droit public, qui n'accorde même plus à ses membres le droit de légation. C'est par une sorte d'exception à cette règle que les états particuliers du nouvel empire d'Allemagne conservent, mais pour leurs affaires intérieures seulement, le droit d'envoyer et de recevoir des représentants. La logique des choses exigeait que les ministres accrédités à l'étranger par le roi de Prusse, empereur héréditaire d'Allemagne, représentassent tout l'empire.

La loi de ces sortes d'associations ou systèmes d'états se trouve dans leur pacte fondamental d'union, et quand ce dernier est muet, les principes généraux du droit des gens et du droit de société lui servent de complément. Les droits et les devoirs des états associés de la sorte sont égaux en principe; les avantages et les charges se répartissent entre eux proportionnellement à l'intérêt qu'ils prennent au but commun. L'unanimité des membres serait en principe nécessaire pour changer le pacte social; mais celui-ci porte volontiers qu'une majorité déterminée suffira pour que les décisions de la représentation de l'ensemble soient obligatiores pour tous.

Chacun des états confédérés se trouve lié et limité par
le but social commun et ne peut rien entreprendre qui
lui soit contraire ou qui nuise à ses confédérés. Mais la
loi fédérale laisse intacts les droits souverains restés en
dehors du pacte fondamental, ou les *jura singulorum*,
chaque état particulier gardant ainsi une indépendance
et une autonomie relatives. L'accord de tous les autres
ne suffirait pas pour lui imposer, même en vue du but
commun, des charges ou des prestations qui ne rentre-
raient à aucun titre dans le pacte social.

§ 33. — **Effet des traités.**

Le traité international a pour effet immédiat d'obliger
les contractants à faire ou livrer tout ce qu'il ont promis par sa lettre ou par son esprit. Les engagements
pris par le prince au nom de l'état, qui ne meurt pas,
passent naturellement à ses successeurs, à moins qu'il
s'agisse d'une obligation toute personnelle, attachée à
l'existence du prince qui la contracte. En principe, les
traités internationaux sont donc *réels*, c'est-à-dire que les
obligations qui en découlent sont, sauf stipulation contraires, permanentes, indépendantes de la personne du
prince, et même de la forme du gouvernement, en un
mot, aussi durables que l'état lui-même. Un traité ne
prend fin avec la vie du souverain qu'en vertu d'une
stipulation expresse, ou lorsque ce résultat découle
évidemment de sa nature et de son objet. Toutefois,
dans le doute sur la *réalité* ou la *personnalité* du traité,

on pourra le tenir pour réel s'il est favorable, pour personnel s'il est préjudiciable à l'état, car il n'est pas à présumer qu'on ait voulu grever ce dernier de charges infructueuses indéfinies. Si les circonstances y avait contraint, on s'en serait exprimé, car l'autre partie n'eût pas manqué de demander et d'obtenir une déclaration de réalité. Sa négligence a enfanté le doute, et elle ne peut s'en prendre qu'à elle-même si on lui applique le principe équitable que la partie qui combat pour éviter une perte est préférable, dans le doute, à celle qui combat pour un bénéfice.

Bien que les obligations des contrats réels passent au successeur, l'usage a prévalu que le nouveau prince confirme solennellement les traités et alliances de ses prédécesseurs, ajoutant ainsi sa parole à la leur. Au reste, les traités modernes préciseront le plus souvent s'il sont contractés pour toujours et par suite réels de toute façon, ou pour un temps déterminé, ou pour la vie du souverain. L'obligé jouit naturellement d'un délai équitable pour s'exécuter, et il n'est constitué en demeure et responsable des suites du retard que par une sommation de l'ayant-droit, à moins qu'il ne se soit strictement engagé à faire ou à donner à une époque fixe.

Le traité ne profite ni ne préjudice aux tiers qui n'y sont parties directement ni indirectement, sauf à eux de prendre des mesures préventives, à *protester*, au besoin, contre le tort ou le danger éventuel qu'ils en pourraient craindre. Ces protestations sont le plus souvent de pure forme ou de *decorum*, et n'empêchent pas le traité de valoir entre les parties. Le pape a protesté contre la paix de Westphalie (1648), qui sécularisait nombre de domaines et de fondations ecclésiastiques, et contre le congrès de Vienne (1815), en raison aussi du droit attribué à l'Autriche d'occuper Ferrare et Comachio et de la cession à elle faite d'une bande de terrain sur la rive gauche du Pô ; l'ordre de Saint-Jean a protesté contre la non-restitution de Malte ; l'ex-roi de Suède Gustave IV, contre l'intronisation de Bernadotte sous le nom de Charles-Jean XIV. Toutes ces protestations restèrent sans influence sur le sort des traités et la situation de l'Europe.

§ 34. — Interprétation des traités.

Le traité s'interprète d'après l'intention clairement reconnaissable des parties, et le sens naturel et raisonnable des termes. L'interprétation *grammaticale* et l'interprétation *logique* marchent ici de pair et se prêtent un mutuel appui, en s'attachant moins au sens tout littéral des mots qu'à l'idée des contractants, qui est la chose décisive. Aussi pourrait-on même argumenter par voie d'analogie pour étendre les principes du traité aux espèces qui, sans être expressément prévues, rentrent indubitablement dans ses motifs ou son esprit. Quand un traité stipule, par exemple, que telle place ne sera pas entourée de retranchements, pourrait-on l'entourer de murailles sous prétexte que le traité n'en parle pas?

L'interprétation d'un traité ne peut cependant obliger les contractants en droit international que s'ils se sont entendus pour l'obtenir, ou si elle émane des arbitres qu'ils auraient nommés à cet effet. A défaut, l'interprétation n'appartient qu'à l'une des parties, ne peut qu'appuyer ses réclamations ou ses refus, sans lier l'autre, et les états n'ont pas de juge au-dessus d'eux pour trancher le débat.

§ 35. — Sanction des traités.

Les solennités religieuses que pratiquaient les anciens lors de la conclusion des traités, par exemple les Romains par leurs féciaux, sont aujourd'hui hors d'usage. Le serment lui-même, ou l'invocation du Dieu vengeur du parjure, que les ambassadeurs prêtaient au moyen âge *in animam principis aut populi*, est tombé en désuétude depuis le milieu du xviii° siècle comme mode de corroborer les traités publics. Rien d'immoral ou d'illicite ne peut d'ailleurs ou ne pourrait être corroboré par serment, puisqu'on ne saurait même le promettre valablement. Les esprits les plus sages condamnaient au moyen âge déjà les *réserves mentales*, et les *dispenses* octroyées par les papes ou leurs légats de tenir sa promesse ou son serment.

Par contre, des *constitutions de gages* se présentent encore de nos jours, quoique plus rarement, et le plus ordinairement par la remise de la chose en la possession du créancier jusqu'à l'acquittement de la dette. Mais ces gages ne sont presque jamais des meubles corporels, tels que bijoux, etc.

Bien qu'elle ne soit pas en elle-même illicite en droit des gens, la *lex commissoria,* ou la dévolution au créancier de l'objet engagé à défaut de paiement au terme prescrit, assez fréquente autrefois, n'est cependant plus guère pratiquée de nos jours.

Les *otages* (*obses*, *Geiseln*) sont des personnes que l'état livre en garantie d'une obligation et jusqu'à son acquittement, non qu'elles y soient elles-même tenues personnellement (leur pays en reste le seul débiteur), mais pour donner au créancier le droit de les garder en son pouvoir, de fixer leur résidence, et d'assurer ainsi son paiement. L'échéance du terme lui-même et le défaut de paiement ne lui attribuent d'ailleurs pas d'autre droit sur les otages chez les peuples civilisés. Quant à leur *entretien,* il est à la charge du débiteur, de même qu'au moyen âge l'*hostagium* (l'otage) du vassal ou cavalier que le débiteur envoyait comme un gage vivant dans le château fort de son créancier.

La *fuite* de l'otage oblige le débiteur à le rétablir ou à le remplacer.

Il n'en est pas de même de sa *mort,* car il ne va nullement de soi qu'on ait promis une autre sûreté pour le cas où la première viendrait à périr sans son fait.

Le gage légal ou tacite qui ne se rencontre qu'exceptionnellement dans le droit privé, par exemple en faveur de certaines créances privilégiées, est inconnu dans le droit des gens.

La sûreté doit être ici spécialement stipulée, soit par le contrat obligatoire, soit par un acte séparé.

L'otage doit naturellement être remis en liberté dès

que l'obligation qu'il garantit est acquittée. Son devoir de se laisser livrer par son pays dérive de sa qualité de sujet ou de citoyen, et du droit suprême de l'état de disposer dans l'intérêt public des personnes et des choses qui relèvent de lui. L'otage doit d'ailleurs être entretenu par lui pendant sa captivité, et de plus indemnisé.

Le droit de donner en otage appartient au prince, ou avec son assentiment exprès ou tacite, à son représentant, à son général d'armée, etc. On choisit ordinairement comme tels des personnes de rang et de considération, mais en nombre restreint. L'otage peut se faire temporairement remplacer par un tiers, si le créancier y consent; dans ce cas, la mort du substituant libère le substitué, tandis que la mort du substitué obligerait simplement le substituant à se reconstituer.

Il en est autrement en cas d'échange, ce qui constitue un nouvel otage et libère l'ancien.

Un prince donné en otage, et qui se trouve ensuite appelé au trône de son pays, s'échange de droit contre un autre otage offrant toute garantie, alors du moins que l'état débiteur n'a pas lui-même quelque infidélité à se reprocher. On présume avec raison que son pays n'a ni prévu ni promis le maintien de l'otage dans cette hypothèse, pas plus qu'il n'eût livré en otage le prince régnant.

§ 35 (*a*). — **De la garantie** (*Garantie*) **comme mode de sanction des traités.**

La *garantie* (de l'allemand *Gewehre*, caution, romanisé et repris en allemand sous la forme française) est un mode de sanction connu depuis des temps très anciens. Au moyen âge, les vassaux se portaient garants (*Gewæhrsmænner*, *Warrandi*) pour leur seigneur : ainsi à la paix de Senlis (1491) entre Maximilien Ier d'Autriche et Charles VIII de France ; mais cette forme prit naturellement fin avec le système féodal, et par la formation des monarchies modernes, qui n'ont plus de vassaux, mais des sujets ou des citoyens. La garantie consiste dans l'engagement d'assurer l'exécution d'un traité déterminé ou la situation de fait ou de droit qu'il établit, et de les défendre au besoin par les armes. Elle est donc aussi un traité, mais accessoire ou annexe, qui consolide un traité principal. Ce n'est pas toujours un tiers qui la donne : souvent les parties elles-mêmes se garantissent réciproquement leur traité ; parfois même, ce qui est moins compatible avec la dignité de contractants égaux en rang, elle est donnée par une seule des parties, par exemple par l'orgueilleux vainqueur. Le traité de garantie est généralement compris dans le traité principal comme une de ses clauses accessoires. Au reste, les traités qui ne contiennent aucune stipulation de garantie n'en sont pas moins évidemment valables ; tel est, par exemple, le traité du 10 mai 1871 entre la France et l'Empire d'Allemagne.

La garantie est *générale,* ou *spéciale* à certaines clauses ou à certains droits, *illimitée* quant au temps ou *temporaire* seulement. Ses *effets* consistent surtout à obliger le garant à faire, le cas échéant, tout ce qui est en son pouvoir pour assurer l'exécution du pacte. Le garant qui serait invoqué à la fois par les deux parties qu'il aurait garanties apprécie d'ailleurs et décide librement s'il doit et à qui il doit son appui.

En septembre 1876, les journaux nous apprenaient que la Turquie avait été requise par les grandes puissances d'avoir à accorder une large autonomie aux provinces de Bulgarie, Bosnie et Herzégovine, et à fournir des *garanties* de l'exécution de cette requête, le tout sous le contrôle des puissances. Ce genre de garanties rentre-t-il dans la définition donnée ci-dessus ? Il était réclamé de la Turquie elle-même et dans l'intérêt de ses propres sujets. Celle-ci comprit que l'accorder serait offrir aux puissances une occasion permanente d'immixtion, et abdiquer bien plutôt qu'affirmer sa propre souveraineté. Nous n'envisageons ici la question qu'au point de vue du droit international. L'exigence des puissances était-elle ou non justifiée par la situation intérieure de la Turquie et les nécessités européennes ? La réponse appartient à un autre cercle de considérations. Nous renvoyons à notre *Appendice* l'évolution ultérieure de la question d'Orient, et spécialement le traité de Berlin du 13 juillet 1878.

§ 35 (*b*).

La *garantie* prend un sens tout spécial dans la célèbre loi *des garanties* (mai 1871), édictée par le parlement italien pour régulariser la situation de la papauté depuis la perte de sa souveraineté temporelle. D'après cette loi, la personne du pape est déclarée sacrée et inviolable à l'égal de celle du roi ; le pape conserve sa garde du corps, et ses résidences, qui jouissent d'une complète immunité, toute immixtion du pouvoir civil y demeurant interdite, spécialement au cours d'un conclave ; le pape peut avoir ses postes et ses télégraphes ; ses représentants et ceux des puissances auprès de lui jouissent de tous les droits et privilèges diplomatiques ; il peut publier par affiche ou autrement ses édits ecclésiastiques, sans avoir à les soumettre ou contrôle de l'état ; le roi renonce à son droit de patronage dans la nomination des évêques ; les séminaires ecclésiastiques dans la ville de Rome et dans les six sièges suburbains (art. 13) demeurent immédiatement et exclusivement placés sous l'autorité du pape ; enfin l'état lui constitue à titre perpétuel pour subvenir aux dépenses de sa cour, à l'entretien des établissements religieux, etc., une dotation annuelle de 3,225,000 lire. C'est par suite de toutes ces prérogatives assurées au pape que cette loi, propre à l'Italie, a pris le nom de Loi des garanties (1).

---

(1) Le texte en est dans *Annuaire de lég. comp.*, 1872, traduction de M. Henri Barboux.

On sait d'ailleurs que feu Pie IX, et de même son successeur actuel Léon XIII, loin de la reconnaître, n'ont pas cessé de protester solennellement contre elle.

§ 35 (c).

L'obligation de garantie *s'éteint* par le *changement complet* du traité principal, ou le fait des contractants qui en transformerait la nature ou l'objet (la novation). En effet, le traité garanti disparaît alors ; il se trouve nové en un autre contrat.

Le garant, qui n'a naturellement en vue que le traité qu'il garantit, n'assume nullement la garantie ni ne peut se prévaloir d'un traité antérieur par cela seul qu'il se trouverait confirmé dans le traité garanti. C'est ainsi que le traité de Westphalie se trouve cité et confirmé dans tous les grands traités subséquents jusqu'à notre siècle, et notamment dans la paix de Teschen (1779) qui mit fin à la guerre de la succession de Bavière. Des deux puissances médiatrices de cette paix et qui la garantirent, la France seule ayant signé au traité de Westphalie comme contractante et garante, c'était sans aucune espèce de fondement qu'on prétendit que l'autre (la Russie) avait par le fait également assumé la garantie de ce dernier traité.

§ 36. — **Extinction des obligations contractuelles.**

Ces obligations s'éteignent : *a*) par leur *exécution effective,* s'il s'agit d'une prestation unique ou de prestations successives déterminées; *b*) par l'avènement de la *condition résolutoire* ou par l'échéance du terme convenu, tandis qu'à l'inverse l'avènement de la *condition suspensive* leur donne l'existence; *c*) par la *dénonciation,* si le droit de dénoncer a été réservé dans le traité; *d*) par le *mutuel dissentiment,* sans préjudice du droit des tiers; *e*) par la *renonciation* de l'ayant-droit; *f*) par la *perte totale de l'objet* sans la faute du débiteur. Quant aux effets de la *guerre* à ce point de vue, voyez *infrà* deuxième partie.

Une partie ne peut évidemment pas *se retirer* de son propre chef d'un traité bilatéral. Une semblable retraite ne serait admissible que tout à fait exceptionnellement, alors que l'exécution du traité deviendrait désastreuse pour l'état ou incompatible avec sa constitution. La clause *rebus sic stantibus,* bien que souvent invoquée par la mauvaise foi, peut donc aussi l'être avec justice et vérité dans certains cas exceptionnels. *Abusus non tollit usum.*

Un traité peut être *renouvelé* avant l'échéance du terme pour lequel il a été contracté; ou même après cette échéance, et alors, soit expressément, soit tacitement par une exécution continuée, ou d'une manière plus générale par tous les actes qui en impliquent la continuation (tacite reconduction). Le traité est ici présumé renouvelé sous les mêmes conditions, même quant au temps. Nombre de traités portent d'ailleurs expressément que le défaut de dénonciation avant l'expiration du traité ou tel autre terme convenu, vaudra de plein droit tacite reconduction pour une période déterminée.

§ 36 (a). — De l'inexécution du traité.

La partie qui n'exécute pas son engagement ou qui prétend s'en délier sans raison plausible, peut être forcée de l'exécuter par tous les moyens du droit des gens, sauf à l'autre partie, si elle le préfère, à se retirer de son côté en annulant le contrat. La violation d'une clause isolée par l'une des parties suffirait même pour autoriser l'autre à dénoncer le traité tout entier, car les clauses d'un traité sont dans une liaison nécessaire, se complètent ou se compensent l'une l'autre. En présence d'une inexécution partielle l'autre partie a donc le choix de persister à exiger l'exécution intégrale, ou de dénoncer tout le traité.

Elle prendra parti dans sa sagesse et sa prudence politique. On stipule souvent pour plus de sûreté que l'inexécution de certains articles ne compromettra pas le surplus du traité, afin de ne pas fournir des prétextes de dénonciation pour un intérêt minime.

§ 36 (*b*). — **Des obligations non contractuelles.**

Elles naissent en première ligne de certains *faits licites* analogues à des contrats (*quasi ex contractu*), de même qu'en droit civil ; et sont tantôt *unilatérales*, comme celle qui résulte de la réception d'un paiement ou d'une prestation fondés sur une cause juridique fausse ou erronée (paiement de l'indû), tantôt *bilatérales*, comme au cas de gestion d'affaire sans mandat, ou d'une communauté accidentelle d'intérêts, l'une des parties devant rendre compte, l'autre l'indemniser.

Les faits *illicites* peuvent eux-mêmes engendrer des obligations de peuple à peuple, de même que font les *délits* entre les particuliers. S'il ne peut être ici question de peine à appliquer ou de droit pénal proprement dit, l'état lésé peut du moins demander *satisfaction* ou indemnité, et en cas de refus, se la procurer lui-même, au besoin par la force. Mais en général les grands états eux-mêmes accordent volontiers aux plus faibles une satisfaction légitime en présence d'un tort réel et patent. Celle-ci comprend, outre la réparation du dommage matériel s'il en est, des explications ou des regrets, exprimés par l'intermédiaire des agents diplomatiques ou autrement. Les personnes jouissant de l'exterritorialité doivent elles-mêmes se garder de toute injure ou tort envers l'état étranger ou ses nationaux. Si elles ne peuvent y être frappées pénalement, ce dernier a cependant contre elles un droit de légitime défense, le droit de les empêcher de nuire, et de demander à leur pays une satisfaction ou même leur punition, comme pour des étrangers ayant agi à son détriment hors de son territoire. Au reste, ces délits des exterritoriaux ne se présentent plus guère dans notre époque civilisée, qui nous offre par contre maints exemples de satisfactions volontiers accordées dans un esprit de justice.

DEUXIÈME PARTIE

DROIT DE LA GUERRE

CHAPITRE PREMIER

§ 37. — Des moyens d'éviter les conflits entre états.

Nous ne parlerons ici que des conflits entre états pleinement souverains et indépendants. *Juridiquement,* la guerre est en effet impossible entre les états qui forment une fédération ou une union, la loi fédérale leur prescrivant les voies à suivre pour vider pacifiquement leurs conflits.

L'ancienne Confédération germanique avait à cet effet son haut tribunal d'arbitres (*Austrægalgericht*); l'Union américaine a son tribunal fédéral revêtu d'une compétence analogue. *En fait* cependant, ces institutions n'empêchent pas toujours la guerre d'éclater, contrairement au but du pacte fédéral : ainsi, en 1866, la guerre prusso-autrichienne, qui aboutit à la dissolution de l'ancienne Confédération germanique après cinquante années d'existence ; ainsi la guerre civile de l'Amérique du Nord (1861-1865), qui se termina par la défaite des sécessionnistes et la consolidation de l'Union.

Les conflits entre états pleinement indépendants naissent soit à raison des droits qu'ils prétendent, soit même à raison des droits de leurs ressortissants, violés par l'étranger.

L'état cependant ne recourt à la *force*, aux moyens extrêmes, qu'après avoir vainement épuisé tous les moyens amiables et plus doux d'obtenir satisfaction.

Aux *moyens amiables* appartiennent en premier lieu les *négociations diplomatiques* qui éclaircissent les prétentions contestées, puis les discussions juridiques qui en démontrent la justice, etc. Les parties peuvent même convenir de s'en rapporter au sort pour trancher un conflit très douteux, ce qui se produit toutefois rarement.

Le *duel*, abstraction faite de sa légitimité intrinsèque (dont il ne saurait être question), n'est plus, de nos jours, un moyen de vider les conflits internationaux. La guerre n'est-elle pas elle-même le grand duel des nations ? Horace le disait en parlant de la guerre de Troie : *Græcia barbariæ lento collisa duello ;* duel plus sanglant, plus terrible que le combat de quelques guerriers choisis, comme les Horaces et les Curiaces, et qui décide du sort des nations. La provocation en duel adressée par Charles-Quint à François Ier n'est qu'une curiosité historique et un dernier écho des temps féodaux ou chevaleresques.

L'*arbitrage* international, qui prend aujourd'hui toujours plus d'importance pour la solution des conflits des peuples, repose sur le *compromis* ou le traité à cet effet intervenu entre les parties. L'arbitre choisi est en général un souverain, qui, s'il accepte, délègue dans la règle un représentant pour entendre l'affaire et prononcer la sentence. Si l'on désire plusieurs arbitres, les parties, ou les arbitres (*arbritri*) qu'elles y autorisent, doivent toujours désigner un surarbitre (*superarbiter*), qui décide en cas de partage. La sentence porte tantôt sur une question de droit, un principe contesté, ou sur la nature d'une prétention déterminée (*arbitrium*), tantôt simplement sur l'exécution ou l'application contestée d'un principe admis par tous, par exemple s'il s'agit d'un règlement de frontière (*arbitratio*). Les bases de la solution sont parfois données par le compromis lui-même, qui fixe certains principes dirigeants; ou bien l'on s'en remet entièrement aux arbitres, qu'on autorise à statuer *ex æquo et bono*, en prenant en considération tant le droit strict que l'équité qui le tempère. La sentence est naturellement sans appel, inattaquable, sous la réserve connue : *Salvo errore calculi, doli, omissionis.* La *mala fides* d'un arbitre ou la fausseté démontrée des documents ou des témoignages sur lesquels la sentence arbitrale se fonde, l'infectent d'ailleurs de nullité, comme toute autre sentence.

Le tribunal arbitral de la célèbre question de l'*Alabama*, qui siégea à Genève en 1872, condamna l'Angleterre à environ trois millions de livres sterling envers les États-Unis, en raison du dommage causé du-

rant la guerre de Sécession au commerce maritime des
états du Nord par des corsaires construits ou même
équipés dans des ports anglais. L'Italie, la Suisse et le
Brésil avaient été choisis comme arbitres ; leurs délégués, joints à ceux des parties en cause, formèrent le
tribunal ; et la fière Albion fut loin de s'abaisser en
obéissant à leur sentence, qui prévint une guerre grosse
de flots de sang, menaçant de compromettre pour
longtemps le bien-être des deux états les plus puissants
par leur commerce.

Toutefois le vœu pieux des *Amis de la paix* pour l'établissement d'un tribunal arbitral permanent qui empêcherait toute guerre à venir, rappelle sans doute un peu
trop « l'aréopage des nations » prôné par l'abbé de Saint-
Pierre, Kant, Jean-Jacques Rousseau, pour juger pacifiquement tous les conflits des peuples. La proposition
récemment faite aux parlements d Italie et de Belgique
semblerait plus pratique : elle tendrait à faire stipuler à
l'avenir dans tout traité que les difficultés auxquelles il
pourrait donner lieu seront soumises à un arbitrage
obligatoire et sans appel, soit en fixant en même temps
les principes directeurs qui s'imposeront à lui, soit en
s'en remettant complètement à sa souveraine appréciation.

Le compromis de l'*Alabama*, conclu à Washington le
8 mai 1871 entre l'Angleterre et l'Union, stipulait que
les arbitres prendraient pour principes directeurs les
trois règles dites de Washington, ce qui n'empêcha
cependant pas toute nouvelle difficulté, en raison de la
réparation du dommage *indirect* subséquemment récla-

mée par l'Amérique, mais que les arbitres écartèrent définitivement.

L'insertion dans les traités de la clause proposée en Italie et en Belgique ne généralisera toutefois l'arbitrage que lorsque son principe aura pénétré par la coutume dans la vie des peuples, ce qui serait sans doute une bénédiction pour la grande famille de nos états européens, épuisée par les guerres et les armements gigantesques.

Quoi qu'il en soit, d'après le protocole aussi du congrès de Paris (1856, 14 avril), « les gouvernements expriment le vœu que les états entre lesquels s'élèveraint un dissentiment sérieux, aient recours, *en tant que les circonstances l'admettraient*, aux bons offices d'une puissance amie, avant d'en appeler aux armes; » mais ce n'est guère là qu'une formule et qu'un vœu, bien vague encore et insuffisant (1).

---

(1) Comp. *Geffken* sur Heffter, p. 236 : « Il n'est guère admissible qu'un état soumette à un arbitrage les questions *concernant sa puissance et son honneur*. L'arbitrage n'est applicable que dans les cas où *les prétentions contradictoires peuvent être formulées juridiquement*, et ces cas sont de beaucoup les moins nombreux et les moins importants. — En 1873, M. H. Richard réussit à faire passer à la chambre des communes une adresse demandant l'institution d'un système d'arbitrage international permanent et général. La reine fit répondre qu'elle approuvait hautement ces sentiments philanthropiques et ne manquerait pas, comme elle l'avait fait dans le passé, de chercher à étendre l'usage de ce moyen de mettre fin aux différends entre nations, *toutes les fois qu'il paraîtrait possible de le faire utilement* (Hilarité). » Voy. cependant *Rouard de Card*, l'Arbitrage international, ouvrage couronné par la faculté de Droit

§ 37 (*a*). — **De la médiation.**

La médiation, qu'il ne faut pas confondre avec l'offre nullement obligatoire des *bons offices*, repose, de même que l'arbitrage, sur un traité. Le médiateur s'engage donc par contrat à faire ses efforts pour arranger le conflit, et en tous cas pour rapprocher les prétentions extrêmes des parties ; mais naturellement, sans en garantir le succès. On recourt à la médiation soit pour prévenir la guerre, soit au cours même de la guerre lorsque les parties sont lasses de combattre, et par suite au cours même des négociations de paix. Au congrès de Westphalie, le pape par ses légats servit à Münster de médiateur entre l'Empereur et la France, ce que Venise faisait à Osnabrück entre l'Empereur et la Suède ; au congrès de Teschen (1779), la Russie et la France furent les médiatrices de l'Autriche et de la Prusse. Au reste, en l'absence d'un traité qui l'y oblige, nul n'est tenu d'accepter une offre de médiation. C'est ainsi qu'en 1643 la Suède repoussa la médiation du Danemark, et même lui déclara la guerre ; c'est ainsi que

de Paris, Paris 1877. La clause compromissoire peut certainement contribuer à diminuer les guerres, et cela d'autant plus que les peuples et les états comprendront mieux que leurs rapports, comme ceux des particuliers, ont la justice et l'ordre pour essentiel fondement. Les dispositions des art. 8, 10, 11, 12, de l'Acte général de Berlin, comme l'acte tout entier d'ailleurs, sont sous ce rapport fort remarquables. (V. *infrà*, appendice III) l'Autriche refusa celle de l'Angleterre en 1848 pour les affaires de l'Italie du nord.

Le médiateur une fois accepté prend naturellement la première place dans les conférences des parties, dont toutes les négociatious passent dès lors par ses mains. Son rôle est en effet de se placer entre les esprits irrités, pour les adoucir et les amener à des concessions mutuelles ; et parfois, le médiateur va jusqu'à garantir l'arrangement conclu sous ses auspices. Toutefois il n'est pas revêtu d'un pouvoir arbitral, à moins que ce pouvoir ne lui appartienne d'ailleurs en propre, ou ne lui ait été spécialement accordé en outre de son rôle de médiateur. Sa mission finit soit par l'arrangement et le traité des parties, soit par l'insuccès définitif de ses efforts pour les rapprocher.

On parle souvent aussi d'une *médiation armée*, sans songer que ces deux mots jurent ensemble, que cette singulière formule n'est qu'un masque pour couvrir une intervention, et ne trompe d'ailleurs personne. Autre chose est l'*intervention armée*, qui succède à une médiation offerte et repoussée ; mais s'il y a des interventions *amiables*, qu'on appelle mieux *intercessions*, il n'y a pas de médiation armée. En 1827, la France, l'Angleterre et la Russie offrirent d'abord à la Porte leurs bons offices, puis leur médiation dans sa guerre contre les Grecs. Les Grecs en accueillirent la nouvelle avec joie, et la Porte refusa fièrement. Mais après la bataille de Navarin (en octobre de la même année), la Porte se vit forcée de changer d'attitude, et la médiation des puissances aboutit à l'émancipation de la Grèce, alors qu'avant Navarin il n'avait été question que d'une Grèce tributaire.

§ 38. — Mesures violentes en dehors de la guerre.

L'échec des voies amiables autorise à se faire justice par certaines mesures violentes qui, sans être encore la guerre, y conduisent souvent : c'est ce qu'on appelle les *rétorsions* et les *représailles*. Elles diffèrent en ce que les rétorsions répondent à un acte *contraire à l'équité* (*iniquitas, Unbilligkeit*), les représailles à un acte *contraire au droit* (*injustitia, Ungerechtigkeit*).

Est dit inéquitable, tout traitement inégal infligé à un état étrangers ou à ses ressortissants dans leurs rapports avec les nationaux ou les tiers. Il faut en distinguer les simples différences de législation dans les divers états, qui n'autorisent point la rétorsion. Ainsi l'étranger peut se trouver moins bien traité dans un autre pays, comme héritier, légataire, ou créancier d'une faillite, qu'il ne le serait dans son propre pays (1). Mais de quoi se plaindrait-il, si l'on ne fait ainsi que lui appliquer la même loi qu'aux nationaux du pays ? Et il en est ainsi même alors que le pays de l'étranger ne connaîtrait aucune différence du même genre, par exemple lorsqu'il accorderait à tous ses sujets, sans dis-

----

(1) Par exemple, dans certains cantons suisses, les juifs, avant le traité de 1864 avec la France et la revision constitutionelle de 1866, la constitution fédérale de 1848 ne garantissant l'égalité des droits qu'aux Suisses des *confessions chrétiennes*.

tinction d'ordre ou de confession, le droit d'acquérir des immeubles, que l'autre pays n'accorderait qu'à certaines classes de personnes. La rétorsion ne s'applique que si l'étranger est traité *parce qu'étranger* autrement que l'indigène, et cela quant à ses droits privés ou *civils*, car les droits politiques supposent naturellement l'indigénat. C'est alors seulement que le pays lésé est en droit de recourir à la rétorsion en infligeant le même traitement aux ressortissants de l'autre pays. La rétorsion n'est qu'une application du principe de réciprocité en raison d'un acte contraire à l'équité.

Ainsi, qu'un pays étranger frappe nos marchandises de droits d'entrée exorbitants, pourquoi ne pourrions-nous pas, à notre tour, frapper de même les siennes (1)? Vainement alléguerait-il qu'il impose les mêmes tarifs élevés à toutes les marchandises de provenance étrangère ; la mesure, pour être générale, ne cesse pas d'être inéquitable à notre égard, et il est naturel que nous y répondions par une mesure spéciale à celui qui l'a prise.

Bien qu'elle en produise parfois l'effet externe et qu'elle se présente extérieurement comme une répétition de l'acte inéquitable, la rétorsion diffère essentiellement du *talion*. Le talion, comme retour exact du tort causé, n'est admissible en droit des gens ni sous forme de rétorsion, ni sous forme de représailles. S'il est vengeance, la loi morale et la loi civile le défendent ;

----

(1) Comme il est en ce moment question de le faire pour les produits *roumains* (juillet 1885).

s'il ne doit être qu'une compensation d'effet tout moral,
l'homme ne peut l'exercer sans empiéter sur la Provi-
dence ; enfin, si l'on en fait une peine légale ou un châtiment, il ne devient applicable que dans des cas très
rares, au préjudice de tiers innocents, et reste encore injuste. Sans doute, la rétorsion peut, en fait, ressembler au
talion ; mais le talion ne saurait pour autant être élevé
au rang d'un principe ; il n'est admisible qu'à la guerre,
dans des cas tout à fait exceptionnels et douloureux ;
et même alors, contre des coupables seulement. Il serait
même plus exact de dire qu'il devient ainsi une repré-
saille de guerre ; or, nous ne nous occupons pour l'instant que des représailles de paix.

Les *représailles* consistaient autrefois, et l'étymologie
l'indique, dans le droit de *reprendre* sur l'ennemi les
biens qu'il nous a lui-même enlevés. Le latin du moyen
âge les appelait *reprehensalia* ou *represalia,* d'où l'expression italienne *represaglia,* le français *représailles,*
et, par une orthographe erronnée quoique usuelle,
l'allemand *Repressaillen.* A défaut de pouvoir récupérer
son bien, le lésé avait jadis le droit de s'emparer d'un
autre bien de l'ennemi comme gage ou en compensation.
Le *selfaide* privé fit ensuite place à l'action de l'état, et
l'ancien droit n'a laissé de vestige que dans les lettres
de marque des corsaires en temps de guerre maritime (1).

---

(1) Les dernières *lettres de représailles* en temps de paix que nous
connaissions en France, sont celles que Louis XVI accorda aux
sieurs Raimbeaux et de Basmarin en suite de la capture faite de
onze de leurs bâtiments par des corsaires anglais, malgré
l'état de paix, et sous prétexte qu'ils portaient des secours

On donne aujourd'hui le nom de représailles à la prise de possession violente de personnes ou de choses du pays violateur du droit, en vue de le forcer à fournir satisfaction et à s'amender, et, à défaut, de se procurer soi-même satisfaction sur les personnes ou les choses capturées. Les personnes sont alors retenues comme otages et traitées comme telles ; les choses sont au besoin aliénées ou autrement utilisées.

Les représailles dites *générales,* ou le droit illimité donné par l'état à ses agents ou à ses sujets de s'emparer indistinctement de toute personne ou chose de l'adversaire, ne sont plus admises dans le droit des gens moderne. Elles constitueraient en effet l'état de guerre, qui lui-même d'ailleurs n'autorise pas tous les actes d'hostilité.

Les *représailles*, de même que les *rétorsions*, ne peuvent être ordonnées que par l'état, les unes par le *gouvernement,* comme étant des actes d'exécution, les autres par le *pouvoir législatif,* comme établissant une règle de conduite pour certains cas déterminés. Un état fédératif peut naturellement aussi ordonner des rétorsions ou des représailles en faveur de l'un de ses membres ; mais le simple particulier ne peut exercer ni les unes ni les autres sans l'autorisation de son pays.

au continent anglo-américain (1878). Elles sont dans *Ortolan, Diplomatie de la mer,* p. 463 : « Autorisons lesdits sieurs à faire saisir et arrêter, tous et chacun, les marchandises, effets et biens qu'ils trouveront, *en mer et sur terre*, appartenir aux sujets du roi d'Angleterre, jusqu'à concurrence de la valeur desdits onze navires pris, et chargements, dommages-intérêts et frais d'exécution, etc. »

Abstraction faite de l'état composé, aucun état ne peut exercer de sa propre autorité des représailles pour le compte ou au profit d'un autre état ou de ses ressortissants ; ce serait là s'ériger indirectement en juge des relations des deux pays. Les représailles du droit des gens n'ont d'ailleurs rien de commun, on le comprend, avec l'arrêt, la saisie, ou le séquestre des biens du débiteur étranger à la requête de son créancier, ce que le droit international privé autorise fréquemment (1).

En présence de peuplades instables et barbares, on ne se fait pas scrupule, même en dehors de la guerre, d'opérer des enlèvements de troupeaux, de détruire les récoltes, etc., à titre de représailles (exemple : les *razzias* des Français en Algérie).

Au reste, les représailles du droit des gens ne se justifient qu'autant qu'elles se fondent sur une cause manifestement juste, comme une créance claire et liquide, et non sur de simples prétentions ; et même faut-il encore que l'on n'ait pu obtenir autrement satisfaction. Elles peuvent sans conteste frapper aussi les biens des particuliers, qui sont après tout une portion de la richesse nationale. Sont exceptés les biens dont la détention ou le dépôt reposeraient sur la foi ou le crédit public, ou même qui auraient été expressément affranchis par un traité public de toute saisie de ce genre ; aussi est-il difficile de justifier Frédéric II de Prusse d'avoir, lors de la

---

(1) *Code procéd. civile,* a.822 : « Tout créancier, même sans titre, peut — avec permission du juge — faire saisir les effets — appartenant à son débiteur forain. »

guerre de la succession d'Autriche, et en raison de la capture de navires de commerce prussiens par des corsaires anglais, séquestré les capitaux anglais faisant partie de la dette publique de la Silésie.

L'une des représailles les plus habituelles consiste dans l'*embargo*, ou la saisie des navires étrangers trouvés dans nos ports. Mais il y a de plus un embargo tout *préventif* ou pour des *raisons de police*, par exemple pour empêcher que des nouvelles importantes, qui réclament encore le secret, ne viennent à se répandre par l'intermédiaire des vaisseaux en partance ; et un *embargo forcé*, par exemple en cas de famine, sur le blé des navires étrangers, ou pour le transport de troupes en temps de guerre. Une indemnité est toujours due au navire frappé de ce dernier embargo, difficilement justifiable en soi, et que nombre de traités ont depuis interdit. Enfin, il y a aussi un *embargo de guerre* qui frappe les navires de l'ennemi avec les biens qu'ils portent (1). Mais nous ne parlons ici que de l'embargo qui s'exerce à titre de représailles de paix. Une fois la guerre éclatée, les représailles font partie des actes de guerre et deviennent des représailles de guerre.

Il arrive même souvent en temps de guerre, et on l'a vu en 1812 dans l'Amérique du Nord, qu'un état neutre frappe d'embargo le navire de l'un de ses propres ressortissants, et défende sa sortie pour éviter toute occasion de conflit avec les belligérants. En vertu de son domaine éminent, l'état peut certainement aussi réquisi-

(1) On leur accorde aujourd'hui généralement un délai pour se retirer.

tionner les navires de ses sujets pour un but public urgent, de même qu'il peut réquisitionner des chevaux pour hâter le transport de ses dépêches, ou pour la remonte de sa cavalerie (*angaria, parangaria, veredi, paraveredi*, d'où *parverid*, et le mot allemand *Pferd*, cheval.) Mais ce ne sont plus là des représailles. L'état qui use de sa souveraineté sur ses ressortissants, fait un acte tout intérieur ; et comme, dans le soin de l'état, il n'est pas permis de se faire justice à soi-même, les représailles ne s'y rencontrent pas non plus.

De nos jours, l'on emploie encore sans scrupule, comme représailles de paix, le *blocus* ou l'investissement d'une place, ou plus spécialement d'un port fluvial ou maritime, à qui l'on interdit ainsi toute communication avec le dehors, toute introduction de vivres ou de marchandises, toute entrée et toute sortie des navires. Ce genre de blocus se justifie mal ; il n'est pas permis de défendre aux tiers de communiquer librement en temps de paix avec un autre peuple ami, et de les traiter ainsi comme des neutres. Il n'y a, en effet, des neutres qu'en temps de guerre, et ce *blocus* dit *pacifique*, rapprochement qui semble railler le bons sens juridique, prétendrait ne pas constituer un fait de guerre, mais de simples représailles. Ce droit, ou plutôt cet abus, est volontiers exercé par une grande puissance maritime contre un pays faible et sans défense, comme en 1850 par l'Angleterre contre la Grèce, en 1843 par la France contre le Mexique, et par toutes deux, pendant plus de dix-sept ans, à l'embouchure de la Plata.

Le blocus prétendûment pacifique se rencontre donc

en fait; mais il est étranger au droit, et les tiers ne sont pas tenus de le respecter (1).

§ 39. — **Notion et division de la guerre.**

Le droit de se faire justice (*Fehderecht, Faustrecht*) n'appartient plus aux particuliers dans notre état juridique moderne. La trève de Dieu (*treuga Dei*) s'était jadis efforcé d'en atténuer les maux ; mais il ne dispa-

---

(1) De très bons auteurs (Heffter, Calvo, Cauchy, etc.) l'admettent cependant, et *Perels* le défend par l'excellente raison que « des représailles même rigoureuses sont encore pour tout le monde un moindre mal que la guerre » (p. 180 et s.). — Un cas remarquable de blocus de ce genre s'est présenté tout récemment dans la guerre avec la Chine. On sait qu'il n'y eut de part ni d'autre aucune déclaration formelle de guerre, et la France soutenait encore en février 1885 que ses hostilités n'avaient que le caractère de *représailles*. Elle renonçait par conséquent à exercer les droits des belligérants (la visite et recherche des neutres) et déclarait que le blocus de Formose était un *blocus pacifique,* non un *blocus de belligérants,* mais que tout bâtiment neutre qui le violerait serait cependant capturé. Le gouvernement anglais répondit « que, dans son opinion, il existait en Chine un état de guerre qui *lui imposait l'obligation de faire exécuter les dispositions du Foreign enlistment act, qu'il reconnaissait donc le blocus de Formose, mais seulement comme un blocus de belligérants.* C'était peut-être une querelle de mots, du moins quant au blocus pacifique, que l'Angleterre a souvent elle-même pratiqué. Quoi qu'il en soit, les hostilités se caractérisèrent; la France déclara vouloir exercer les droits de visite et de recherche, et l'état de guerre devint incontesté (février-mars 1885). *Comp. infrà.*

rut en Allemagne que par l'édit de paix perpétuelle de Maximilien I (1495). La paix perpétuelle, au sens d'un abbé de Saint-Pierre ou d'un Kant, demeure cependant encore au rang des vœux candides. Montrons donc les règles que la morale et le droit imposent à la guerre des peuples civilisés.

Il faut ici distinguer avant tout la *guerre comme fait* de la *guerre comme droit*.

En fait et extérieurement, la guerre est l'état d'hostilité entre deux ou plusieurs pays, leur recours effectif à la force suprême.

Le sens originaire du mot le rappelle dans toutes les langues, exprimant cri, tapage, tumulte, lutte, d'où lutte juridique, et enfin lutte internationale. Le grec πόλεμος, de même que le latin *bellum*, indiquent tous deux une agitation violente; de même du germanique *war*, d'où le roman *guerra, guerre*, de *wirren* [comparez le latin *querella*], contestation; et du hollandais *urlog*, plus ancien et très expressif, conservé dans le mot *orlogschiff*, vaisseau de guerre, et venant de *legan*, fixer, parce que la guerre décide du sort des nations; enfin, du haut-allemand-moyen *wic*, de *bewegen*, agiter, mouvoir. La guerre de fait peut elle-même fonder des prétentions légitimes. C'est ainsi qu'une société d'assurances contre l'incendie qui excepte de ses risques le dommage de guerre comme constituant une force majeure, pourrait prétendre à faire rentrer dans cette exception, par identité de motifs, les incendies causés par l'émeute ou la guerre civile, quoique ce ne soit point là une guerre proprement dite ou internationale.

La guerre devient une notion de droit en tant qu'elle est une application de la force suprême de l'état pour obtenir satisfaction du tort causé et sécurité pour l'avenir. Le droit de la guerre est aussi étendu que le droit de faire la guerre. Ce fondement juridique et cet objet de la guerre lui marquent à la fois son but et ses limites (1). Une guerre juste devient elle-même injuste quand elle les dépasse. Il en serait de même si on la commençait avant d'avoir épuisé les moyens pacifiques pour obtenir satisfaction, devoir qui cesse naturellement en présence d'une attaque soudaine ; ou si, commencée justement et en temps opportun, elle était poursuivie par des moyens que le droit des gens condamne, sans loi ni mœurs.

Les effets d'une guerre injuste sont d'ailleurs identiques à ceux d'une juste guerre, sinon au point de vue moral, du moins quant au droit externe. La guerre est le procès des nations, mais leur procès au sens strict du mot. Par son sens large, en effet, le mot *procéder (verfahren)* indique que le droit des gens s'exerce dans la

---

(1) Paroles souvent citées de *Portalis* (Disc. d'inauguration du cons. des prises, 14 flor. an VIII) : « Le droit de la guerre est fondé sur ce qu'un peuple, pour l'intérêt de sa conservation, ou pour le soin de sa défense, veut, peut, ou doit faire violence à un autre peuple. C'est le rapport des choses et non des personnes, qui constitue la guerre ; *elle est une relation d'Etat à Etat, et non d'individu à individu. Entre deux ou plusieurs nations belligérantes, les particuliers dont ces nations se composent, ne sont ennemis que par accident : ils ne le sont point comme hommes ; ils ne le sont même pas comme citoyens ; ils le sont uniquement comme soldats.*

règle par les voies pacifiques, et n'invoque qu'exceptionnellement la guerre (v. § 5). La sentence finale de celle-ci, c'est la paix, et cette sentence doit être respectée comme celle du juge dans le procès civil. Une sentence injuste peut être rendue même dans l'état le mieux organisé, malgré le choix des juges, le nombre des instances ; et elle n'en constitue pas moins un *droit formel,* tenu pour justice.

Considérée comme *art,* la guerre est l'ensemble des moyens propres à affaiblir l'ennemi en sorte qu'il ne puisse nous résister et reconnaisse nos prétentions. Celles-ci comprennent, outre la satisfaction demandée, le remboursement des frais de guerre, et des garanties pour l'avenir.

§ 39 (*a*). — Division de la guerre.

La division la plus habituelle, et qui se présente tout d'abord, se fait en guerre *offensive* et guerre *défensive.* Celui qui attaque est sans doute le plus généralement dans son tort ; l'on ne saurait toutefois prétendre que toute guerre offensive soit injuste par elle-même, et que la seule guerre défensive puisse se légitimer. L'on peut, en effet, en attaquant soi-même, ne faire que prévenir une injure ou un péril imminent ; notre attaque est alors légitime, elle n'est même qu'une défense anticipée. Une guerre peut être aussi *défensive dans son principe, et offensive* ou *aggressive dans ses opérations ;* et si dans la règle l'on évite avec soin de paraître l'aggresseur, si l'on rejette si volontiers cette épithète à son adversaire, ce n'est pas que l'aggression soit nécessairement injuste, mais simplement parce qu'elle l'est en fait dans la plupart des cas. L'on veut se gagner ainsi l'opinion publique, cette sixième grande puissance comme disait Thiers, et se ménager à la paix de meilleures conditions.

Une autre division de la guerre se fait en guerre *terrestre* et *maritime*, et ces expressions n'ont pas qu'une portée toute locale, bien que la nature du théâtre de la guerre ait aussi son importance. La guerre continentale ne peut avoir lieu que sur le territoire des belligérants ; la guerre maritime se fait aussi, et surtout, sur l'Océan, qui n'est soumis à aucun maître. Dans l'une, les neutres sont séparés des belligérants par des barrières fixes et juridiquement infranchissables ; dans l'autre, au contraire et sur le grand chemin des mers, les neutres se trouvent en contact immédiat et en fréquent conflit avec les belligérants. Leur situation et leur traitement sont par suite très différents dans la guerre maritime et dans la guerre continentale, comme nous le verrons en traitant de la neutralité. Mais la différence capitale, c'est que, malgré tous les progrès de notre civilisation et l'adoucissement des lois de la guerre continentale, la guerre maritime est demeurée une sorte de brigandage qui, loin de respecter la propriété privée de l'ennemi, aujourd'hui épargnée sur terre, en fait l'objet principal de ses attaques.

De plus, cet équilibre politique que l'on s'efforce depuis des siècles de conserver sur le continent n'existe nulle part moins que sur les mers. Une puissance maritime prépondérante domine l'Océan, la Grande-Bretagne, qui, en temps de guerre, ne craint pas d'entraver et de rendre à peu près impossible non seulement le commerce de l'ennemi, mais même celui des neutres, par une arbitraire interprétation des lois maritimes.

La guerre se divise encore en *publique* et *privée*. A la rigueur pourtant, il y a comme une contradiction à parler encore de guerre privée, puisque l'état moderne ne permet plus de se faire justice à soi-même, et que c'est lui seul qui intervient violemment pour l'individu, soit à l'intérieur, soit au regard de l'étranger. On ne peut davantage songer à appliquer les lois du droit international à la guerre des tribus sauvages qui vivraient en dehors des liens de l'état. Autre est la question de savoir si elles ne lient pas le peuple civilisé même lorsqu'il guerroie contre des tribus de ce genre ? Sans doute, la conduite d'une guerre contre des cannibales ne peut pas être la même que contre un peuple civilisé, bien que parfois la guerre entre peuple civilisé dégénère elle-même si malheureusement en barbarie. Mais certains principes du droit des gens demeurent obligatoires même à l'égard des tribus sauvages, puisqu'ils forment un droit humain et qu'il s'agit de les appliquer à des hommes. Moins que toute chose aurait-on le droit d'entreprendre une guerre pour propager parmi des payens ou des peuples grossiers la religion que l'on tient pour la seule vraie, ou une culture plus haute ou prétendûment telle.

Un état peut aussi avoir à combattre contre des particuliers, par exemple contre des pirates, ou contre des associations considérables, comme celle des *flibustiers*, sans qu'on puisse y voir au sens propre du mot une guerre internationale, celle-ci supposant toujours deux états. Toutefois la France a heureusement mis fin en 1830 par la conquête d'Alger à l'anomalie historique de ces peuples qui faisaient métier de piraterie, comme les ci-devant états barbaresques, auxquels certaines puissances européennes avaient même cru devoir payer un tribut. Mais la *guerre privée* au sens du moyen âge n'est plus permise de nos jours.

Reste la *guerre civile*, que l'on pourrait encore nommer privée par opposition à la guerre internationale, et qui est en elle-même étrangère au droit des gens. Chaque partie y prétend toujours avoir seule le bon droit, qu'elle éclate entre prétendants appuyés de leurs partisans, entre le peuple et le gouvernement, entre deux partis politiques opposés, ou encore entre une province et le reste de l'état, ou une colonie et sa métropole. Aussi bien partisans ou rebelles sont-ils au début de la lutte châtiés avec la dernière rigueur et comme des *criminels* par le parti demeuré en possession du pouvoir public. Mais ces rigueurs provoquent bientôt des *représailles*, et la lutte devient acharnée, grandit et se propage. Le prince légitime a sans doute le droit de punir de mort des rebelles. Mais quand la rébellion a pris de la consistance, elle devient elle-même une puissance en mesure de se venger, fût-ce injustement, sur les sujets demeurés fidèles, de ce qu'on lui fait à elle-même subir. Aussi cette guerre de famille en grand, la plus effroyable et qui déchaîne toutes les passions, est-elle forcée à un certain moment de reconnaître le droit des gens et d'en accepter les principes : savoir quand elle divise l'état en deux camps ennemis ayant chacun son gouvernement et ses armées, comme dans une guerre internationale. Le droit des gens s'impose alors aux combattants, sous peine de tomber de part et d'autre dans une guerre d'extermination. Aux excès de sauvage passion succède ainsi une réaction naturelle, une détente des esprits irrités; les grands et permanents intérêts de la société reprennent leur empire, et la reconnaissance du droit des gens par les deux partis ennemis est comme un premier signe de leur rapprochement, de leur désir de voir finir une lutte fratricide. La guerre se présentant ici comme un fait indéniable, quoique déplorable, ce serait bien à tort qu'on voudrait ne reconnaître la qualité de belligérants qu'à une révolte légitime et pour la défense de la constitution. Toute guerre faite entre les membres d'un même état ou d'une confédération est une guerre civile, et le droit des gens s'y applique, bien qu'elle ne soit pas une guerre internationale.

§ 40. — Des belligérants.

En principe, d'après ce qui précède, le rôle de *belligérants* n'appartient qu'aux *états souverains*. Si la Compagnie orientale des Indes conserva, jusqu'à sa dissolution comme corporation politique (1857), le droit de faire la guerre, ce droit elle ne pouvait l'exercer que comme une délégation du gouvernement anglais, sa métropole.

Des corps francs, tels que ceux de Schill (1809) ou de Garibaldi (1860), sont traités, suivant leur importance, leur force ou leur succès, tantôt en criminels, tantôt en belligérants. Le patriotisme et la poésie pourront les glorifier; mais leur caractère reste le même, que le gouvernement étranger les désavoue réellement ou pour la forme seulement, parfois même en les appuyant sous main. Le droit des gens ne reconnaît que des états belligérants; on l'applique aussi à la guerre civile, à la lutte de deux pouvoirs de fait dans un même état; mais non à l'émeute, ni à des bandes étrangères qui ne sont autorisées par aucun état. Toutefois, puisque les deux partis opposés doivent se considérer dans la guerre civile comme des belligérants, les états neutres ou étrangers à la guere ont naturellement le même droit, et peuvent en user sans que cela implique de leur part une reconnaissance de tel prétendant, de tel parti, ou de la nouvelle constitution de l'état. Le résultat de la lutte est décisif. Qu'une province ou une colonie parvienne à se séparer d'une manière durable, à se constituer en état indépendant, et les principes exposés ci-dessus lui deviennent applicables.

On distingue de plus à la guerre des *parties principales* et des *alliés*. Le secours de l'état allié est tantôt *général*, il aide de toutes ses forces; ou *partiel*, limité quant au nombre et à la nature des troupes, borné à des subsides d'argent ou autres, à l'octroi de certains privilèges pour l'attaque ou la défense, par exemple à l'occupation d'une forteresse. L'allié a naturellement aussi le droit d'examiner si la guerre est légitime.

Les droits et les devoirs des alliés généraux se déterminent par les principes d'une société égale, dont les membres ne peuvent agir que de concert. Aucun d'eux n'est autorisé à conclure séparément un armistice ou la paix. Profits et pertes sont communs ou à répartir d'une commune entente. L'alliance *limitée* oblige l'allié à maintenir au complet et à ses frais le secours promis, tandis que *l'entretien* en incombe à la partie ou au belligérant principal, sauf une convention contraire. Celui-ci n'a d'ailleurs évidemment pas le droit d'exposer tout spécialement et de préférence le corps allié pour épargner ses propres troupes, comme Napoléon I⁰ʳ le fit quelquefois avec ses alliés de la Confédération du Rhin. Mais l'alliance limitée ne donne de plein droit aucune part aux profits de la guerre, par exemple au territoire conquis, sauf naturellement convention contraire ou récompense accordée par le belligérant principal.

L'allié limité tire cependant parfois de sa coopération des avantages politiques indirects considérables. Le concours de la Sardaigne dans la guerre de Crimée lui valut siège et voix au congrès de Paris, puis l'alliance de la France en 1859, et aboutit finalement à la fondation du royaume d'Italie, élevé au rang de sixième puissance européenne.

§ 41. — Droits de guerre (*Kriegsrechte*), **lois de la guerre** (*Kriegsmanier*)**, raison de guerre** (*Kriegsraison*).

Le *droit de guerre* proprement dit, ou le droit de demander satisfaction par les armes après avoir épuisé tous les moyens amiables, peut aller dans les cas extrêmes jusqu'à la destruction de l'existence politique propre de l'adversaire coupable. Mais cette extrémité possible ne s'impose généralement pas. L'anéantissement de l'adversaire n'est point le but premier de la guerre moderne, qui poursuit simplement la satisfaction de l'injure ou du dommage causé, y compris les frais de guerre, et sécurité pour l'avenir. Aussi, tandis que les guerres de l'antiquité tendaient à l'assujettissement de l'ennemi, qu'à Rome le temple de Janus ne se fermait que par exception, qu'il était de principe qu'on peut faire à l'ennemi tout le mal possible, de nos jours et entre les peuples civilisés, la règle est au contraire de se faire en temps de paix tout le bien qu'on peut sans se nuire à soi-même, d'agir du moins dans l'intérêt commun, et de se faire en temps de guerre le moins de mal qu'on peut, c'est-à-dire seulement le mal nécessaire pour atteindre au but justement poursuivi.

Les lois de la guerre sont l'ensemble des règles modératrices et limitatives des moyens et des formes de la guerre, imposées par la pratique du droit des gens entre peuples civilisés. Une nécessité impérieuse, ou la conduite d'un adversaire qui, usant de tous moyens, provoquerait ainsi des représailles terribles, peuvent seuls donner lieu à la *raison de guerre,* au retour à l'absolue rigueur du droit de guerre.

Le progrès du droit des gens, l'effort pour humaniser la guerre et la limiter sévèrement au nécessaire, se manifestent remarquablement dans nos lois de guerre (*Kriegsmanier*). Les détracteurs les plus opiniâtres du droit des gens ne peuvent eux-mêmes méconnaître le vif contraste entre la guerre ancienne, même chez les peuples classiques, et la guerre moderne. Rien ne le montre mieux que le traitement si différent des personnes et des choses de l'ennnemi (dont *infrà*). Le progrès est ici marquant, même à ne comparer notre siècle qu'avec le siècle précédent. Rendons hommage aux nobles princes et hommes d'état qui se sont efforcés d'adoucir la guerre, et aussi aux hommes de science qui, à commencer par Grotius, se sont voués à cette généreuse pensée. La conférence de Bruxelles qui, sur la généreuse initiative de l'empereur Alexandre II, réunit des délégués de tous les pays de l'Europe, s'est même imposé la tâche de rédiger un projet systématique des lois de la guerre(1) ; et bien que ses décisions n'aient pas été ratifiées, leur semence germera et l'avenir en récoltera les fruits. Elles demeureront en tous cas un témoignage élevé de la conscience de notre époque. Un premier essai de ce genre avait été tenté dès 1863 dans les instructions pour les armées en

____

(1) Juillet et août 1874. Son travail a été publié sous le titre : « Projet d'une déclaration internationnale concernant les lois et coutumes de la guerre. »

campagne des États-Unis d'Amérique, rédigées pendant la guerre de sécession par feu le professeur allemand-américain Lieber, et qui reçurent bientôt une autorité effective par la sanction du noble président Lincoln. Si le vœu pieux de supprimer toutes les guerres par l'établissement d'un tribunal arbitral suprême est d'une réalisation encore bien lointaine et hors de prévision, un large champ s'ouvre donc dès à présent devant l'humanité civilisée pour un nouveau progrès du droit de la guerre.

Mentionnons aussi les vaillants efforts de l'Institut de droit international, fondé à Gand en 1873, et qui eut bientôt groupé nombre d'hommes politiques et de savants, en se donnant pour tâche l'étude et la propagation du droit des gens. C'est ici surtout que sa grande et féconde activité s'est signalée. Les *lois de la guerre* qu'il a publiées dans sa session d'Oxford (1880) pour servir de manuel à la guerre continentale passeront probablement un jour dans la législation des peuples (1).

(1) Cette codification à laquelle ont pris part des jurisconsultes comme Bluntschli, de Martens, Lueder d'Erlangen, Charles Lucas de Paris, Moynier de Genève, qui en fut l'habile rapporteur, et M. Neumann lui-même, se divise en deux parties, l'une très courte, qui pose les principes généraux, la seconde en 86 articles, qui en développe les conséquences. Nous reproduisons intégralement les six articles qui forment la première partie:

« Article 1. L'état de guerre ne comporte des actes de violence qu'entre les forces armées des états belligérants. — Les personnes qui ne font pas partie d'une force armée belligérante doivent s'abstenir de tels actes. — Art. 2. La force armée d'un état comprend : 1° L'armée proprement dite y compris les milices.

§ 42. — Commencement de la guerre.

La déclaration de guerre était entourée chez les anciens de formes et de solennités spéciales, comme Tite-Live entre autres (I, 32) nous le rapporte des Romains. La guerre devait être à la fois *juste* et *pie*. L'esprit chevaleresque du moyen âge adoucit le droit de guerre privée par l'obligation préalable d'un *désaveu* formel ou d'un défi (*diffidatio, sfida, Aufkündigung der Treue*). Des états eux-mêmes s'envoyaient autrefois des hérauts qui déclaraient solennellement la guerre, provo-

2° Les gardes nationales, *landsturm*, corps francs et autres corps qui réunissent les trois conditions suivantes : *a*) être sous la direction d'un chef responsable; *b*) avoir un uniforme ou un signe distinctif, fixe et reconnaissable à distance, porté par les personnes qui font partie du corps; *c*) porter les armes ouvertement. 3° Les équipages des navires et autres embarcations de guerre. 4° Les habitants du territoire non occupés qui, à l'approche de l'ennemi, prennent les armes spontanément et ouvertement pour combattre les troupes d'invasion, même s'ils n'ont pas eu le temps de s'organiser. — Art. 3. Toute force armée belligérante est tenue de se conformer aux lois de la guerre. — Art. 4. Ces lois ne reconnaissent pas aux belligérants une liberté illimitée quant aux moyens de nuire à l'ennemi.— Ils doivent s'abstenir notamment de toute *rigueur inutile*, ainsi que de toute *action déloyale, injuste* ou *tyrannique*. —Art. 5. Les conventions militaires faites par les belligérants entre eux pendant la durée de la guerre doivent être scrupuleusement observées et respectées. — Art. 6. Aucun territoire envahi n'est considéré comme conquis avant la fin de la guerre ; jusqu'à ce moment l'occupant n'y exerce qu'un pouvoir de fait essentiellement précaire. »

quaient le peuple ennemi et dénonçaient la paix. C'est ainsi que l'on vit encore en 1636 un héraut français déclarer la guerre aux Espagnols sur la place du marché de Bruxelles. En Angleterre, il est même resté d'usage qu'un héraut royal déclare la guerre en toute forme, mais naturellement sans quitter Londres. Différente du monde antique et du monde féodal, notre époque, assure-t-on, aurait abandonné toute déclaration formelle de guerre. Ce qui est vrai, c'est que la déclaration ne se fait plus aujourd'hui solennellement et par voie de héraut, mais le plus souvent par un message écrit, ou même par le rappel du ministre accrédité ; par un manifeste adressé aux citoyens ou aux puissances, annonçant la guerre et en justifiant l'entreprise. Ces manifestes avisent en particulier les neutres, de la guerre et des règles qui leur seront appliquées. Les puissances sur le point d'ouvrir les hostilités s'adressent en outre volontiers, après l'échéance sans résultat des termes d'abord accordés, un *ultimatum,* dont l'inexécution rend toute autre déclaration de guerre en forme superflue (1).

(1) En 1870, il y eut notification directe du cabinet des Tuileries au cabinet de Berlin. Déclaration de *M. de Grammont :* « Conformément aux règles d'usage et par ordre de l'Empereur, j'ai invité le chargé d'affaires de France à notifier au cabinet de Berlin notre résolution de poursuivre par les armes les garanties que nous n'avons pu obtenir par la discussion. Cette démarche a été accomplie, et j'ai l'honneur de faire savoir au Sénat qu'en conséquence l'état de guerre existe à partir du 19 juillet. (*Journal officiel* du 21 juillet cité par *J. Guelle,* I, p. 39.) Par contre, il n'y eut jamais de déclaration de guerre explicite entre la France et la Chine (1884-1885), bien que l'état de guerre fût devenu incontestable à partir de février dernier. (Comp. p. 142, note.)

La guerre une fois commencée, les alliés du belligérant principal lui envoient le secours promis, sans qu'ils aient à attendre aucune déclaration de guerre spéciale.

L'ouverture de la guerre est souvent immédiatement suivie de l'embargo lancé sur les navires de l'ennemi mouillés dans nos ports. Il est toutefois plus généreux, et cet usage prévalut dans les guerres récentes, par exemple dans la dernière guerre entre la France et l'Allemagne, d'accorder aux navires de commerce ennemis un court délai pour s'éloigner (1).

Sont par contre d'usage général les *lettres avocatoires* (*litteræ avocatoriæ*) qui rappellent dans leur pays, sous menace de châtiment, les ressortissants qui se trouveraient au service civil ou militaire de l'ennemi; et de même, la défense d'entretenir aucune relation (*Verkehr*) avec l'ennemi (*litteræ inhibitoriæ*) (2).

---

(1) Instructions adressées à tous les officiers supérieurs par le *ministre de la marine* (25 juillet 1870), art. 1er : « Dès ce moment vous êtes requis de courir sus à tous les bâtiments de guerre de la Prusse et des états de la confédération de l'Allemagne du Nord; — vous avez également à courir sus à tous les bâtiments de commerce ennemis. — *Un délai de trente jours a été accordé aux bâtiments de commerce ennemis pour sortir des ports français, soit qu'ils s'y trouvent actuellement ou qu'ils y entrent ultérieurement dans l'ignorance de l'état de guerre.* »

(2) Comp. mêmes instructions, a. 5 : « L'état de guerre *interrompant les relations de commerce* entre les sujets des puissances belligérantes, vous avez à arrêter les bâtiments marchands français qui, sans une permission ou licence spéciale, tenteraient d'enfreindre cette interdiction. » Il est ici surtout question du commerce maritime, mais le commerce terrestre est lui même inter-

Plus souvent cependant on se contente d'ordonner à ses sujets de ne rien faire qui puisse être utile à l'ennemi (*litteræ dehortatoriæ*), notamment de ne pas assurer ses biens. *L'expulsion* des sujets ennemis (*xénélasie*) n'est plus guère en usage. En 1802 pourtant, et en suite de la rupture de la paix d'Amiens, Napoléon Ier avait été jusqu'à faire arrêter tous les Anglais trouvés en France ; et en 1868, les sujets grecs furent expulsés par la Turquie durant la révolte des Crétois. De nos jours, et si les traités de commerce ou autres n'ont pas autrement disposé, l'on accorde volontiers aux sujets de l'ennemi un délai pour se retirer avec leur patrimoine, et ceux qui sont dans l'impossibilité de le faire n'encourent aucune pénalité spéciale.

On va même jusqu'à tolérer leur séjour pourvu qu'ils se conduisent pacifiquement ; et l'on évite surtout de les expulser comme firent les Français en 1870 à l'égard d'Allemands établis en France avec leur famille depuis de longues années (1). Toutefois, les représentants di-

rompu, voire défendu, M. *Jules Guelle, o. c.,* va cependant sans doute trop loin, paragraphe 48 : L'intérêt public exige que le commerce soit momentanément sacrifié, et *en principe* il est admis que « *tous les rapports* entre les sujets des belligérants soit pour le commerce, les voyages, *et tout autre but,* sont absolument interdits dès l'ouverture des hostilités ». Aussi ajoute-t-il plus bas : « *En cas d'interdiction complète,* un délai est généralement accordé pour liquider les affaires engagées ; passé ce délai, toute contravention entraîne la confiscation des marchandises. » On voit que l'interdiction peut n'être pas complète. Elle ne l'est même nullement de plein droit. (Voyez page 160 et suiv.)

(1) L'expulsion des sujets ennemis eut lieu de part et d'autre

plomatiques quittent réciproquement le territoire ennemi avec tout leur personnel, en confiant généralement aux soins du ministre d'une puissance neutre et amie la protection ultérieure de leurs nationaux.

Les consuls de l'ennemi doivent-ils également quitter le territoire ? Chaque belligérant peut le leur imposer ; et quand il tolère expressément ou tacitement leur séjour, ce n'est que sous condition de réciprocité.

§ 43. — Effets juridiques de l'ouverture de la guerre.

La guerre commencée interrompt *temporairement* les relations jusqu'alors pacifiques et amicales des états devenus ennemis. Mais elle n'a nullement pour suite nécessaire une rupture complète et absolue des relations privées, spécialement des relations commerciales entre leurs sujets. Pour rompre ces relations, ou pour les restreindre à certaines localités ou à certaines choses, il faudrait même que les belligérants s'en exprimassent formellement. La Société commerciale anglo-russe, continua ses opérations, quoique sur un pied plus étroit, pendant toute la guerre de Crimée (1854-1856) ; et le gouvernement anglais paya même, au cours de cette guerre, les intérêts d'un emprunt russe qu'il avait ga-

dans la dernière guerre franco-allemande, et sans plus de ménagement de la part de l'Allemagne ; mais les Français y étaient moins nombreux que les Allemands en France. — Par contre, pendant la guerre de Crimée, les sujets russes ont continué de résider paisiblement en France et en Angleterre.

ranti en 1815. Une interdiction absolue de toutes relations serait nuisible aux deux parties, les intérêts des peuples étant solidaires sur le marché du monde, et aucun d'eux ne se suffisant si bien à lui-même qu'il puisse se dispenser de tout échange avec l'étranger. Encore moins pourrait-on accepter de nos jours le principe extrême que la guerre dissout tous liens de droit entre les belligérants, en sorte qu'il faudrait à la paix les renouveler ou les reconstituer comme s'ils n'avaient jamais existé. En premier lieu, il est incontestable que les droits généraux de l'homme demeurent sacrés même pendant la guerre. Notre époque a justement abandonné l''idée du monde antique que les personnes et les choses de l'ennemi appartiennent de plein droit au vainqueur. Comment douter que nos lois de la guerre imposent une barrière et un but au droit des plus forts ? Il ne serait pas même exact de dire d'une manière générale que la guerre fait évanouir les traités ou l'ensemble du droit contractuel *entre les états* belligérants. Il est clair d'abord que la guerre ne saurait atteindre les conventions précédées de la formule connue : « Si, ce qu'à Dieu ne plaise, la guerre venait à éclater entre les parties, » puisqu'elles sont précisément faites pour le cas de guerre, et ne sont qu'alors applicables. Telle serait par exemple la clause qui assurerait aux sujets respectifs, le droit de quitter librement le pays ennemi. Il n'est pas plus douteux que des traités conclus pendant la guerre ou pour la conduite de la guerre, ou les conventions dites *de guerre*, soient rigoureusement obligatoires pour les deux parties.

Enfin, comment des traités présentement exécutés pourraient-ils être remis en question par une guerre née à une toute autre occasion? Tout au plus pourrait-on prétendre que le paiement des soldes ou arrérages encore dus peut être suspendu pendant la durée de la guerre. Et il faut décider de même des traités indiscutés dont l'exécution n'aurait pas encore commencé (1).

L'analyse qui précède montre combien le principe que la guerre dissout tous liens juridiques entre les belligérants est peu d'accord avec la conscience moderne. Autre est la question de savoir si certains traités non discutés, et lesquels, rentrent de plein droit en vigueur une fois la guerre terminée. Généralement l'on stipule dans le traité de paix que les traités antérieurs des parties rentreront en vigueur, sous réserve de la nouvelle situation créée par la paix et des principes nouveaux qui en dépendent (2).

(1) Comp. en sens contraire, du moins en la forme, l'art. 11 de la *Paix de Francfort* (10 mai 1871), source de difficultés : « *Les traités de commerce* avec les différents états de l'Allemagne *ayant été annulés par la guerre*, les deux gouvernements prendront pour base de leurs relations commerciales le régime du traitement réciproque sur le pied de la nation la plus favorisée. — Sont compris dans cette règle les droits d'entrée et de sortie; le transit, les formalités douanières, l'admission et le traitement des sujets des deux nations ainsi que de leurs agents. — *Les traités de navigation*, ainsi que la convention relative au service international des chemins de fer dans ses rapports avec la douane et la convention pour la garantie réciproque des œuvres d'esprit et d'art *seront remis en vigueur*. »

(2) Comp. note précédente.

§ 44. — Sujets de l'état de guerre.

En tant que l'état et la nation sont considérés comme deux notions identiques, la nation organisée comme une personne juridique et politique, toute guerre peut être dite nationale. Mais aucune n'est pour autant une guerre de tous les membres de la nation les uns contre les autres. *Ce sont les états qui se font la guerre*, et leurs sujets se *combattent*, non comme individus, ni même comme citoyens, mais comme *soldats*, sur l'ordre et au service du pays. Ce n'est donc que par l'intermédiaire des états que les individus se mesurent dans une lutte sanglante; personnellement, ils ne sont pas ennemis, ils ne se connaissent même pas, ils ne se sont jamais fait aucun mal. De là aussi le plus effroyable reproche qu'on puisse adresser à la guerre homicide; et de là encore, sans qu'il y ait contradiction avec le premier principe, l'atténuation des horreurs et le fondement des lois modernes de la guerre. Certes il est naturel que les cœurs de tous les citoyens s'enflamment au danger de la patrie, que tous ils suivent avec une ardente sympathie les efforts et les destins de l'armée qui combat pour elle. Mais qu'ils se souviennent que la guerre demeure l'acte de l'état par ceux qu'il y appelle!

Appartiennent aux *combattants*, c'est-à-dire aux lutteurs commissionnés par l'état qui agissent et sont traités suivant les lois de la guerre : en première ligne les *troupes régulières*, nationales ou auxiliaires, et les navires de guerre ; puis, dans la guerre continentale, les partisans, et dans la guerre maritime, les corsaires autorisés par l'état ; puis les gardes nationaux, sédentaires ou mobiles, et de même les milices nationales, quand ils sont employés à la guerre à l'instar de l'armée permanente ; enfin tous les habitants que l'état appellerait à une levée en masse.

On a beaucoup discuté de nos jours, spécialement à l'occasion de la dernière guerre franco-allemande, si les *francs-tireurs* sont également à ranger parmi les combattants, et s'ils peuvent par suite invoquer les lois de la guerre, pourvu, ce qui s'applique d'ailleurs à tout combattant, qu'ils les respectent de leur côté ? Nous pensons que des *corps francs* autorisés par leur gouvernement, organisés et équipés militairement, et observant eux-mêmes les lois de la guerre, doivent être sans aucun doute rangés parmi les combattants.

L'appel de la *Landsturm* — ne pas confondre avec la *Landwehr* ou réserve, qui fait partie de l'armée (1), —

____

(1) Ni avec la levée en masse. A la différence de celle-ci la *Landsturm* suppose une certaine organisation préalable bien que toute rudimentaire, une sorte d'arrière-ban. Toutefois la *Landsturm* levée par la Prusse en 1813 n'était autre chose qu'une levée en masse bien moins régularisée que la levée en masse décrétée par le gouvernement de la Défense nationale le 2 novembre 1870. Ordonnance prussienne de 1813 (citée par *J. Guelle*, I, page 81), a. 1 : « Chaque *citoyen* est tenu de s'opposer aux ordres de l'ennemi et de nuire à ses projets par tous les moyens possibles. — 13. La Landsturm *n'a ni uniforme ni signe particulier, car ces uniformes et ces signes serviraient à la faire reconnaître par l'ennemi et l'exposerait à des représailles.* »

implique l'obligation de revêtir de l'uniforme tous les habitants capables de porter les armes, et ce signe est nécessaire. Le même devoir s'impose au gouvernement qui commande une levée en masse. Mais il n'est nullement exigé que les officiers en soient empruntés à l'armée régulière, et l'organisation militaire de ces levées soudaines restera forcément incomplète dans ces moments d'éminent péril où la défense de la patrie absorbe tout autre souci. Toutefois alors et toujours, ceux qui armés de faux ou autrement s'attaquent traîtreusement à l'ennemi sans signe militaire extérieur, ou qui déposent et reprennent tour à tour l'uniforme, n'ont aucun droit au traitement des combattants réguliers (1).

Par contre, Décret français du 2 novembre 1870 : « Art. 2. Les mobilisés par le présent décret (tous les hommes valides de 21 ans à 40 ans, seront *organisés par les préfets.* Art. 3. Il sera pourvu à leur *habillement équipement et solde* conformément au décret du 22 octobre 1870. — « Aujourd'hui, en France comme en Allemagne, tous les hommes valides de 20 à 40 ans sont organisés et encadrés.

(1) *Geffken* sur Heffter, p. 276 : « Le principe fondamental, c'est que les combattants doivent être reconnaissables comme tels et observer le droit de guerre. — De là, dit Grenander, le besoin d'un signe extérieur distinctif ; — ce signe, c'est l'uniforme, — il ne constitue pour ainsi dire que le côté extérieur, visible, de l'autorisation. Or, pour remplir son but international, il faut que l'uniforme ait deux propriétés : 1° être visible à une distance suffisante. 2° marquer en quelque sorte l'homme qui le porte et par suite ne pouvoir s'enlever et se remettre facilement. — L'uniforme est donc tout signe distinctif d'autorisation comme soldat, fixe et visible à l'œil normal à portée de fusil. — *Une autorisation quelconque* de la part de ceux que ces troupes reconnaissent pour chefs, l'uniforme

Au reste, si la levée en masse fait un soldat de tout citoyen, cette règle ne peut s'appliquer que dans les *territoires non encore occupés par l'ennemi*. La levée n'est pas admissible ailleurs ; car l'ennemi, qui ne se contente pas de traverser, mais qui occupe une province, y suspend temporairement la souveraineté du prince. Il y assure aux habitants protection et sécurité, mais ceux-ci sont en revanche tenus de se comporter pacifiquement sous peine d'être traités en *rebelles*, expression qui indique précisément le fait de réentreprendre la guerre sans être au nombre des autorisés et contre eux (1).

dans le sens indiqué, et l'observation du droit de la guerre, voilà ce qui est nécessaire, mais suffisant pour être traité comme soldat. » Comp. *Manuel de droit international à l'usage des officiers* de l'armée de terre, ouvrage autorisé pour les écoles militaires, 3ᵉ édit. Paris 1884, où le mot « fixe » est pris dans un sens moins rigoureux : « Quant au signe des combattants, le caractère n'en saurait être spécifié d'avance : ce peut être un brassard, une broderie sur le vêtement, une coiffure de forme particulière, etc., et reconnaissable de loin. Mais cette marque doit être *fixe*, c'est-à-dire que le porteur *en doit être* constamment muni d'une manière apparente : Les lois actuelles de la guerre ne tolèrent pas qu'on se fasse passer tantôt pour un habitant paisible qui doit être protégé, tantôt pour un ennemi qui doit être combattu. »

(1) *Décret du roi de Prusse*, daté de Saint-Avold, 13 août 1870 : « Art. 1ᵉʳ. La conscription est abolie dans toute l'étendue du territoire français occupé par les troupes allemandes. — Art. 2. Les agents des autorités civiles qui contreviendraient à cette disposition soit en opérant ou en facilitant le tirage des conscrits, soit en les engageant à s'y soumettre ou en leur délivrant des ordres de départ, seront destitués de leurs fonctions et détenus en Allemagne. — Art. 3. Le présent décret acquerra force de loi pour chaque

Les *combattants* ne peuvent donc agir qu'au nom et par l'autorité de leur gouvernement. Cependant, il n'est pas nécessaire que cette commission soit toujours expresse et préalable à tout acte de guerre. Elle se présume parfois comme découlant des devoirs des citoyens envers la patrie et des devoirs du gouvernement lui-même(1). C'est ainsi, par exemple, que les habitants d'une place ouverte ou fortifiée, qui en assurent la défense lors de la retraite des troupes régulières, doivent être réputés *combattants*, pourvu qu'ils se restreignent à cette défense et qu'ils portent d'ailleurs des insignes militaires. Notre vieux Vattel (III, 229, de son célèbre *Droit des gens*) ne s'est guère trompé en faisant rentrer dans ce cas le fait par les bourgeois d'une ville de surprendre et d'expulser l'ennemi qui la possède, comme firent les Génois des Autrichiens en 1746. Sont également à considérer comme combattants ceux qui ne prennent les armes que pour la défense de leur propre vie ou de leur famille.

Quiconque se permet un acte d'*hostilité* sans appartenir à ces classes, se met en dehors des lois de la guerre, n'est point un légitime combattant, et tombe sous le coup de la loi *martiale*, parfois même de la loi

département occupé par les troupes allemandes aussitôt qu'il sera affiché dans une des localités qui en font partie. »

(1) Art. 10 du *Projet de déclaration de Bruxelles* (1874) : « La population d'un territoire non occupé qui, à l'approche de l'ennemi, prend spontanément les armes pour combattre les troupes d'invasion sans avoir eu le temps de s'organiser, sera considérée comme belligérante si elle respecte les lois et coutumes de guerre. »

pénale de son propre pays. Le paysan qui, de son propre chef, se met à piller, ou à tuer isolément des soldats ennemis, est puni avec la dernière rigueur, comme un vulgaire malfaiteur, un brigand, un assassin.

Les *corsaires* de la guerre maritime sont volontiers rapprochés des *corps francs* de la guerre continentale. Cette assimilation n'est cependant juste qu'en un point. Les *lettres de marque*, en tant qu'elles sont encore délivrées (les puissances signataires de la déclaration de Paris du 16 avril 1856, et celles qui y ont adhéré depuis, ont renoncé entre elles à le faire), placent certainement le corsaire parmi les combattants. Mais la différence est grande au point de vue moral.

Les corps francs ne sont nullement des bandes de pillards ou de brigands, mais une association de braves gens qui exposent avec un patriotique dévouement leur vie pour la patrie. Le corsaire au contraire est volontiers un spéculateur audacieux et avide de butin qui n'équipe un navire que pour attaquer et piller en haute mer en compagnie d'aventuriers comme lui les commerçants pacifiques et sans défense. Il n'est donc en somme qu'une sorte de brigand de mer, comme l'indique fort bien l'expression française corsaires, c'est-à-dire coureurs de mers. Quiconque d'ailleurs sans *commission* s'attaquerait aux navires marchands de l'ennemi durant la guerre maritime, serait traité comme un véritable pirate, et il en serait de même de quiconque recevrait des lettres de marque des deux belligérants. Il est de plus problématique, et la plupart des auteurs le nient, que les lettres de marque délivrées par un belligérant soient également obligatoires pour ses alliés sans une acceptation spéciale de leur part. Un droit aussi dangereux et exceptionnel, disons mieux, un usage aussi barbare, et qui ne s'est conservé que dans la guerre maritime, ne saurait être trop limitativement interprété.

Mentionnons enfin la nombreuse classe des personnes qui se rattachent à l'armée sans cependant en faire partie, savoir celles qui accompagnent l'armée pour ses besoins religieux, juridiques ou sanitaires, comme les aumôniers, les juges ou auditeurs, les médecins, les infirmiers. Ils ne deviennent pas des combattants par cela seul qu'ils se seraient servi de leurs armes pour défendre contre une attaque leur pacifique personne.

Aussi longtemps qu'elles sont attachées à leurs corps de troupes, ces personnes en partagent aussi le sort, en ce sens du moins qu'elles sont faites prisonnières avec eux. Toutefois on les relâche volontiers, à moins qu'elles ne soient utiles, comme aumôniers, médecins ou infirmiers, à leurs compatriotes captifs.

§ 45. — Moyens licites de guerre.

La *force* et la *ruse* sont permises en guerre, mais non sans condition ni sans limite.

La force doit respecter les usages et les lois de la guerre entre peuples civilisés. Les organes qu'elle emploie doivent eux-mêmes répondre à cette condition. Des hordes sauvages, bien qu'extérieurement organisées ou commandées, ne sauraient être rangées parmi les combattants réguliers. Nous faisons allusion aux *turcos* d'Afrique dans la guerre franco-allemande, et aux hordes barbares des Baschi-Bouzouks dont les atrocités souillèrent la Bulgarie (*bulgarian atrocities*) (1). Un peuple civilisé peut d'ailleurs se voir tristement forcé, par les nécessités de son propre salut, de déroger aux lois de la guerre dans sa lutte contre des tribus sauvages qui ne respectent elles-mêmes aucune règle, égorgent ou mutilent les prisonniers ; et même dans d'autre cas extraordinaires, heureusement très rares. On connaît le massacre ordonné par Bonaparte des Arnautes parjures et prisonniers, dans sa retraite de Syrie vers l'Egypte, et l'histoire non moins tragique des Arabes de la caverne de Dara.

La *mort* ne peut être donnée qu'en combattant ; hors du combat, elle devient un meurtre (2). La mise au ban de tel ennemi déterminé, comme celle du baron de Stein par Napoléon Ier, serait désavouée par nos usages, et rappellerait le moyen âge. Quelques années plus tard, Napoléon était lui-même à son tour mis au ban par les alliés. L'ancienne mise hors la loi, ou l'autorisation à tous de courir sus à quelqu'un, a également cessé d'être conciliable avec nos conceptions juridiques, car aucun homme n'est sans droit.

Sont interdits par nos lois de la guerre : l'empoisonnement des sources et fontaines, la propagation inten-

(1) Rapport de M. *Gladstone* (1876).

(2). Comp. *Manuel à l'usage des officiers*, p. 11 : « La surprise qui met en défaut la vigilance de l'ennemi n'est naturellement pas interdite. » Ce principe est universellement reconnu, et l'auteur n'a garde d'y contredire ici. (Voy. § suivant.)

tionnelle de la peste ou autre maladie contagieuse chez l'ennemi, l'usage de toutes armes qui, comme les boulets à chaînes, les cercles goudronnés (1), les balles ardentes ou mêlées de verre et de chaux, causent des souffrances inutiles, et par suite simplement cruelles. Ajoutez, conformément à la déclaration de Saint-Pétersbourg du 11 décembre 1868, l'interdiction de se servir de projectiles explosibles ou incendiaires au-dessous de 400 grammes, défense qui ne s'applique d'ailleurs qu'aux balles des fusils, non aux armes de gros calibre.

Le combat ne doit tendre qu'à rendre l'ennemi incapable de résister ; tout ce qui dépasse ce but est un acte inhumain.

Les usages de la guerre défendent enfin l'assassinat du prince ou du général ennemi, et la mise à prix de leur tête. Exciter les sujets de l'ennemi à la rébellion, ou provoquer ses troupes à la trahison, serait aller contre toutes les notions de l'honneur et des bonnes mœurs ; à plus forte raison ne pourrait-on former des légions de déserteurs ou de prisonniers de guerre pressurés ou séduits, pour les faire marcher contre leur patrie et leur prince.

(1) *Hartmann* (Militär. Nothwendigkeit und Humanitæt, 144), cité par Geffken sur Heffter, p. 282, observe judicieusement que « les boulets rouges, les boulets à chaîne, les cercles goudronnés, etc., qui figurent encore à titre de moyens prohibés dans les plus récents traités, sont depuis longtemps passés à la chambre de rebut de nos arsenaux. Les projectiles de l'artillerie moderne exercent des ravages bien autrement grandioses que toute cette mitraille vieillie » !

L'ennemi qui se livre à une guerre de destruction et foule aux pieds les lois de la guerre provoque naturellement contre lui les mêmes violences.

L'usage qui ordonne d'épargner la propriété de l'ennemi peut aussi céder à la raison de guerre, en présence d'une inévitable nécessité, et notamment quand la chose de l'ennemi sert à entretenir la guerre, et que sa destruction peut seule la lui enlever ; quand l'on ne peut ni garder la chose ni la laisser reprendre sans péril, comme les canons que l'on encloue, les navires que l'on coule, faute de pouvoir les emmener ; lorsqu'il s'agit d'arbres, de maisons, etc., qu'on abat pour se fortifier. La dévastation de son propre pays est même parfois employée pour affamer l'ennemi et le forcer à la retraite : ainsi firent les Russes en 1812.

§ 45 (a). — De la ruse à la guerre.

Il est permis de donner le change à l'ennemi sur ses véritables intentions, par exemple de l'attirer dans un piège par une fuite simulée, de l'induire en erreur sur nos positions et nos plans. La ruse a souvent épargné du sang inutilement versé en terminant heureusement la guerre. Mais si la ruse est permise, la mauvaise foi, le parjure ne l'est pas. Les anciens eux-mêmes l'avaient dit : *fides etiam hosti servanda*. Promettre la vie sauve à une garnison pour lui faire mettre bas les armes et la massacrer ensuite sans défense, sous prétexte de ruse de guerre, serait une odieuse trahison (1).

Une invitation à la trahison serait repoussée avec indignation par le général ennemi. Que si elle s'adresse à un simple sujet ou soldat, il est permis à l'occasion de retourner contre elle ses propres armes, en le mettant, comme on dit, de double intelligence : le général instruit de cette manœuvre ordonnera à son subordonné de paraître l'écouter, et surprendra lui-même l'ennemi confiant dans le succès de sa ruse. La partie qui provoque à la trahison n'a pas le droit de se plaindre d'être elle-même trahie.

(1) Comp. art. 8 des *Lois de la guerre d'Oxford* (1880): La lutte devant être loyale (a.4), il est interdit : « *a*) de faire usage du poison sous quelque forme que ce soit ; *b*) d'attenter traîtreusement à la vie d'un ennemi, par exemple en soudoyant des assassins ou en feignant de se rendre ; *c*) d'attaquer l'ennemi en dissimulant les signes distinctifs de la force armée ; *d*) d'user indûment du pavillon national, des insignes militaires de l'ennemi, du pavillon parlementaire, ainsi que des signes tutélaires prévus par la convention de Genève. » — Il y a controverse quant aux insignes de l'ennemi, *Manuel à l'usage des officiers* etc., p. 11 : « Jamais non plus il ne sera fait usage (pour tromper) du drapeau parlementaire, du brassard ou du drapeau de Genève. Une moins grande réserve est commandée à l'égard du drapeau, de l'uniforme, des sonneries et des signaux de l'ennemi : les usages de la guerre permettent de s'en servir avant le combat, comme ruse de guerre, pour approcher l'adversaire ou l'attirer dans une embuscade. » — Comp. *Jules Guelle*, p. 103, note : « Le droit maritime a fixé par un cérémonial spécial le moment précis où ce stratagème doit cesser, (par le *coup d'assurance*, qui équivaut à la parole d'honneur du commandant du navire que le pavillon arboré est bien celui du navire).

Que dirons-nous cependant de l'action célèbre du général persan Zopyre, qui se mutile lui-même, passe chez les Babyloniens assiégés, leur fait croire que c'est son maître qui l'a traité de la sorte, gagne ainsi leur confiance, puis ouvre nuitamment aux Persans les portes de Babylone? Notre ancien Grotius a justement répondu que « sa fidélité envers son roi ne justifie pas sa mauvaise foi envers les Babyloniens ». L'héroïsme sauvage d'un Mucius Scævola ou d'un Zopyre est encore admirée, mais n'est pas à imiter de nos jours. Le dévouement à la patrie conserve un champ assez large dans les limites de nos lois de la guerre, sans qu'il ait à recourir au mensonge et à l'assassinat.

Il est également permis en guerre d'envoyer des *espions* qui, sous une apparence amicale ou neutre, se glissent chez l'ennemi, pénètrent dans ses lignes, s'informent de sa situation, de ses plans, de ses intentions. Mais l'espion découvert ou surpris par l'ennemi est frappé par lui avec la dernière rigueur, souvent du supplice ignoble de la pendaison, moins à titre de peine (l'espionnage n'étant pas un crime devant le droit des gens, et s'inspirant parfois même d'un parfait désintéressement, d'un noble patriotisme) qu'en raison du danger qu'il présente, et pour terrifier par l'exemple (1).

Les reconnaissances faites par des patrouilles ou même par des officiers isolés ne constituent naturelle-

____

(1) Art. 207 du *Code de justice militaire* (1858) : « Est puni de mort (comme espion) tout ennemi qui s'introduit *déguisé* dans une place de guerre et dans un poste militaire. » Il est par le fait regardé comme nourrissant des desseins hostiles.

ment pas l'espionnage, et par suite n'en encourent pas le rigoureux châtiment. Mais la loi martiale est également appliquée à celui qui enverrait des renseignements sur les positions et les plans de l'ennemi depuis un territoire occupé par ce dernier. C'est là une triste nécessité de la guerre.

Les *ballons aériens*, employés depuis peu pour le transport des dépêches et pour des reconnaissances, peuvent tomber entre les mains de l'ennemi surtout s'ils se mettent à la portée de ses balles. L'ennemi s'empare alors des lettres et dépêches, et les aéronautes sont traités comme prisonniers de guerre, non comme espions (1).

Par contre, quiconque s'offre comme guide à l'ennemi en vue de l'égarer et de le livrer aux siens, est puni comme un traître ; mais on fait de même à celui qui forcé de servir de guide, égare intentionnellement l'ennemi (2).

(1) La Prusse prétendit un instant les considérer comme des espions en 1870-1871. C'est tout à fait injustifiable. *Bluntschli* donne sur ce point, art. 632 *bis,* une règle peu réussie. Comp. *Jules Guelle*, Précis, I, p. 134 et s.

(2) Comp. les deux règles que *Lieber* a sans doute intentionellement rapprochées dans ses instructions de 1863 : « Art. 96. Le citoyen qui sert *volontairement* de guide contre son propre pays commet une trahison et sera puni conformément aux lois de son pays. — 97. Les guides qui sont convaincus d'avoir sciemment égaré les troupes *peuvent* être punis de mort. » MM. *Brentano et Sorel,* Précis du droit des gens, Paris 1877, enseignent équitablement (p. 285) que le guide qui trompe l'ennemi qu'il a été *contraint* d'accompagner, ne peut qu'être fait prisonnier de guerre.

§ 46. — Plus amples détails sur le traitement de personnes ennemies.

Les lois de la guerre ne s'appliquent qu'aux *combattants,* qui usent entre eux de tous les moyens d'attaque et de défense qu'elles admettent, allant jusqu'au meurtre.

Mais il n'est pas permis de tuer les prisonniers et les blessés.

Au cours du combat, l'on n'épargne la vie de l'ennemi qu'autant qu'on le peut faire sans danger pour soi-même et sans compromettre les fins de la guerre. Prétendre à n'accorder ni recevoir merci, serait annoncer une guerre de destruction contraire au droit des gens ; tout au plus cette mesure se justifierait-elle à titre de représailles. Même vis-à-vis d'un peuple sauvage qui mutile ou martyrise les prisonniers, les représailles de nos armées ne sauraient aller plus loin que de tuer ceux qui tombent entre leurs mains. Il ne sied pas à nos guerriers civilisés de lutter de barbarie avec les sauvages.

Les *non-combattants* à la suite de l'armée, aumôniers, médecins, intendants etc., épargnés quand ils sont isolés, partagent naturellement dans la mêlée le sort des combattants. Ils sont aussi faits prisonniers de guerre, à moins qu'on ne les excepte expressément par des capitulations ou traités généraux, comme fait par exemple la convention de Genève du 24 août 1864, qui neutralise les hôpitaux et les ambulances avec le personnel qui les dessert.

Les *parlementaires,* qui se présentent avec les signes traditionnels, drapeau blanc ou fanion etc., sont par contre inviolables, et leur retour doit être également assuré.

Les personnes qui ne font pas partie de l'armée et n'ont qu'une mission d'ordre et de police intérieures, demeurent, bien qu'armées dans ce but, sous la protection des lois de la guerre aussi longtemps qu'elles ne font pas acte d'hostilité ou ne se *rebellent* pas contre l'ennemi, par exemple dans le territoire qu'il occupe. L'ennemi prend toutes mesures licites de sécurité : enlèvement des armes, constitution d'otages etc. Mais il outrepasserait certainement son droit en rendant toute une commune responsable, et surtout en la livrant aux flammes, comme on le vit parfois dans la guerre franco-allemande, parce que des coups de feu seraient partis d'une maison. Il serait également indigne d'une puissance civilisée de placer de force des citoyens notables du pays ennemi sur les locomotives de ses convois, comme une garantie ou un otage contre les tentatives de déraillement, d'autant que cette injustifiable cruauté n'arrêtera guère le patriotisme exalté, ni à l'occasion le vulgaire malfaiteur (1).

Se mettent par contre en dehors du droit de la guerre tous ceux qui, de leur propre autorité et sans commission du souverain, vont faisant la petite guerre, tuant et pillant ; et de même les *transfuges* repris chez l'ennemi, et qu'on punit de mort ; enfin, les *maraudeurs* qui aban-

____

(1) Voyez des exemples dans *J. Guelle*, Précis, *passim.*

donnent leurs corps pour battre la campagne en vagabonds et en pillards.

§ 46 (a). — Des prisonniers de guerre.

Le combattant incapable de résister qui se rend à
l'ennemi ou tombe en son pouvoir, ne devient pas
esclave, comme dans l'antiquité, mais *prisonnier de
guerre*, captif temporairement et pour la durée de la
guerre. C'est en cette qualité qu'il demeure au pouvoir
de l'ennemi, et non pas comme un criminel, car il n'a
fait que son devoir (1).

Mais cette captivité peut frapper tous les combattants,
le souverain lui-même, et les princes qui porteraient les
armes.

La violence cesse d'être légitime contre un adversaire devenu impuissant à se défendre ; les mesures nécessaires de sécurité demeurent alors seules permises.
Parfois cependant la guerre offre de ces alternatives
terribles où l'on ne peut ni faire merci à tout un corps
d'armée, par exemple faute de subsistance ou de moyen
de garde, ni lui permettre de se retirer librement sans
compromettre sa propre sûreté. La déesse de la Justice
se voile alors la face devant la tragique Fatalité. Le

____

(1) *Lois de la guerre d'Oxford :* « Art. 61. Les prisonniers de
guerre sont au pouvoir du gouvernement ennemi, mais non des
individus ou des corps qui les ont capturés. — 63. Ils doivent
être traités avec humanité. — 64. Tout ce qui leur appartient personnellement, les armes exceptées, reste leur propriété. »

20 février 1799, Bonaparte à Jaffa donnait l'ordre de massacrer deux mille Arnautes, déjà antérieurement libérés sur leur promesse de ne plus combattre contre la France. Puissent de tels exemples ne pas se reproduire ! Nous ne voulons ici que poser la règle.

La *captivité de guerre* consiste essentiellement de nos jours dans une limitation de fait de la liberté naturelle, qui empêche le prisonnier de rentrer dans les rangs de ses compagnons d'armes pour recommencer à combattre. Les officiers faits prisonniers jouissent volontiers sur leur parole d'honneur d'une liberté plus étendue que leurs sous-officiers et soldats. Ceux-ci sont logés et étroitement surveillés dans des cantonnements, des casernes, des baraquements; on leur permet cependant aussi de vaquer à certains travaux pour subvenir en partie à leur entretien, que doit leur fournir l'état qui les détient, sous réserve de s'en faire rembourser ou de s'en faire un chef de compensation à la fin de la guerre. Le prisonnier de guerre est naturellement soumis durant sa captivité à la juridiction, spécialement à la justice pénale de l'ennemi. Un sévère châtiment le menace, des mesures rigoureuses le frappent, s'il vient à franchir les limites imposées à sa liberté, ou même à comploter contre l'ennemi. Mais bien qu'elles aient été souvent exercées au nom de la raison de guerre, les usages des peuples civilisés proscrivent aujourd'hui des représailles sur des prisonniers personnellement inoffensifs. De nos jours, les chefs d'armée autorisent même l'adversaire à envoyer des commissaires qui examinent la situation de leurs compatriotes prisonniers, leur apportent des dons et des secours, ou même leur remettent des *lettres ouvertes* des leurs et en reçoivent pour les leurs.

La captivité prend fin : 1. quand le prisonnier entre au service civil ou militaire de l'adversaire, ou se soumet autrement à son pouvoir politique; 2. s'il est mis en liberté soit sans condition soit sous condition, par exemple de ne plus servir pendant la guerre; 3. s'il est racheté ou échangé, observation faite que dans l'échange le prisonnier d'un grade plus élevé est réputé en valoir plusieurs d'un rang inférieur; 4. s'il est mis en liberté par la force ou s'il s'échappe par la fuite; 5. enfin par la conclusion de la paix. Le prisonnier de guerre qui s'échappe peut être ressaisi, surveillé de plus près, mais il ne saurait être *puni*, car il n'a fait qu'obéir à son amour de la patrie et de la liberté (1). Par contre, l'officier mis en liberté sous promesse de ne plus combattre parmi les siens pendant la durée de la guerre, peut être *puni* comme parjure s'il est repris les armes à la main (2).

Autre est la question de savoir si l'officier est autorisé à faire une semblable promesse, facilement dangereuse, sinon réprouvable, comme faite au détriment de son devoir et de ses compagnons d'armes; à moins cependant qu'il

____

(1) *Bluntschli*, 0. c., art. 609 : « Le prisonnier qui prend la fuite peut être tué pendant la poursuite; mais s'il est repris, il ne peut l'être pour sa tentative » — ni pour sa fuite réussie (art. 611).

(2) *Code de justice milit.*, a. 204 : « Est puni de mort tout prisonnier de guerre qui, ayant faussé sa parole, est repris les armes à la main. »

ne s'agisse d'un corps entier forcé de capituler sans cette condition, qui d'ailleurs, on le comprend, n'est jamais faite que pour un temps, au plus pour la durée de la *guerre présente* (1).

Quand cette promsse est autor'sée, l'officier libéré n'en peut pas moins être employé au service intérieur du ministère de la guerre lui-même, par exemple à la levée des recrues etc. Il ne lui est défendu que d'être combattant effectif (2).

§ 46 (*b*). — **Appendice. La convention de Genève.**

La convention conclue à Genève le 22 août 1864 est plus qu'une simple tentative pour adoucir et humaniser l'ancien et rude droit de la guerre ; elle forme un traité véritable et solennel, auquel, en dehors des premiers contractants, tous les états de l'Europe ont successivement adhéré.

(1) Le *Décret du 13 oct. 1863* (art. 256) prescrit aux officiers français de ne pas séparer leur sort de celui de leurs soldats, et le conseil d'enquête institué après la guerre franco-allemande a blâmé certains commandants d'avoir stipulé, au profit de leur officiers, une exception qui tend à affaiblir le sentiment du devoir et de la résistance à l'ennemi. (*Manuel à l'usage des off.*, p. 67).

(2) On a reproché justement aux Allemands d'avoir imposé aux officiers français, outre l'engagement ordinaire de ne plus porter les armes contre eux durant la guerre, la promesse pleine d'équivoque et de périls, de ne rien faire et de ne rien dire *contre les intérêts de l'Allemagne* pendant la durée de la guerre. (*Jules Guelle, Précis*, I, p. 207.)

La première idée en fut donnée par un écrit d'un médecin de Genève, M. Durand, qui se trouvait en 1859 à l'armée française d'Italie comme volontaire du service médical. Le conseil fédéral suisse, touché de ses sobservations, prit l'initiative d'une conférence internationale qui aboutit à cette célèbre convention. L'Autriche n'y adhéra cependant que le 21 juillet 1866, bien qu'elle eût pris part à la conférence de 1864, et la Russie que le 22 mai 1867. Une nouvelle réunion convoquée à Genève en 1868, profitant des expériences faites durant la guerre de 1856, émit ensuite une série de propositions, qui, sans avoir été formellement ratifiées par les gouvernements, ont été volontiers acceptées, c'est-à-dire pratiquées dans la guerre franco-allemande, notamment en ce qui concerne les comités si bienfaisants de secours volontaires. La convention elle-même porte le titre de : « Convention pour l'amélioration du sort des militaires blessés des armées en campagne. » Elle est conçue comme suit [*Martens,* Nouv. Rec. gén des Traités, xviii, p. 607] :

« ART. PREMIER. Les ambulances et les hôpitaux militaires seront reconnus neutres, et, comme tels, protégés et respectés par les belligérants, aussi longtemps qu'il s'y trouvera des malades et des blessés. — La neutralité cesserait si ces ambulances ou ces hôpitaux étaient gardés par une force militaire.

« Art. II. Le personnel des hôpitaux et des ambulances, comprenant l'intendance, les services de santé, d'administration, de transport de blessés, ainsi que les aumôniers, participera au bénéfice de la neutralité lorsqu'il fonctionnera, et tant qu'il restera des blessés à relever et à secourir.

« ART. III. Les personnes désignées dans l'art. précédent pourront, même après l'occupation par l'ennemi, continuer à remplir leurs fonctions dans l'hôpital ou l'ambulance qu'elles desservent, ou se retirer pour rejoindre le corps auquel elles appartiennent. — Dans ces circonstances, lorsque ces personnes cesseront leur fonctions, elles seront remises aux avant-postes ennemis par les soins de l'armée occupante.

« ART. IV. Le matériel des hôpitaux militaires demeurant soumis aux lois de la guerre, les personnes attachées à ces hôpitaux ne pourront, en se retirant, emporter que les objets qui sont leur propriété particulière. —'Dans les mêmes circonstances, au contraire, l'ambulance conservera son matériel.

« Art. V. Les habitants du pays qui porteron secours aux blessés seront respectés et demeureront libres. — Les généraux des puissances belligérantes auront pour mission de prévenir les habitants de l'appel fait à leur humanité et de la neutralité qui en sera la conséquence. — Tout blessé recueilli et soigné dans une maison y servira de sauvegarde. L'habitant qui aura recueilli chez lui des blessés sera dispensé du logement des troupes, ainsi que d'une partie des contributions de guerre qui seraient imposées.

« Art. VI. Les militaires blessés ou malades seront recueillis et soignés, à quelque nation qu'ils appartiendront. Les commandants en chef auront la faculté de remettre immédiatement aux avant-postes ennemis les militaires blessés pendant le combat, lorsque les circonstances le permettront et du consentement des deux parties. — Seront renvoyés dans leur pays ceux qui, après guérison, seront reconnus incapables de servir. — Les autres pourront être également renvoyés, à la condition de ne pas reprendre les armes pendant la durée de la guerre. — Les évacuations avec le personnel qui les dirige seront couvertes par une neutralité absolue.

« Art. VII. Un drapeau distinctif et uniforme sera adopté pour les hôpitaux, les ambulances et les évacuations. Il devra être, en toute circonstance, accompagné du drapeau national. — Un brassard sera également admis pour le personnel neutralisé, mais la délivrance en sera laissée à l'autorité militaire. — Le drapeau et le brassard porteront croix rouge sur fond blanc.

« Art. VIII. Les détails d'exécution de la présente convention seront réglés par les commandants en chef des armées belligérantes, d'après les instructions de leurs gouvernements respectifs et conformément aux principes généraux énoncés dans cette Convention.

« Art. IX. Les Hautes Puissances contractantes sont convenues de communiquer la présente Convention aux gouvernements qui n'ont pas envoyé des plénipotentiaires à la conférence internationale de Genève, en les invitant à y accéder ; le Protocole est, à cet effet, laissé ouvert.

« Art. X. La présente Convention sera ratifiée et les ratifications en seront échangées à Rome dans l'espace de quatre mois, ou plus tôt si faire se peut. »

§ 47. — Des choses de l'ennemi.

Les *immeubles* sis en pays ennemi peuvent appartenir à l'état ou aux particuliers. L'occupation temporaire de l'envahisseur ne lui en attribue nullement la
propriété; il n'en acquiert même le domaine de droit
public que par la paix ou par une occupation définitive,
et ne peut jusqu'alors qu'en percevoir les utilités (*Nut-
zungen*), à charge toujours des frais d'administration (1).
Il ne saurait donc non plus les aliéner valablement. Ce

(1) Lois de la guerre d'*Oxford*, art. 52 : « L'occupant ne peut
faire que des actes d'administration provisoire quant aux immeubles tels qu'édifices, prêts, exploitations agricoles appartenant à
l'état ennemi (art. 6). — Il doit sauvegarder le fonds de ses propriétés et veiller à leur entretien. » — On sait que durant la dernière guerre les Allemands vendirent des futaies de l'état dans
les forêts domaniales de la Meuse et de la Meurthe, et que
ces ventes furent déclarées nulles par un arrêt parfaitement mo-
tivé de la Cour de Nancy (3 août 1872) : « Attendu qu'il ne s'agit
pas de méconnaître le droit du vainqueur, mais de le maintenir
dans les limites que lui assignent les précédents, l'usage, la justice et la raison ; — que ce droit, en ce qui touche les immeubles
de l'état ne consiste que dans la prise de possession temporaire et
dans la perception de leurs fruits et revenus ; qu'en cela tous les
auteurs sont d'accord, et que deux des plus recents et des moins
suspects, les célèbres professeurs de l'école allemande Bluntschli
et Heffter précisent et résument cette doctrine incontestable, etc. »
— Le gouvernement français (lui protoco e annexé à la convention addit. de 1871) avait justement décliné toute responsabilité
en raison d'aliénations de ce genre. (*Jul. Guelle*, I, p. 83 et s.)

fut sans droit que le Danemark vendit au Hanovre, en
1715, les principautés suédoises de Brême et de Verden
qu'il avait envahies, et cela avant même que le roi
Georges Ier d'Angleterre eût déclaré la guerre à la Suède.
Le vice de cet acte ne fut couvert qu'en 1720 à la paix
de Stockholm, par la cession formelle qui en fut alors
faite au Hanovre.

Les immeubles des particuliers ne tombent sous
aucun rapport dans la propriété de l'ennemi. Et
il en est ainsi même des immeubles propres de
la famille régnante, à la différence des biens de l'état
dont elle jouirait, par exemple, à titre de liste civile (1).
L'occupant n'a pas davantage le droit de mettre la main
sur les créances des particuliers (2).

Quant aux *meubles* de l'ennemi en pays ennemi, le
principe est que la propriété en doit être respectée dans la
guerre continentale. Au contraire, la propriété flottante de
l'ennemi fait l'objet capital des attaques et des captures
de la *guerre maritime*. En vain notre monde civilisé
réclame-t-il contre ce reste de barbarie du moyen âge ! La
suppression de la course dans la paix de Paris de 1856
n'est elle-même qu'un palliatif qui est loin d'avoir fait
disparaître cette sorte de piraterie. Qu'importe en effet

(1) La confiscation des biens de la famille d'Orléans par Napoléon III était une spoliation qui fut réparée par la République
en 1871. La confiscation par la Prusse de l'indemnité due au roi de
Hanovre est également injustifiable.

(2) *Lois de la guerre d'Oxford*, a. 54 : « La propriété privée indivi-
duelle ou collective doit être respectée et ne peut être confisquée,
sous réserve des dispositions suivantes » (art. 55 à 60).

au commerce que ce soit un navire de l'état ou un corsaire patenté qui le pille ? La propriété privée sur mer n'a été épargnée et respectée que tout récemment, sous réserve de réciprocité, notamment depuis que la nouvelle loi maritime italienne en a posé le principe. Ainsi dans la guerre de 1866 entre l'Autriche et l'Italie.

Dans la guerre continentale les *biens mobiliers* de l'état lui-même sont sans doute l'objet des attaques et du butin de l'ennemi. C'est ainsi qu'il peut s'emparer des caisses de l'armée, des armes et des munitions de guerre, des approvisionnements, des subsistances et des moyens de transport destinés à l'armée (1). La même règle exceptionnelle s'applique *au matériel des chemins de fer* (locomotives, wagons etc.), même lorsqu'il appartient à des compagnies privées, en raison de l'importance capitale de ces instruments de transport qui fait de leur saisie une sorte de nécessité, et sauf aux compagnies à demander à leur propre pays de les indemniser (2). Nous en dirons autant des magasins d'armes qui appartiendraient à des particuliers ; et même des approvisionnements ou magasins privés de subsistances, mais seulement quand ils sont destinés

(1) *Lois de la guerre d'Oxford,* a. 50 : « L'occupant ne peut saisir que le numéraire, les fonds et les valeurs exigibles ou négociables appartenant en propre à l'état, les dépôts d'armes, approvisionnement, et, en général, les propriétés mobilières de l'état, de nature à servir aux opérations de guerre. »

(2) Ce matériel doit être restitué à la paix, même lorsqu'il appartient à l'état ennemi. *Lois de la guerre d'Oxford,* a. 51 et 55.

à la nourriture de l'armée et non à la population paisible.

Par contre, les usages modernes veulent qu'on respecte la propriété des établissements publics destinés à la science, aux arts, ou à des buts humanitaires. Ce serait un procédé barbare que d'enlever des œuvres d'art, des instruments de science ou d'instruction etc., en dehors d'un traité qui l'autorise.

Les *villes ouvertes* qui ne sont pas défendues, peuvent être occupées mais non bombardées. Les usages modernes veulent en tous cas qu'un bombardement ne soit commencé qu'après avoir été dénoncé (1), afin que les non-combattants, les femmes et les enfants surtout, puissent se mettre en sûreté. Le bombardement doit même être essentiellement dirigé sur les forts détachés et les ouvrages fortifiés qui défendent la ville, et non sur les quartiers pacifiques, ni surtout sur les hôpitaux, monuments publics etc. Mais remarquons aussi que si le commandant d'une place forte a le droit de renvoyer les bouches inutiles ou les non-combattants pour pouvoir tenir plus longtemps, l'assiégeant peut, de son côté, par un intérêt inverse, s'opposer à leur sortie, bien que

(1) A moins que les opérations militaires ne s'y opposent. On sait que le corps diplomatique réclama par l'intermédiaire de *M. Kern*, ministre de Suisse, son doyen, contre l'ouverture du bombardement de Paris sans dénonciation préalable. *M. de Bismarck* fit répondre que cette dénonciation n'était point *exigée* par les principes actuels du droit des gens. Mais elle eût été certainement *désirable*, car aucune raison de guerre plausible n'en justifiait l'omission.

cette rigueur doive se justifier par les nécessités militaires. L'assiégé est alors tenu de réaccueillir les malheureux ainsi repoussés, femmes, enfants, vieillards.

La propriété privée des communes ou des particuliers est souvent frappée de *contributions* et de *réquisitions*. La charge des logements ou quartiers militaires se répartit entre les possesseurs de maisons et autres habitants par l'intermédiaire des autorités locales, et principalement suivant les lois ou les usages du pays occupé lui-même. Le logeur est tenu de fournir aux soldats la subsistance nécessaire. L'ennemi comme l'état lui-même peut réquisitionner voitures et chevaux, et même chaussures et draps d'uniforme. Mais toutes ces réquisitions sont aujourd'hui faites avec ordre et méthode. Le principe que la guerre doit nourrir la guerre, les réquisitions arbitraires de la soldatesque, le système des bandes d'un Wallenstein, sont inséparables du pillage. Les prestations en nature des habitants et tout ce qui dépasse la charge de logement, de subsistance ou de voiture, l'ennemi civilisé moderne le paie donc au comptant, ou par des bons remboursables, à défaut d'autre stipulation du traité de paix, par l'état même des réquisitionnés (1).

Le droit des gens modernes n'admet pas d'autres réquisitions. L'imposition de *contributions en argent* manque notamment de base légitime (2). L'ennemi ne

---

(1) Comp. loi française du 3 juillet 1877, *sur les réquisitions en temps de guerre* (sur territoire national), et page suivante, note, i. f.

(2) La pratique allemande dans la dernière guerre (1870-71) a été constamment contraire.

peut pas plus pressurer le patrimoine des habitants qu'il ne peut les contraindre à entrer dans les rangs de son armée. Ces extorsions, pécunaires ou autres, ne peuvent se justifier qu'à titre d'exception et pour cause majeures. En Algérie, par exemple, les nécessités de la guerre obligent souvent à faire des razzias, c'est-à-dire à dévaster les récoltes, à enlever les troupeaux des indigènes. Il est difficile de guerroyer autrement contre des peuplades encore barbares.

L'urgence peut même autoriser un chef d'armée à *requérir de force*, par ses officiers et ses soldats, les vivres et les fourrages indispensables, bien que d'ailleurs en principe tout vol ou tout pillage de la part des soldats cantonnés ou en marche soit sévèrement réprimé. Ces réquisitions forcées mais ordonnées permettent d'éviter les maux plus grands de l'indiscipline et de la maraude. Mais il sera toujours préférable que le gouvernement ou le chef d'armée pourvoie d'avance et systématiquement à la subsistance régulière de son armée. A défaut, on aura d'abord recours aux réquisitions contre paiement au comptant ou en bons ; les réquisitions forcées sans indemnité ne viendront qu'en dernier lieu comme exception (1).

(1) Comp. *Lois de la guerre d'Oxford :* « Art. 56. Les prestations en nature (réquisitions) doivent être en rapport avec les ressources du pays. Elles ne peuvent être faites qu'avec l'autorisation du commandant dans la localité occupée. — 57. L'occupant ne peut prélever eu fait de redevances et d'impôts que ceux dejà établis au profit de l'état. Il les emploie à pourvoir aux frais de l'administration du pays, dans la mesure où le gouvernement y était obligé.

§ 48. — Du droit de butin.

On peut aujourd'hui poser en règle que le *butin* (*præda bellica, Beutemachen*) est interdit dans la *guerre continentale;* et si le progrès des mœurs n'est pas une illusion, la propriété privée de l'ennemi sera un jour respectée dans la guerre maritime elle-même. Font exception dans la guerre continentale les *biens mobiliers* — le butin ne se fait que sur les meubles — *de l'état ennemi, armes et matériel* des combattants, et la faculté de piller une place prise d'assaut (1).

— 58. L'occupant ne peut prélever des contributions extraordinaires en argent que *comme équivalent d'amendes ou d'impôts non payés ou de prestations non livrées en nature.* — 60. Les prestations en nature, quand elles ne sont pas payées comptant, et les contributions de guerre sont constatées par des quittances. — Des mesures doivent être prises pour assurer le caractère sérieux et la régularité de ces quittances. » — *Manuel à l'usage des officiers* (1884) : « Ce reçu ne constitue pas la reconnaissance d'une dette à la charge de l'occupant et n'implique nullement de sa part l'intention d'indemniser le porteur; — mais il est pour lui un titre qui constate la nature des prestations fournies, et *l'aide à participer plus tard aux mesures de réparation prises en faveur des victimes de la guerre.* — L'obligation de délivrer des reçus présente un autre avantage : l'occupant, tenu de laisser une marque écrite de ses exigences, commet moins d'abus. »

(1) *Lois de la guerre d'Oxford,* a. 32. « Il est interdit : *a)* de piller même les villes prises d'assaut. » — On n'en connaît pas d'exemple récent.

Le pays qui devrait une somme d'argent à son adversaire peut certainement en suspendre le paiement ou l'amortissement durant la guerre, tout en restant son obligé. Mais une suspension de ce genre serait tout au plus admissible à titre de représailles si l'obligation était due aux sujets de l'ennemi. C'est ce que fit Frédéric II de Prusse durant la guerre de la succession d'Autriche, en suspendant le paiement des créanciers anglais de la dette publique de Silésie ensuite des attaques de corsaires anglais contre la marine marchande de la Prusse.

Le butin en canons, matériel de guerre, etc., appartient à l'état vainqueur ; les armes d'un combattant individuel, à celui qui l'a pris ou maîtrisé (1). Il en est autrement des montres, bijoux, etc., entre guerriers civilisés du moins, et sauf le cas où ils auraient été trouvés sur des morts *inconnus*, dont le pillage par des maraudeurs, *ces hyènes des champs de bataille*, serait d'ailleurs inévitable (2).

Le pillage d'une place prise d'assaut n'est plus guère admissible comme moyen d'exciter à la vaillance. Il serait peu honorable, peu digne de guerriers civilisés, qui exposent leur vie pour la patrie, non pour un vil butin arraché à des innocents ; et prétendre qu'on ne

(1) Il faut supposer pour cela une lutte isolée, une sorte de duel. En principe, l'état s'empare de toutes les armes.

(2) Les morts seront plus rarement inconnus depuis la *décision ministérielle du 21 septembre 1881* : « Tout militaire est pourvu en temps de guerre d'une médaille dite *plaque d'identité.* » Des mesures analogues existent ou seront prises dans les autres armées.

peut en empêcher ses soldats serait donner un médiocre témoignage de son autorité et de la discipline de son armée (1).

Quant au butin qui demeure permis, on exige une possesion d'au moins vingt-quatre heures pour que la propriété en soit acquise, en sorte que s'il est repris dans cet intervalle, il fait de plein droit retour au précédent propriétaire. Une règle analogue s'applique au butin maritime, qui n'est réputé acquis et approprié qu'après avoir été transporté en *lieu sûr*, par exemple dans les eaux territoriales ou à l'abri d'une flotte du capteur (2).

§ 48.— Du droit sur les choses de l'ennemi dans la guerre maritime.

La guerre maritime est surtout dirigée contre le commerce de l'ennemi, parce que le commerce enrichit et que la richesse augmente la force offensive et défen-

(1) *Manuel à l'usage des officiers*, p. 23 : « Au commencement de ce siècle, les droits de la guerre autorisaient encore un général à promettre à ses soldats, pour exciter leur ardeur, le pillage de la ville assiégée. Il n'en est plus de même aujourd'hui : *le pillage est absolument et toujours interdit*, l'assiégeant ne doit ni le promettre ni l'autoriser.

(2) Comp. *Allgemein. Landrecht* prussien, § 201 et 202 (I, 9), conforme à la loi romaine : « Le butin est regardé comme acquis, s'il a été rapporté par les troupes qui s'en sont emparées, dans leur camp, dans leurs quartiers de nuit, ou autrement en lieux sûrs. Tant que l'ennemi est poursuivi, les objets enlevés peuvent être

sive de l'état. Sur mer, nous l'avons dit, non seulement la chose de l'ennemi n'est pas respectée comme dans la guerre continentale, mais elle forme même le principal objet d'attaque et d'appropriation, étant réputée de *bonne prise,* même lorsqu'elle est capturée non par des navires de guerre, mais par des particuliers à ce autorisés(armateurs, croiseurs, *privateers*, corsaires, *Kaperer*)

Par contre, les simples vaisseaux marchands ne sont armés que pour leur propre défense, et n'ont pas le droit de prise. Des lettres de marque sont parfois délivrées même à des étrangers, quoique l'état neutre ne puisse, sans violer sa neutralité, autoriser ses sujets à les accepter ; et des troupes de terre pourraient elles-mêmes faire des prises maritimes, par exemple ensuite de la prise d'assaut d'un port de l'ennemi, car le principe de la guerre continentale ne s'applique pas aux choses flottantes. Mais les états neutres ne permettent généralement l'entrée de leurs ports qu'aux prises des croiseurs ou navires de guerre proprement dits ; ils la refusent aux corsaires, et peuvent d'ailleurs même la refuser à tous, c'est-à-dire repousser de leur eaux, sauf le cas d'urgence ou de nécessité, tout capteur, même de bâtiments neutres saisis pour fait de contrebande de guerre ou de rupture de blocus. Ce droit barbare de prise maritime est aussi plein de contradiction ; il ne

repris par l'ancien propriétaire.» — Nos lois françaises n'ont pas de disposition sur ce point, mais le principe est le même. L'art. 2279 du code civil n'est pas ici applicable, comme le pense Heffter (§ 137) du moins, et après lui Jules Guelle. Il n'est pas fait pour ce cas, et ne protège que les tiers de bonne foi. Voy. a. 1141 même code.

frappe que la chose ou la marchandise sur flot, non celle qui est déjà déchargée ou qui n'est pas encore chargée. Les docks et magasins des ports ne la protègent pas moins que le pavillon des neutres, qui « couvre la marchandise » (1).

Les bateaux et engins de pêche sont toujours traités en neutres, à moins qu'ils ne s'emploient à des buts de guerre. De même, les bâtiments destinés à une mission scientifique, à un voyage de découverte, ne devraient jamais être ni attaqués ni capturés.

La régularité des prises est soumise à un *tribunal des prises* ou *cour d'amirauté*, et la propriété n'en est définitivement attribuée au capteur que par sa décision (2) qui fixe en même temps et suivant les lois de l'état la part qui revient comme indemnité aux officiers et à l'équipage si le capteur est un navire de guerre, ou abandonne toute la prise au corsaire capteur.

Les lois de l'état statuent également sur le droit de *rançonner* le navire ennemi, c'est-à-dire de lui permettre,

(1) Comp. *de Boeck*, De la propriété ennemie sous pavillon ennemi, Paris 1882.

(2) *Landr. prussien* (I, § 208): « Les biens et navires capturés — ne sont regardés comme acquis que du moment où ils ont été conduits dans un port ennemi ou neutre. » — Il faut de plus que le tribunal des prises compétent les aient adjugées au capteur. Comp. *Geffken* sur Heffter, p. 315 et 318. Telle est la pratique qui a triomphé depuis un siècle. Mais jusqu'au moment de la conclusion de la paix, le navire et les biens capturés peuvent être repris valablement, au profit de leur vrai propriétaire, par voie de *rescousse*. (Ibid., p. 325.)

contre le paiement d'une rançon, de continuer sa route sans encombre pendant un laps de temps et jusqu'à un endroit déterminé à travers nos croiseurs ou nos corsaires. Cette rançon n'est pas restituée quand le navire qui l'a payée vient ensuite à périr par fortune de mer, et même elle resterait alors due si elle n'avait pas été payée. Mais l'obligation périt quand le capteur est lui-même capturé avec son titre de rançon.

Les seuls tribunaux compétents en matière de prise sont ceux établis à cet effet par l'état auquel le capteur appartient ou qui lui a délivré ses lettres de marque. Exceptionnellement pourtant, un état neutre peut être appelé à en connaître, par exemple si la prise a été faite dans ses eaux ou par un capteur qui s'y est armé ou équipé, les deux cas inpliquant une violation du droit des neutres. Les consuls et les représentants des belligérants près l'état neutre ne reçoivent aucune juridiction en matière de prise ; tout au plus ont-ils à procéder à une enquête préparatoire quand la capture a été faite très loin des ports de leur pays.

La *procédure* des prises est très sommaire. Le propriétaire dépouillé n'est admis à *réclamer* qu'en prouvant qu'il n'est point ennemi ou qu'il s'est racheté en payant rançon. En général, la procédure n'a ici pour objet que de constater que le navire est ennemi, et que la prise a été faite à temps, c'est-à-dire depuis l'ouverture de la guerre. Le rôle des parties, la charge de la preuve, sont en quelque sorte renversés. Le saisi est violemment appelé au rôle de demandeur, c'est à lui de montrer son innocence, non au capteur de montrer sa culpabilité. Bien plus, le belligérant est ici juge dans sa propre cause. Aussi a-t-il été proposé de confier du moins cette juridiction anormale à des tribunaux neutres ou mixtes tandis qu'on veut persister à reconnaître un droit contre lequel protestent et la conscience et la culture modernes (1).

§ 49. —Des conventions de guerre.

Ces conventions sont passées entre belligérants au cours de la guerre, et au plus pour sa durée, pour en régler, sans intention de la clore, la conduite et les fins. Elles sont ou *générales*, faites pour toute la durée de la guerre, comme celles relatives aux communications postales, à la réception des parlementaires, au traitement des prisonniers de guerre, à la neutralité de certaines localités et de certaines choses ; ou *spéciales*, portant transitoirement sur tel objet particulier, et *accidentelles*,

(1) Toutefois *Geffken* sur Heffter, p. 323, constate que — « les préjudices causés à l'ennemi par la capture de ses navires marchands sont devenus très insignifiants, dans l'état actuel des relations internationales. Dès qu'une guerre menace d'éclater, tous les intéressés invitent par voie télégraphique leurs navires à entrer dans les ports neutres les plus proches, en sorte que les pertes ne consistent pas dans la perte des cargaisons, mais seulement dans le *chômage*. » Un délai pour se retirer est d'ailleurs généralement accordé à ceux des navires qui se trouveraient dans les ports de l'ennemi. — Voyez aussi sur cette matière l'intéressante brochure de M. *Henri Barboux*, Jurisprudence du conseil des prises pendant la guerre de 1870-1871, Paris 1872.

comme une capitulation ou un armistice. Ces conventions deviennent d'autant plus nombreuses que les lois de la guerre se compliquent davantage par les progrès de la civilisation. Nous ne signalons ici que les plus importantes.

Le *parlementaire* est un messager de l'ennemi, qui se présente accompagné d'un tambour ou d'un trompette, et qui, sur un signal donné, s'approche pour remettre ses lettres aux avant-postes, ou pour demander un entretien à l'ennemi. On peut le repousser ou refuser de le recevoir ; mais l'on n'a le droit de le traiter en ennemi que s'il demeure après qu'il a été sommé de s'éloigner. S'il est reçu, on le conduit désarmé, et au besoin les yeux bandés, au quartier général; et son retour s'opère de même jusqu'aux avant-postes, où on lui enlève son bandeau en lui rendant ses armes. Dans la guerre maritime, le navire parlementaire hisse le drapeau blanc ; mais il doit attendre la réponse devant la rade extérieure, et n'est admis dans le port qu'après que le négociateur qu'il amène a été agréé. Une place assiégée qui veut parlementer hisse de même un drapeau blanc, et fait de plus battre ou sonner la *chamade*, à quoi l'assiégeant répond par un roulement de tambour correspondant.

Une troupe attaquée qui veut se rendre élève en l'air la crosse de ses armes ; un navire dans le même cas, abaisse son pavillon et arbore un pavillon blanc. Continuer à frapper un ennemi qui se rend serait une violation outrageuse du droit des gens.

Les *sauvegardes* (*salva guardia*) sont ou *vivantes*, par

exemple un ou plusieurs soldats attribués pour escorte, ou *mortes*, comme les lettres et recommandations écrites. Leur objet est de mettre à l'abri de toute violence telle ou telle personne de l'ennemi. La localité ou la personne qui la reçoit en supporte les frais et l'entretien. La sauvegarde vivante est inviolable, et si la place où elle se trouve vient à être occupée par nos troupes, elle sera renvoyée aux siens avec armes et bagages. La même inviolabilité appartient à ce qu'on appelle une sauvegarde ambulante, chargée d'accompagner une garnison capitulée, ou de ramener chez eux des prisonniers de guerre libérés.

Les *capitulations* pour la reddition, avec ou sans condition, de places assiégées ou de troupes cernées, sont généralement précédées d'une sommation de se rendre en renonçant à une résistance sans espoir. Les conditions en sont habituellement rédigées par écrit et se réfèrent au sort de la garnison, des habitants de la place, des malades, etc. On y ajoute le plus souvent que les troupes capitulées ne combattront plus contre l'ennemi, mais pendant la durée de la guerre seulement, non à toujours : ce serait en contradiction avec les devoirs envers la patrie.

Les conventions d'*armistice* ont tantôt pour objet une simple *suspension d'armes* de quelques instants, par exemple afin d'enterrer les morts, de négocier une capitulation, etc.; tantôt d'arrêter les hostilités pour un temps prolongé, et c'est ce qui constitue l'*armistice* proprement dit. En général, les conventions ordinaires ou *cartels* de guerre rentrent dans les attributions des chefs militaires, car elles sont surtout œuvre de circonstance. Mais une *trève* ou un armistice général, préparateur de la paix, sur tout le théâtre de la guerre, ne peut être consenti que par le souverain. Les Turcs faisaient autrefois des *trèves à longues* années, qui leur tenaient lieu de traité de paix, leur religion leur faisant un devoir de combattre l'infidèle sans jamais conclure avec lui de paix définitive. Mais cet usage a disparu depuis le traité de paix de Belgrade entre la Turquie et l'Autriche (1739).

L'armistice suspend les hostilités ainsi que toute opération que l'ennemi empêcherait ou pourrait empêcher s'il n'avait pas été conclu. Ainsi l'armistice ne s'oppose pas à la continuation ou même à l'entreprise de travaux avantageux dans l'intérieur d'une place assiégée ; mais il s'y oppose à l'extérieur et sur les points ouverts au feu de l'ennemi. L'approvisionnement de la place en subsistances demeure permis durant l'armistice, proportionnellement du moins à sa durée et à la population de la place. Quand on veut prendre une place par la famine, il ne faut pas lui consentir un armistice, qui serait le plus souvent illusoire pour elle s'il ne lui ouvrait aucunement le droit de se ravitailler (1).

La reprise des hostilité doit être dénoncée quand le moment n'en a pas été expressément marqué par l'armistice.

Une convention de guerre conclue par les chefs mi-

____

(1) Thèse contestable. Celui qui y a intérêt ne doit-il pas s'expliquer et stipuler le ravitaillement ?

litaires dans les limites de leurs attributions n'a pas besoin de la ratification du souverain pour être dûment obligatoire. Mais l'inexécution de la part de l'une des parties dégagerait naturellement l'autre, surtout si la situation avait changé depuis la convention. Le temps a ici une importance capitale ; et si quelque événement survient qui rende la convention inexécutable, elle est aussitôt réputée nulle et non avenue, sauf à reprendre de nouvelles négociations. Exemples, la convention de Kloster Seven entre le duc de Richelieu et le duc de Cumberland durant la guerre de Sept ans (1757); celle d'El Arisch en Égypte entre les Français et les Anglais (1800) ; celle de Dresde entre le feldmaréchal autrichien comte Klenau et le maréchal français Saint-Cyr (1813).

On assure au besoin les conventions de guerre par les mêmes *garanties* que les traités, tels qu'otages, gages, occupation de places fortes, etc.

CHAPITRE II

DE LA NEUTRALITÉ

§ 50. — Droits et devoirs des neutres.

Est *neutre* dans la guerre (*a neutra parte, medius in bello*), l'état qui ne prend aucune part à la lutte des belligérants. La neutralité est ou *volontaire, naturelle,* et c'est celle dont jouit tout état qui n'est pas tenu de participer à la guerre par alliance ou traité, ou comme membre d'une confédération ou d'une *union réelle ;* ou *conventionnelle (obligatoire, garantie),* lorsque l'état s'est obligé à la garder, ou qu'elle lui est assurée par traité (1). La Suisse, la Belgique, le Luxembourg, les îles Ioniennes, et de 1815 à 1846, Cracovie, nous offrent des exemples de cette seconde neutralité. La neutralité de la Suisse remonte au traité de Westphalie (1648), et le congrès de Vienne l'a confirmée (1815) ; celle de la Belgique date de sa reconnaissance et de son érection en

---

(1) Voy. *infrà* dans l'*Acte général de Berlin* la stipulation d'une sorte de neutralité *facultative.*

royaume indépendant (1830) ; celle du Luxembourg a
été déclarée par le traité de Londres du 11 mai 1867 ;
enfin les îles Ioniennes sont neutres depuis leur réunion à la Grèce (1863). La neutralité de la Suisse, pour
plus de sûreté et afin de couvrir le lac de Genève, s'é-
tend même à la Savoie du nord, servitude qui a persisté
comme un droit réel malgré la réunion de la Savoie à la
France (1860), et que la guerre de 1870-71 a respectée.
La neutralité des îles Ioniennes par contre ne s'étend
qu'à celles-ci, et nullement au royaume de Grèce auquel
elles ont été incorporées.

Au reste, il n'est ici question que de la neutralité
conventionnelle et garantie, non de cette neutralité de
fait dont jouissent certains états de second rang, par le
seul effet de leur situation géographique ou par autre
cause, tels que le Portugal, la Suède, la Hollande
même, qui joua cependant jadis un rôle capital dans les
affaires de l'Europe.

La neutralité peut aussi être assurée expressément
ou tacitement par les belligérants à certaines localités,
par exemple afin de *localiser la guerre* en en restrei-
gnant le théâtre, ou à certains objets, comme par
exemple aux engins de pêche indispensables à l'alimentation de la population côtière. On la voit enfin,
comme par la convention de Genève, étendre sa main
protectrice dans un intérêt commun d'humanité sur
les hôpitaux, les malades, les blessés. Certaines mers
sont elles-même constamment fermées aux vaisseaux de
guerre, *neutralisées* comme on dit de nos jours. Le
congrès de Paris de 1856 voulut neutraliser ainsi la mer

Noire et imposa par suite à la Russie la servitude de ne pouvoir y tenir qu'un nombre limité de vaisseaux de guerre; mais celle-ci s'est dégagée depuis de son propre chef de cette humiliante restriction (1870) (1).

Mais nous n'avons à traiter ici que des *états neutres*, et de leur conduite en présence de la guerre.

On distingue volontiers une *neutralité parfaite*, qui consisterait à ne prendre absolument aucune part à la guerre, et une neutralité *imparfaite* ou limitée, qui résulterait d'un engagement pris antérieurement à la guerre de fournir certains secours déterminés, par exemple, un contingent de 10,000 hommes, ou même d'une alliance faite au cours de la guerre avec l'un des belligérants, mais à seule fin de défendre son propre territoire contre toute agression étrangère. Il faut cependant observer que prêter aide et assistance à notre ennemi, c'est grandir sa force de résistance et se placer ainsi hostilement contre nous, en sorte qu'il ne doit plus dépendre que de notre convenance et de notre prudence de traiter un pareil neutre en ennemi déclaré, et par suite de porter sans autre forme la guerre sur son territoire. La sévère notion de la neutralité ne comporte même pas que le prétendu neutre accorde certains privilèges aux deux belligérants, par exemple, les autorise tous deux de recruter des troupes chez lui ou de traverser son territoire. Ce sont là des actes ou des

(1) Une conférence internationale est actuellement réunie à Paris pour *neutraliser* le canal de Suez ou plus exactement pour y assurer en tout temps la liberté du trafic international et le passage pacifique des vaisseaux de guerre (juillet 1885).

préparatifs de guerre, inadmissibles comme tels sur territoire neutre, d'autant que cette prétendue égalité promise aux deux belligérants ne sera le plus souvent qu'apparente : en fait et le plus souvent, l'un des belligérants en fera seul son profit, ou en tirera tout l'avantage.

La neutralité est dite *armée* lorsqu'un ou plusieurs états neutres se mettent en mesure de faire respecter immédiatement par les armes leurs droits de neutres au cas où ils viendraient à être violés par les belligérants. Cette expression date des deux neutralités armées de 1780 et 1800, convenues entre les états riverains de la mer Baltique, la Russie en tête, et plusieurs autres pays (Autriche, Naples, Portugal, etc.), pour protéger leur commerce maritime contre les vexations des belligérants.

L'état qui se prétend neutre, doit : 1° ne pas permettre d'acte de guerre sur son territoire ; 2° ne pas favoriser l'un des belligérants en augmentant sa force offensive ou défensive.

En première ligne, l'état neutre interdira donc formellement à chaque belligérant d'entreprendre ou d'accomplir aucun acte d'hostilité contre l'autre sur son propre territoire ; et si ses forces n'ont pas suffi à l'empêcher, du moins pourra-t-il protester et se plaindre, et exiger la restitution du butin qui aurait été fait sur son sol.

Les belligérants ne sauraient davantage établir un tribunal des prises sur territoire neutre ; ce droit n'appartient qu'à l'état neutre lui-même, par exemple quand la prise a été faite dans son domaine maritime, et par conséquent sans droit.

En seconde ligne, le neutre ne peut pas mettre à la disposition d'un belligérant des troupes (1), des vaisseaux, de l'argent, ni lui ouvrir ses places ou ses ports pour faciliter ses entreprises guerrières. On permettait autrefois au neutre de louer des troupes, ou plutôt de vendre des hommes, à l'un des belligérants, et cela même en l'absence d'une alliance ou d'un traité antérieur à la guerre : ainsi des Hessois lors de la guerre de l'indépendance de l'Amérique du Nord. Nos constitutions modernes ont rendu ces marchés déshonorants désormais impossibles. Tout belligérant lésé pourra d'ailleurs agir contre un tel fournisseur d'hommes suivant ce que lui dicteront ses intérêts politiques.

Par une singulière exception, l'on admettait cependant sans en être choqué les *capitulations* des cantons suisses avec la France, l'Espagne, les états pontificaux, Naples, malgré la neutralité de la Ligue helvétique proclamée dès 1648. Mais la constitution suisse de 1848 a statué qu'à l'avenir « il ne pourrait plus être conclu de capitulation militaire avec l'étranger ». L'humeur entreprenante des Suisses, leur goût séculaire, croissant avec leur population, pour le service militaire étranger, peut

____

(1) *Geffken* sur Helfter, p. 347 : « L'enrôlement en masse de volontaires russes dans l'armée serbe en 1876 était une violation flagrante de la neutralité, et cela d'autant plus que le gouvernement lui-même, ainsi que l'empereur l'avoua plus tard à l'ambassadeur d'Angleterre à Livadia, en avait accordé la permission aux officiers.

trouver satisfaction en dehors de capitulations de ce genre. L'état neutre n'est d'ailleurs pas responsable des actes d'*individus isolés*, ni tenu de défendre à ses sujets de faire le *commerce*, même d'objets d'armement, fusils, munitions, bâtiments de guerre, avec les belligérants, surtout alors que ceux-ci les viennent acheter euxmêmes sur son territoire. Nous parlons ici d'un *commerce normal*, et qui ne déguise pas un secours de guerre.

Bien mieux, l'*importation* de ces objets chez les belligérants par quelqu'un des sujets du neutre n'engage point sa responsabilité. Le commerce privé agit ici à ses seuls risques ; il sait qu'il peut être saisi, traité en ennemi par l'autre belligérant. Toutefois la raison d'état peut autoriser le neutre à défendre tout commerce de ce genre, ou même tout commerce quelconque avec l'un ou plusieurs des belligérants.

Mais le neutre est tenu d'interdire sur son territoire tout recrutement, tout rassemblement de volontaires, toute accumulation de prises, tout établissement de magasins d'armes, etc., pour compte d'un belligérant. Il en est de même de l'équipement de vaisseaux de guerre et même du départ d'autres navires en vue d'assister l'un d'eux, et alors même que leur armement ou leur équipage ne devrait être complété qu'en haute mer ou dans un port étranger. Il va d'ailleurs de soi que l'état neutre ne pourrait faire directement aucune livraison de ce genre sans cesser de rester neutre. La législature nord-américaine édictait dès 1794 une loi, revisée en 1818, et qui érige en délit « tout armement en guerre dans la juridiction de l'Union d'un navire destiné à une puissance en guerre avec une nation qui est elle-même en paix avec l'Union; toute préparation d'une expédition militaire contre cette nation amie; tout recrutement de troupes ou de matelots à cet effet, ou toute participation à une entreprise de course ». Le navire construit à ces fins peut être confisqué; et le Président de l'Union peut renvoyer, de vive force au besoin, tout navire étranger que le droit des gens ou les traités n'autorisent pas à séjourner dans le domaine de l'Union.

L'exemple donné par l'Amérique ne tarda pas à être suivi en Europe (1819) par le célèbre *Foreign enlistment act* (Acte d'enrôlement étranger) qui interdit « l'enrôlement ou l'embauchage de sujets anglais pour le service étranger, ainsi que l'*armement* et l'équipement de navires dans un but de guerre sans l'autorisation de Sa Majesté », tous actes déclarés punissables alors même qu'ils seraient entrepris pour compte de colonies ou de provinces à gouvernement autonome. » Un nouveau bill a en outre été édicté par l'Angleterre (3 août 1870) ensuite de la guerre de sécession et alors que la fameuse question de l'Alabama, ce corsaire ou croiseur des états du Sud équipé dans les ports anglais, était grosse de menaces. Le bill défend à l'avenir dans toute ville ou port anglais : 1° la *construction*, la vente, l'armement ou l'équipement de tout navire destiné à agir hostilement contre l'un des belligérants, ou à se mettre au service de l'un d'eux ; 2° l'armement en course ou l'acceptation de lettres de marque; 3° la vente des prises faites par un corsaire ; 4° les engagements au service de terre ou de mer de l'étranger ; 5° toutes fournitures directes aux flottes ou navires des belligérants, de munitions de bouches ou de guerre et de charbon de terre. La fabrication et le transport des armes et des munitions pour compte des belligérants demeure permise, mais aux risques et périls de leur auteur.

L'Angleterre et l'Union s'entendirent ensuite pour soumettre à un arbitrage les réclamations de celle-ci en raison des dommages causés par les corsaires du Sud construits et équipés dans des ports anglais; et bien que l'Angleterre crût devoir protester qu'elles n'étaient point encore universellement reconnues à l'époque du conflit, le traité du 8 mai 1871 posa comme base de la décision à intervenir et comme direction donnée aux arbitres les trois règles suivantes, dites de Washington :

« Un gouvernement neutre est tenu :

« 1° D'user de toute diligence pour empêcher dans sa juridiction l'équipement et l'armement de tout vaisseau qu'il a des motifs raisonnables de croire destiné à croiser ou à concourir à des opérations hostiles contre une puissance avec laquelle il est en paix, et aussi d'user de la même diligence pour empêcher le départ hors de sa frontière de tout navire destiné à croiser ou à concourir à des opérations hostiles, ce navire ayant été dans ladite juridiction adapté en tout ou en partie à des usages de guerre ;

« 2° De ne permettre à aucun des belligérants de faire de ses ports ou de ses eaux la base d'opérations, ni de s'en servir pour augmenter ou renouveler des approvisionnements militaires ou des armements, ou pou recruter des hommes ;

« 3° D'exercer toute diligence nécessaire dans ses propres ports et dans ses eaux, et à l'égard de toute personnes dans sa juridiction, pour empêcher toute violation des obligations et des devoirs sus-mentionnés. »

Le tribunal arbitral se réunit en effet à Genève dans l'été de 1872, et, tout en repoussant les prétentions exagérées et indéterminables de l'Union tendant à la réparation du dommage indirect lui-même, il condamna l'Angleterre, le 15 septembre suivant, à payer à la demanderesse une indemnité de 15,000,000 de dollars. Cette sentence, qui prévint une guerre effroyable, constitue un précédent de la plus haute importance pour l'avenir. Le tribunal déclare en outre que la vigilance due par les neutres s'appréciera en raison directe des dangers qui pourraient résulter pour l'un ou l'autre des belligérants du défaut d'observance des devoirs de la neutralité (1).

§ 50 *a*. — **Droits et devoirs des neutres**
(Suite).

Si les neutres ont leurs devoirs, les belligérants ont leurs droits qui y correspondent.

(1) *Geffken* sur Heffter, p. 353 : « L'obligation en outre stipulée d'inviter les autres puissances à adhérer aux règles de Washington n'a jamais été remplie, les deux gouvernements n'ayant pu s'entendre sur la rédaction des notes qui devaient leur servir d'interprétation. La chambre basse (anglaise) a formellement rejeté l'interprétation des arbitres de Genève (mai 1873), et non sans

Ajoutons donc comme corollaires des principes posés dans le précédent paragraphe:

L'état *neutre* ne peut faire de *prêts* évidemment destinés aux choses de la guerre. A notre avis, les sujets du neutre ne doivent même pas contribuer au su de celui-ci à des *emprunts de guerre*, qui ne peuvent d'ailleurs être émis sur son territoire (1). Autre serait le cas où des fabricants d'armes ou des constructeurs de navires vendent et livrent leur marchandise dans leur propre pays, *animo commerciandi*, sans s'inquiéter de la nationalité de leur acheteur, qu'ils ne connaissent pas et ne sont pas tenus de connaître. C'est le lieu de répéter: *Qui bene distinguit bene docet.*

Toutefois les *collectes* des neutres pour les blessés même d'un seul parti, ne sont jamais et nulle part inter-

raison : ce n'est pas au neutre de juger du plus ou moins de dangers « qui peuvent résulter »; il a simplement à faire son devoir, quand même la négligence de ses obligations n'entraînerait aucun danger pour l'un des belligérants. »

(1) Comp. *Geffken* sur Helfter, p. 349 : « Quant aux emprunts, l'interdiction dont ils étaient autrefois frappés n'a plus guère de défenseurs. — En 1854, la France se plaignit vivement de ce que la Hollande avait permis l'ouverture [? l'émission]d'un emprun russe et exigea même que la Prusse et Hambourg en interdissent la cote. Mais la Prusse repoussa cette exigence et contesta la prétendue analogie des *emprunts particuliers* avec les *subsides*. La prétention de la France était absolument injustifiable et n'a pas été reproduite. On ne sache pas non plus que l'Angleterre soit intervenue contre l'emprunt Morgan contracté par Gambetta ou contre celui de la Confédération du Nord, ni qu'un état neutre quelconque ait interdit à ses sujets la participation à l'emprunt oriental russe. — De même, quant aux fournitures d'armes faites

dites ; ainsi que la Croix de Genève, son symbole, l'humanité protège sous le même toit les blessés des deux partis.

L'état neutre peut recevoir sur son territoire comme individus, non comme unités tactiques, les *soldats fugitifs* ou les corps de troupe qui se présentent à sa frontière, mais à charge de les désarmer et de les éloigner du voisinage de la lutte ou de les interner; leurs armes, caisses, munitions, etc., demeurent alors entre ses mains *jure retentionis,* comme garantie des frais d'entretien (1). Il leur défendra naturellement tout rassemblement, toute organisation dans un but de guerre. Ces fugitifs

par des sujets neutres aux belligérants : à plusieurs reprises elles ont été qualifiées à tort de violations de la neutralité; on ne sache pas que les grandes fournitures de canons, expédiées en Turquie et en Russie par la maison Krupp pendant la dernière guerre d'Orient (1876), aient soulevé des réclamations. »

(1) L'armée de l'Est, rejetée sur la Suisse durant la dernière guerre (1870-71), en est un exemple célèbre et douloureux. Convention du premier février 1871, conclue à cet effet à Verrières entre le général français (Clinchant) et le général suisse (Herzog): « Art. 1. L'armée française, demandant à passer sur le territoire de la Suisse, déposera ses armes, équipements et munitions en y pénétrant. — 2. Ces armes, équipements et munitions seront restitués à la France après la paix, et après le règlement définitif des dépenses occasionnées à la Suisse par le séjour des troupes françaises. — Il en sera de même pour le matériel d'artillerie et les munitions. — 4. Les chevaux, armes, effets des officiers seront laissés à leur disposition. — 5. Des dispositions ultérieures seront prises à l'égard des chevaux de troupes. — 6. Les voitures de vivres et de bagages, après avoir déposé leur contenu, retourneront immédiatement en France avec leurs conducteurs et leurs chevaux.

ne sont pas des prisonniers de guerre, puisque c'est pour éviter la captivité qu'ils ont cherché un asile sur le territoire neutre. Mais ils ne peuvent évidement faire de cet asile une base d'opérations de guerre, ni rentrer dans leur pays pour rejoindre leurs compagnons d'armes pendant la durée de la guerre. Les blessés eux-mêmes sont gardés par le neutre jusqu'à la fin de la guerre, à moins qu'ils ne soient mutilés, ou très longs à guérir, ou qu'il y ait quelque échange à en faire contre des soldats de l'adversaire. L'internement est nécessaire pour empêcher que l'asile trouvé chez le neutre ne soit qu'un passage pour rentrer, fût-ce désarmé, sur le théâtre des opérations.

On admet cependant que des soldats isolés et sans armes, non des corps entiers, *traversent* le pays neutre pour rejoindre leur corps, par exemple en usant d'une voie ferrée qui passerait sur le territoire neutre pour aboutir au pays ennemi; mais leur nombre et les circonstances ont ici une importance capitale (1). Les prisonniers de guerre eux-mêmes ne peuvent être transportés par territoire neutre.

— 7. Les voitures du Trésor et des postes seront remises, avec tout leur contenu, à la Confédération helvétique, qui en tiendra compte lors du règlement des dépenses. — 8. L'exécution de ces dispositions aura lieu en présence d'officiers français et suisses désignés à cet effet. — 9. La Confédération se réserve la désignation des lieux d'internement pour les officiers et pour la troupe. — 10. Il appartient au Conseil fédéral d'indiquer les prescriptions de détail destinées à compléter la présente convention.

(1) Cep. *Geffken* sur Heffter, p. 344 : « La plupart des publicistes allemands se sont prononcés à tort en faveur d'un droit de *passage*

Dans nos usages modernes, les navires de guerre peuvent côtoyer le territoire des neutres, en s'abstenant naturellement de tout acte d'hostilité dans leurs eaux. Aucun combat, aucune prise maritime n'y est permise, pas même la continuation d'une lutte engagée, *dum fervet actio*, comme le pensait Binkershoek. Toutefois, dans la chaleur de l'action, certaines limites pourraient rester inaperçues, et la faute disparaître.

Les captures opérées dans les eaux neutres doivent être restituées. Le neutre est cependant libre d'admettre ou non dans ses ports les bâtiments de guerre ou les captures des belligérants, sauf pourtant le cas de péril de mer, car l'ennemi lui-même respecte alors son ennemi. L'admission dans le port neutre est habituellement soumise à certaines conditions, tels que des limitations quant au nombre et au temps, la défense de courir sus aux navires ennemis qui seraient signalés, ou, si des navires des deux belligérants sont à l'ancre dans le même port, la défense qui leur est faite de se poursuivre l'un l'autre avant un délai de vingt-quatre heures ; enfin l'interdiction de renforcer son équipage ou de recruter des matelots durant le séjour en port neutre. Tout acte de guerre ou d'hostilité y est naturellement interdit.

innocent. — L'attitude de la Suisse en 1870 a été des plus correctes : elle défendit aussi bien aux Badois qu'aux Alsaciens sans armes tout passage sur son territoire, même par la ligne directe des chemins de fer. Sur la protestation des Français, la Belgique n'accorda pas à l'Allemagne le passage des blessés sur son territoire, parce que cette concession aurait facilité les opérations de guerre allemandes en rendant disponibles tous les chemins de fer (allemands) pour les transports de troupes. »

L'état neutre peut-il se rendre acquéreur du *butin* ou
en permettre la vente chez lui? Non sans doute lorsque
le butin est irrégulier comme ayant été fait dans son propre domaine. Mais chacun et le neutre lui-même peut
certainement se porter enchérisseur d'un navire déclaré
de bonne prise, puisque ce droit appartient même aux
compatriotes des confisqués. A notre avis rien ne s'oppose alors à ce que le neutre en *permette la vente* chez
lui, et cette faculté ne saurait lui être enlevée que par
un traité.

Le neutre, par contre, ne saurait tolérer qu'un belligérant établisse chez lui un dépôt notoire de ses prises. Il
y a ici, comme dans la plupart des devoirs, une mesure
à garder entre les extrêmes, une sorte d'équité en face du
devoir rigoureux: *est modus in rebus.* Permettre au belligérant d'accumuler les prises sur son territoire, d'en établir un véritable marché, serait lui prêter assistance, sinon
au sens littéral du mot, du moins en équité et par l'effet.
Toutefois les prisonniers qui sont amenés ensuite d'une
prise ou qui parviennent dans un port neutre, sont
libérés par le fait, car il ne peut y avoir sur terre neutre
de prisonniers de guerre ni terrestres ni maritimes.

En autorisant le neutre à se rendre acquéreur du
butin, nous supposons naturellement : 1° qu'il s'agisse
réellement de butin, et par suite d'objets mobiliers ; 2° que
ces objets aient réellement passé dans le patrimoine du
capteur conformément aux règles posées. A défaut, la
vente du butin ne serait pas plus régulière et valable
que la cession d'un territoire envahi faite avant la
conclusion de la paix.

Les belligérant, tenus de s'abstenir de tout acte d'hostilité sur terrain neutre, n'ont pas davantage le droit de
s'emparer des biens du neutre sur le territoire de leur
adversaire, qui demeure une puissance amie pour le
neutre. La prétention de mettre l'*embargo* en cas d'urgence sur les navires neutres (*Noth-Embargo, embargo
de nécessité*) pour les contraindre à des transports militaires, ou sur leurs cargaisons pour l'employer à l'alimentation des troupes, n'est pas plus justifiée. Il n'y a
pas de droit contre le droit, et une expropriation de ce
genre n'est légitime qu'à l'encontre d'un sujet de l'état.
C'est quant à ses immeubles seulement que l'étranger
peut être tenu de subir une expropriation. L'indemnité
qu'on lui allouerait, ne représentant que le dommage
souffert (*damnum emergens*), non le bénéfice manqué
(*lucrum cessans*), ne ferait que pallier la violence du procédé (1).

(1) Cependant *Geffken* sur Heffter, p. 356 : « Le droit d'*angarie*,
supprimé en temps de paix, subsiste en temps de guerre. — Les
plus récents traités (30 mars 1868, a. 5, entre l'Allemagne et l'Espagne, 2 mars 1872, entre l'Allemagne et le Portugal) se bornent
à statuer que le droit d'angarie ne peut être exercé « sans qu'il
soit accordé préalablement un dédommagement à concerter entre
les parties intéressées sur des bases justes et équitables ».

§ 51. — Le commerce des neutres, spécialement sur mer, et ses restrictions.

En principe, le commerce des neutres demeure libre, soit entre eux, soit avec les belligérants, et leurs navires circulent sans obstacle sur les côtes et dans les ports de ceux-ci. Le droit des gens ne défend aux neutres que: 1° la *contrebande de guerre*, c'est-à-dire le commerce des choses réputées contrebande, et 2°, sans distinction de choses, tout commerce avec les *places bloquées*.

La contrebande de guerre (de *contra bannum*) comprend tous les objets qui servent *directement* ou *immédiatement*, comme les armes, les munitions, etc., à des usages de guerre. On range dans la même catégorie le charbon de terre, le fulmi-coton, le salpêtre et le soufre, les machines à vapeur pour navires, entières ou démontées, les chevaux, les mulets, les uniformes. La contrebande de guerre est par contre dite *indirecte* quand elle a pour objet des choses qui, comme le fer brut, les bois de construction pour navires, et autres analogues, ont besoin d'être travaillés ou mis en œuvre pour servir aux usages de guerre. Le commerce n'en est cependant pas prohibé, pas plus que la contrebande dite *accidentelle*, ou des choses qui, sans pouvoir servir par elles-mêmes à l'attaque ou à la défense, sont cependant indispensables aux belligérants, tels que l'argent ou les subsistances. L'introduction du blé lui-même ne peut être interdite qu'au regard d'une place déterminée, et encore pourvu qu'elle soit bloquée, et parce qu'elle l'est, *tout commerce* avec elle étant interdit par l'effet du blocus (1).

(1) L'auteur qui vient d'admettre une contrebande dite *acciden-telle* des subsistances paraît mal inspiré en s'exprimant ensuite d'une manière aussi absolue : si les subsistances et le blé par suite peuvent être contrebande accidentelle, par exemple en raison de leur destination à l'armée ennemie, ils peuvent aussi être arrêtés en dehors du cas de blocus. Un exemple remarquable de ce genre s'est présenté dans la récente guerre de la France avec la Chine (1884-1885) au sujet du riz. On sait que, vu *l'état de représailles* (et non tout d'abord de guerre, comp. *suprà* p. 142, note) entre les deux adversaires, il s'était établi d'autre part entre la France et l'Angleterre une sorte de *modus vivendi*. Celle-ci, voulant tenir compte de ce que le gouvernement français, en vue d'atténuer les conséquences de la guerre pour les neutres, renonçait pro-visoirement à l'exercice du droit de visite et de capture des vaisseaux neutres en pleine mer, déclarait de son côté qu'elle s'abstiendrait provisoirement d'émettre une déclaration de neu-tralité dans les formes ordinaires et d'exercer strictement les droits de neutralité, et se bornerait pour l'instant à la mise en vigueur du *Foreign enlistment act*. Mais cette situation changea du jour où l'Angleterre, sur les réclamations de la Chine, crut devoir refuser aux navires français le droit de prendre du charbon, de se réparer et de se ravitailler dans ses ports des Indes et des mers de la Chine (fin janvier 1885), et la France invoqua dès lors de son côté les droits de belligérant (visite et capture). Dépêche de M. Waddington à lord Granville, 29 janviev 1885). C'est alors que se posa la question du riz. L'amiral Courbet et le ministre de France en Chine insistèrent pour que les transport à destination du nord de la Chine fussent confisqués comme con-trebande accidentelle, ce qu'ils justifiaient par des raisons tout exceptionnelles : renoncer à interdire ces transports, c'était aban-donner un des moyens les plus efficaces en même temps que le

Une place est dite *bloquée* lorsqu'elle est investie du côté de la terre, ou fermée du côté de la mer par des *vaisseaux stationnes et assez proches* pour qu'on ne puisse y entrer ou en sortir sans péril. Ce blocus une fois notifié aux neutres ouvre au bloqueur le droit de retenir ceux de leurs navires qui le violeraient, et de les confisquer sans égard à leur cargaison.

La notification *diplomatique* générale n'est même pas suffisante ici : tout navire neutre qui s'approche doit de plus être averti du fait du blocus par l'escadre de blocus,

moins sanglant et le moins nuisible aux neutres de forcer la Chine à la paix; mais de plus ces transports à destination du nord constituaient pour la plupart le montant de l'impôt en nature, tribut annuel des provinces à l'empire, ou étaient destinés à l'alimentation et à la solde elle-même des soldats chinois. Cette solution devait donc prévaloir auprès du gouvernement français, et ces convois pouvaient être capturés à un double point de vue, parce que propriété de l'état ennemi et parce que destinés à des usages militaires (Dépêche Ferry du 13 mars). Plusieurs gouvernements firent cependant des réserves, notamment l'Angleterre, bien qu'elle admît en principe qu'à côté de la contrebande *par nature* il y a aussi la contrebande accidentelle ou *par destination* (des vivres, approvisionnements, etc., destinés à l'armée); mais elle s'élevait contre la présomption *juris* et *de jure*, cependant nécessaire, que la France prétendait faire peser sur tous les convois à destination du nord parce que la plupart seraient destinés à l'armée. Toutefois, bien qu'en protestant, le gouvernement britannique n'en intervint pas moins pour que ces transports fussent évités par ses nationaux et prévint ainsi la saisie probable de plusieurs navires anglais. (Dépêche anglaise du 21 mars 1885.— Voir, sur toute cette intéressante question, *Livre jaune*, Affaires de Chine, 1885.)

et *spécialement intimé* de se retirer, ce qu'il inscrit aussitôt dans son journal de bord. Le blocus *réel* et *effectif* de places ou de côtes nommément désignées est d'ailleurs le seul qui s'impose aux neutres ; le blocus *sur papier,* ou le blocus de côtes ou de pays étendus que les plus puissantes flottes seraient impuissantes à garder, ne produit aucun effet semblable. Sitôt que le blocus *effectif* a cessé, et quelle qu'en soit la cause, tempête, approche de l'ennemi, changement d'intention, tout neutre a le droit de pénétrer dans la place avec les marchandises qu'il lui convient, à la seule exception de la contrebande de guerre. C'est bien à tort que les Anglais émirent jadis la prétention de confisquer tout navire qui, ignorant encore la cessation de fait du blocus, serait rencontré voguant vers la place débloquée avant que la révocation diplomatique du blocus ait été notifiée.

Chaque belligérant jouit en outre du *droit de visite,* pour s'assurer que le bâtiment neutre ne transporte pas de contrebande de guerre (1). Toutefois si ce dernier, ou si un convoi de bâtiments neutres est accompagné ou *convoyé* par un navire de guerre, le belligérant doit se contenter de la parole d'honneur de l'officier commandant, qu'à sa connaissance et en conscience les bâtiments convoyés ne transportent aucune contrebande. Hors ce cas, le croiseur ou le corsaire fait d'abord *semances ou coup de semonces* au neutre de s'arrêter et

(1) « L'exercice du droit de visite a été surtout réglementé par le *traité des Pyrénées,* dont les dispositions sur ce point sont devenues en quelque sorte le droit maritime de l'Europe. » (*Heffter,* o. c., p. 411.)

de s'approcher, puis il dépêche vers lui une chaloupe et des hommes pour examiner ses *papiers de bord*. On sait que les plus importants de ces papiers sont le rôle d'équipage ou des hommes de l'équipage, l'acte d'enregistrement ou de nationalité (*Bielbrief*), et autres titres sur la construction et la propriété du navire, le connaissement et la charte-partie ou les contrats d'affrètement et de chargement, enfin la confirmation authentique de ces pièces par l'autorité compétente (1). Les papiers de bord doivent établir la nationalité du navire et de son équipage, ainsi que la nature de la destination de sa cargaison.

S'il a ses papiers en règle, s'il n'est point trouvé porteur de contrebande, le navire neutre peut continuer sa route. En cas inverse, ou s'il cherche à s'échapper, s'il jette ses papiers à la mer, ou s'il en a de deux sortes, le belligérant peut exercer son *droit de recherche* (*right of search, Durchsuchungsrecht*), contrôler la situation, visiter les ballots de marchandises, etc. Le navire capteur qui découvre de la contrebande de guerre a le choix de la faire transporter à son bord, tout en laissant

______

(1) *Code de commerce* : « a. 226. Le capitaine est tenu d'avoir à bord l'acte de propriété du navire, l'acte de francisation, le rôle d'équipage, les connaissements et charte-parties, les procès-verbaux de visite, les acquits de paiement ou à caution des douanes. » — *Code de com. allemand* : « a. 435. Il est délivré un acte (certificat de nationalité) constatant l'enregistrement (du navire au registre public tenu à cet effet (a. 431); — 480. Le capitaine doit — prendre soin que le navire — ait les papiers de bord nécessaires pour renseigner sur le navire, l'équipage, et le chargement ».

le neutre continuer sa route, ou, si la cargaison est entièrement ou en majeure partie de contrebande, de forcer le neutre à le suivre dans un prochain port. L'affaire est alors soumise au tribunal des prises, qui examine la capture, entend les témoins utiles, scrute les papiers de bord, et prononce la sentence. Si le neutre obtient gain de cause, le capteur, ou son gouvernement qui répond pour lui, supporte les dépens et l'indemnise du dommage causé ; s'il est condamné, les dépens sont à sa charge ; s'il triomphe en partie seulement, les dépens sont proportionnellement compensés. Le neutre qui ne peut produire ses papiers que subséquemment, faute de les avoir eus à son bord lors de la capture, supporte cependant tous les dépens, alors même qu'il triompherait ensuite de ses « *noviter reperta et allegata* ». Il est seul en faute, car la capture n'a été opérée que parce qu'il n'était muni des papiers qu'il devait.

La marchandise ennemie vogue-t-elle en toute sûreté sous pavillon neutre? Cette grosse question controversée est aujourd'hui tranchée affirmativement. « Le pavillon couvre la marchandise, » contrairement aux lois et usages maritimes du moyen âge (tels que nous les trouvons formulés dans le *Consulat de la mer*, recueil célèbre des usages maritimes de la Méditerranée, qui jouit longtemps de la plus grande autorité), et contrairement aussi aux prétentions et à la pratique constante de l'Angleterre, dominatrice des mers. Par contre, la marchandise neutre voyageant sous pavillon ennemi avait presque toujours été respectée ; et ce serait étrangement se tromper que de raisonner ici *a contrario* en disant que si le pavillon

neutre couvre la marchandise ennemie, le contraire doit
se produire quand on renverse l'hypothèse. La marchandise neutre garde en effet son caractère de neutralité
partout où elle se trouve, et sauf naturellement le cas de
contrebande. Au moyen âge, on ne considérait même
que la qualité de la *marchandise,* aujourd'hui la neutralité
soit du *pavillon,* soit de la *marchandise,* suffit : le pavillon
neutre protège la marchandise ennemie, et la marchandise neutre demeure insaisissable sous pavillon ennemi.

L'ambition dominatrice des Anglais était allée si loin
qu'ils prétendirent imposer au monde, au début de la
guerre de Sept ans (1756), ces fameuses règles de guerre
qui interdisaient aux neutres, en temps de guerre aussi,
tout commerce avec les colonies d'un belligérant ou de
cabotage sur ses côtes [tout *commerce nouveau*], parce
que ce commerce leur était habituellement interdit en
temps de paix par les lois mêmes du belligérant (1). Le
commerce de la France, notamment son commerce avec
ses colonies, dont elle se réservait le monopole en temps
de paix, avait dû se mettre en effet sous la protection
des pavillons neutres pour échapper au formidable trident britannique. Malgré les défenses anglaises, Danois,

(1) *Geffken* sur Heffter, p. 405 : « L'Angleterre est la première qui
ait voulu défendre aux neutres le commerce avec les colonies françaises, que la France leur avait ouvert durant la guerre de 1755. Elle
prétendait : 1° que la guerre ne saurait dûment ouvrir aux neutres
un commerce qui leur était défendu en temps de paix ; 2° que les
neutres, en acceptant de l'ennemi des licences pour faire le commerce, se dénationalisaient et devenaient des ennemis d'adoption.
— Aujourd'hui cette question rentre dans le domaine de l'histoire,

Suédois et autres neutres continuèrent à apporter en France les denrées coloniales des Indes occidentales et les bois de construction pour navire des pays du nord. Les règles de 1756 ne pouvaient être acceptées par le droit des gens.

Les droits des neutres ne furent cependant pas aussitôt reconnus ; ils ne trouvèrent toute leur expression que dans les deux neutralités armées inaugurées par la Russie en 1780 et en 1800 (1). Ensuite de la mort soudaine de Paul Iᵉʳ, qui s'était placé à la tête des neutres par hostilité contre l'Angleterre, à l'exemple de sa mère Catherine II (qui cependant n'était pas l'ennemie des Anglais, mais aurait voulu les mener à sa guise), les Anglais obtinrent à la vérité d'Alexandre Iᵉʳ (convention maritime de Saint-Pétersbourg, 17 juin 1801) des concessions importantes, notamment l'abandon du principe que le pavillon couvre la marchandise, et la

car aucun état n'interdit plus le commerce des sujets étrangers avec ses colonies. » — *Secùs* pour le cabotage, que plusieurs pays réservent encore à leurs nationaux.

(1) Principes de la *première déclaration* de la cour de Russie (28 février 1870) *sur les droits des neutres :* 1º Les vaisceaux neutres peuvent naviguer librement de port en port sur les côtes des nations en guerre ; 2º les effets appartenant aux sujets de ces nations voyagent librement sur vaisseaux neutres à l'exception de la contrebande de guerre ; 3º celle-ci est limitée aux armes de guerre et aux munitions ; 4º un port bloqué n'est réputé bloqué que s'il y a, par la disposition de la puissance qui l'attaque avec des navires stationnés et suffisamment proches, un danger évident de tenter d'y entrer ; 3º ces principes serviront de règle dans les procédures et dans les jugements sur la légalité des prises.

faculté d'exercer le blocus par simples croiseurs, sans navires stationnés. Mais sept ans ne s'étaient pas écoulés (1807) qu'Alexandre, devenu l'ami et l'allié de Napoléon Ier, dénonçait cette convention, pour proclamer à nouveau que les principes de la neutralité armée resteraient désormais seuls applicables. Napoléon imaginait à la même époque son système du *blocus continental* afin d'atteindre l'Angleterre dans le nerf de sa puissance, dans son commerce et son industrie, en lui fermant tous les marchés de l'Europe qu'il dominait. Les décrets de Berlin et de Milan (1806 et 1807) mirent en état de blocus l'Angleterre entière avec interdiction de tout commerce avec elle ou de ses produits. Tout bâtiment qui se soumettrait à la visite anglaise ou aborderait en Angleterre devait être dénationalisé et confisqué (1).

Les deux ennemis se virent toutefois bientôt forcés de permettre exceptionnellement un certain commerce indispensable à leur propres intérêts, ce qui fut pratiqué par un système de *licences* ou d'autorisations spéciales

(1) Un ordre du cabinet anglais (16 mai 1806) ayant notifié le blocus de tous les ports, rades, côtes, rivières compris depuis l'embouchure de l'Elbe jusqu'au port de Brest inclusivement, Napoléon y répond par le décret de Berlin (21 novembre) : « Les Iles Britanniques sont déclarées en état de blocus. Tout commerce et toute correspondance avec elles sont interdits. *Tout sujet anglais trouvé dans les pays occupés par la France est déclaré prisonnier de guerre. Toute propriété anglaise est déclarée de bonne prise.* Tout commerce de marchandises anglaises est défendu ; tout vaisseau ayant touché l'Angleterre est exclu des ports. » — Un nouvel ordre du conseil anglais (7 janvier 1807) déclare à son tour de bonne prise tout navire prenant route pour l'un des ports de la

accordées à leurs propres sujets. C'est ainsi que l'Angleterre dut permettre au cours de la dure année 1809 d'importer chez elle des blés de l'étranger, et la France, qui d'ailleurs se faisait une source de revenus de la vente des licences à des prix élevés, l'exportation de ses vins, de ses huiles, de ses objets fabriqués, etc.

Les Anglais répondaient à ces décrets prohibitifs par des mesures plus efficaces contre la France et ses alliés que ne pouvait l'être pour eux le courroux de Napoléon, à peu près impuissant sur mer, ou ses violences contre les personnes et les biens des Anglais trouvés sur le continent.

Mais Napoléon parvenait enfin à déterminer l'Amérique du Nord, éprouvée aussi dans son commerce par les mesures violentes des Anglais, à déclarer à ces derniers une guerre qu'elle mena glorieusement, et que la paix de Gand seule termina (1814). Dans l'intervalle, le système du blocus continental avait succombé avec son auteur. Les grandes industries du continent en reçurent une vive impulsion ; les droits des neutres s'affermirent ; l'Angleterre elle-même dut adoucir ses pratiques.

Les droits des neutres furent enfin solennellement consacrés par la déclaration du 16 avril 1856, faite par les puissances signataires du traité de Paris du 30 mars précédent. La voici textuellement :

« 1° La course est et demeure abolie.

France et tous ses ports et ceux de ses alliés en état de blocus. Le décret de Milan (17 septembre 1807) prononce alors la confiscation de tout navire ayant souffert la visite d'un navire anglais, et renouvelle le blocus des Iles Britanniques sur mer et sur terre. (Comp. *Heffter*, p. 364, 4ᵉ édit.)

« 2° Le pavillon neutre couvre la marchandise ennemie, à l'exception de la contrebande de guerre.

« 3° La marchandise neutre, à l'exception de la contrebande de guerre, ne peut pas être saisie sur navire ennemi.

« 4° Pour être obligatoire, le blocus doit être effectif,
c'est-à-dire maintenu par une force qui puisse réellement empêcher l'accès de la côte ennemie. »

Cette déclaration laisse sans doute encore bien à
désirer. Elle ne dit rien ni de la notification spéciale du
blocus, ni des navires bloquants, ni des tribunaux des
prises et du mode de leur juridiction, comme si ces
importantes questions, si vivement accentuées dans la
déclaration de neutralité de 1800, ne demandaient pas
une solution pour l'avenir. Réjouissons-nous cependant
des résultats acquis, d'autant que l'Anglerre elle-même
les a souscrits, — de plus ou moins bon gré. Au reste,
ce qui demeure le postulat capital de notre époque,
c'est, on ne saurait trop le répéter, *le respect de la propriété ennemie dans la guerre maritime elle-même* (1).

(1) Le refus des États-Unis de s'associer à la déclaration du
congrès de Paris repose sur un motif plausible. Ce n'est point qu'ils
aient entendu approuver la course, loin de là ; ils voulaient davantage : le respect absolu de la propriété privée même sur mer. Tant
que ce principe ne serait pas adopté, l'abolition de la course leur
paraissait une mesure insuffisante, dangereuse pour eux-mêmes. En
effet, les puissances maritimes qui ont à leur disposition une grande
marine de guerre verraient leur supériorité s'accroître encore au
détriment des pays dont la marine est surtout marchande, comme
les États-Unis, si l'abolition de la course n'avait pas pour corollaire
l'abolition des prises maritimes en dehors des cas de contrebande
de guerre. (Comp. *Bluntschli*, o. c., p. 45.)

CHAPITRE III

FIN DE LA GUERRE

§ 52. — **Postliminium et paix**.

La guerre prend fin : 1° par la cessation générale des hostilités et le rétablissement des relations amicales antérieures ; 2° par la soumission complète de la partie qui succombe ; 3° par la conclusion d'un traité formel de paix. Le premier mode se rencontre rarement seul et sans être accompagné ou suivi d'un traité de paix. Quant à la soumission, elle peut entraîner un entier assujettissement du vaincu, ou son union réelle avec le vainqueur, comme celle de la Suède et de la Norwège par la paix de Kiel (1814), ou aboutir simplement à une confédération, avec des droits égaux ou inégaux, par conséquent à des situations et à des degrés très divers. Mais dans la règle, c'est par le traité formel et solennel de paix que la guerre prend fin, et aussi longtemps qu'elle dure, la possession du territoire *ennemi* n'en donne pas au vainqueur le domaine ou la souveraineté, mais simplement le droit d'en percevoir les utilités. L'usurpation ou l'interrègne (*Zwischenherrschaft*) ne commence réellement que lorsque le vainqueur a manifesté son intention de maintenir sa possession, et qu'en conséquence il administre et gouverne sa conquête (qu'il l'incorpore ou non à ses états) non plus provisoirement et pour des buts de guerre, mais en souverain qui fait la loi, frappe des impôts, lève des troupes. La possession et le domaine font cependant retour au souverain légitime si, la fortune des armes le favorisant à son tour, il parvient à récupérer le territoire perdu. Mais il est alors tenu de respecter les actes légaux et constitutionnels de l'usurpateur. En restaurant l'ancienne constitution, il ne saurait en effet annuler ce que l'usurpateur a fait en se conformant aux lois ou dans un intérêt public. C'est ainsi que le prince restauré respectera même les ventes de domaines publics consenties par l'usurpateur; le prix en effet a dû en être versé dans le Trésor public, du moins y a-t-il en ce sens *présomption juris et de jure*. Prétendre à tenir pour non avenus tous les actes accomplis durant l'usurpation serait aboutir à l'absurde. Il faudrait en effet alors annuler tous les contrats privés eux-mêmes, tels que ventes, donations, etc., consentis par les particuliers eux-mêmes dans cet intervalle, ou même déclarer illégitimes les enfants nés de mariages contractés conformément aux lois de l'usurpateur.

L'état dont le prince légitime a été chassé, expulsé, ou temporairement dépossédé, ne cesse pas pour cela d'exister. Les charges réelles ou les servitudes que l'usurpateur lui aurait imposées ne peuvent elles-mêmes être abolies si les ayants-droit qui les ont stipulées n'y consentent, et les avantages et droits acquis à l'état par l'usurpateur ne s'évanouissent pas davantage par sa chute. Le prince restauré pourra donc bien exiger le solde des impôts ou les arriérés encore dus pour la période de l'usurpation ; mais il outrepasserait ses droits en exigeant un second paiement des impôts que l'usurpateur a perçus.

Le droit du souverain légitime dépossédé de récupérer le pouvoir en se remettant en possession du territoire par les armes ou ensuite de la retraite de l'usurpateur, prend également le nom de *postliminium*, de même qu'en général le droit de recouvrer par la reprise de possession la propriété des choses dont on a été dépouillé par la guerre.

Le postliminium ou le rétablissement dans son ancienne souveraineté peut-il être également invoqué par le pays qui serait affranchi de son usurpateur, non par un mouvement intérieur ou par les armes de ses enfants bannis (tels que les *fuorusciti*, dans les luttes des partis florentins), mais par les armes d'un gouvernement étranger dont il ne serait par exemple pas même l'allié ? L'affirmative a été contestée. Mais comment affranchirait-il l'état usurpé l'étranger qui, loin de lui rendre son indépendance, ne songerait à son tour qu'à la confisquer à son profit ? Le pays délivré aurait le droit de s'élever contre cette nouvelle violence, toutes les fois du moins qu'il ne s'était pas mis auparavant complètement et sans résistance à la discrétion de l'usurpateur.

Dans ce dernier cas, en effet, il pourrait difficilement se plaindre d'être traité comme tout autre pays sujet de l'usurpateur, par l'étranger qui l'a chassé.

Le *postliminium des personnes* si fréquent chez les anciens, spécialement chez les Romains (de qui l'expression nous est d'ailleurs venue) a perdu toute application de nos jours. Rome faisait des esclaves de ses prisonniers de guerre, et reconnaissait logiquement par suite que le Romain fait prisonnier par l'ennemi devenait également son esclave. C'était ici que s'appliquait le postliminium personnel. Par une fiction juridique, le Romain fait prisonnier, et par suite esclave, redevenait homme libre et recouvrait tous ses droits civils dès qu'il remettait le pied sur le seuil (*limen*) ou la frontière de sa patrie. Or, de nos jours, le prisonnier de guerre n'est point réduit en esclavage ; il peut même, comme un absent, faire gérer ses biens par des représentants de son choix ; au besoin, les autorités de son pays lui en commettraient d'office pour la conservation de ses intérêts.

En principe, l'ennemi n'a pas le droit de s'approprier les immeubles, ni même, dans la guerre continentale et sauf de rares exceptions, les meubles des particuliers. Que, s'il le faisait en violation du droit des gens, le propriétaire dépossédé reprendrait certainement tous ses droits sur sa chose en en recouvrant la possession. Il n'y a exception que quant au butin passé dans la propriété de l'ennemi, et, d'une manière plus étendue, quant aux prises maritimes.

Enfin, la *conclusion de la paix,* qui termine régulièrement la guerre, est généralement précédée de négociations entre les belligérants eux-mêmes ou par la médiation d'une tierce puissance. Les états que lient une alliance générale et solidaire ne peuvent pas conclure la paix séparément, mais doivent négocier en commun comme ils ont combattu. La Prusse viola ce principe en traitant séparément avec la France le 5 avril 1795, pour se retirer de la coalition, et stipuler en outre, bien qu'elle-même fît partie de l'empire allemand, la neutralité de l'Allemagne du Nord suivant une ligne déterminée de démarcation.

Les *préliminaires* constituent des conventions préjudicielles à l'effet de régler les points principaux d'un conflit, les dispositions de détail et d'exécution demeurant réservées au *traité de paix définitif*. Non moins obligatoires que celui-ci, ils entraînent immédiatement la cessation complète des hostilités, le plus souvent déjà suspendues par un armistice général préalable. Les prises opérées postérieurement aux préliminaires ou à la paix définitive, et même dans l'ignorance de leur conclusion, sont restituées aux ayants-droit.

Les négociations de paix se poursuivent verbalement ou par écrit, et, si les intéressés sont nombreux, dans un congrès réuni à cet effet, et par des plénipotentiaires désignés. Protocole ou procès-verbal en est généralement tenu par mesure d'ordre. L'acte de paix n'est ainsi que l'extrait ou le résumé des négociations pacifiques.

Le siège des congrès était autrefois volontiers neutralisé quand il se trouvait sur le territoire de l'ennemi ou dans son voisinage : ainsi lors de la paix de Westphalie.

Les négociations de cette paix célèbre furent même poursuivies simultanément dans deux villes différentes, à Münster et à Osnabrück, toutefois sous la réserve expresse que les deux instruments de paix seraient considérés comme un seul et même acte. Le choix de deux localités s'expliquait tant par le nombre considérable des plénipotentiaires, et de leur suite, que parce que le pape figurait à Münster comme médiateur entre les puissances catholiques, tandis que Venise se trouvait à Osnabrück comme médiatrice des Suédois. La puissance médiatrice prend d'ailleurs au congrès la première place ou la place d'honneur, et toutes les communications écrites doivent passer par ses mains.

De nos jours un arrangement préalable entre les intéressés fixe généralement le lieu du congrès ; et sa neutralisation est devenue inutile, l'ouverture des négociations de paix suspendant les hostilités pendant toute leur durée. Il en était autrement jadis : les négociations de Münster et d'Osnabrück se prolongèrent pendant près de cinq ans, tandis que la guerre continuait avec acharnement et que chaque partie attendait d'un succès sur le champ de bataille une influence proportionnée dans les négociations. La prise du petit côté de Prague par les Suédois acheva enfin la guerre et hâta la paix.

Le traité de paix peut prendre pour *base* la situation des parties avant la guerre (*statu quo ante bellum*), sans la modifier en rien. La paix de Hubertsbourg (1763) entre la Prusse et l'Autriche en est un exemple. La situation de fait des parties au moment de la paix est plus rarement prise pour règle. L'histoire nous apprend toutefois que le traité de paix fonde le plus souvent une situation nouvelle, en déterminant exactement ce que chaque partie conserve ou doit rétrocéder. Les bases convenues, on négocie jusqu'à parfaite entente sur les points moins importants, le belligérant que la guerre a favorisé, gardant naturellement un rôle proportionné.

Quant à sa *forme*, l'instrument de paix commence habituellement par une invocation de la Sainte-Trinité. Le traité de 1856 fut le premier qui y substitua la formule : « Au nom du Tout-Puissant », par suite de l'admission de la Turquie dans ce qu'on se plaît à nommer le *concert européen* (1).

Le traité de paix se divise comme tous les autres en *articles* généraux ou particuliers, publics ou secrets, ces derniers ayant pour but de céler pour un temps plus ou moins long certaines clauses politiques importantes.

Le traité nouveau abroge implicitement les traités anciens qu'il ne renouvelle ou n'invoque pas expressément et qui seraient inconciliables avec lui. Les articles dits *séparés* et les *annexes* sont d'ailleurs considérés comme des parties intégrantes du traité principal, comme si elles y figuraient littéralement.

Les tierces puissances qui ont pris une part même tout accessoire à la guerre sont *comprises* dans le traité de paix ; les autres peuvent y *accéder* comme

(1) *Geffken* sur Heffter, p. 205 : « Dans les derniers grands traités comme celui de Berlin de 1878, on a fort judicieusement omis cette formule, qui n'ajoute rien à la validité du traité. » *L'Acte général de Berlin* (1885) a cependant repris la formule respectable : « Au nom de Dieu tout-puissant. »

coïntéressées ou comme garantes, ce qui est constaté
par un acte spécial d'adhésion.

La paix termine la guerre, qui ne peut plus être
reprise pour le même grief, vidé par la paix, mais bien
si ce grief venait à se reproduire, car il y a alors nouvelle injure et nouveau *casus belli*. La paix éteint aussi
les prétentions qu'elle écarte expressément, mais non
celles qu'elle ne vise point.

Une *renonciation générale* à toutes prétentions quelconques peut seule éloigner de nouvelles occasions de
conflit. Cette clause, qu'on nomme *d'amnistie* ou *d'oubli*
(ἀμνισία), ne doit pas être confondue avec l'amnistie
souvent accordée aux anciens ou aux nouveaux sujets
d'un vainqueur qui auraient pris parti contre lui,
directement ou non.

La *paix conclue*, et ses ratifications signées et échangées, il ne reste plus qu'à l'*exécuter* fidèlement. Les
principes généraux sur l'interprétation et le respect des
traités s'appliquent naturellement ici. L'exécution de
certaines dispositions de détail peut encore être réservée
à des arrangements subséquents, par exemple s'il y a
lieu à règlement de frontière, à liquidation contribu-
toire, etc., opérations que l'on a coutume de remettre à
des commissions spéciales nommées ensuite à cet effet.

L'exécution de la paix soulève parfois elle-même des
conflits, et réenfante la guerre. Le traité de paix
s'efforcera donc de parer à toute dangereuse ambiguïté,
en précisant ses délais et son mode d'exécution, par
exemple pour la remise tels qu'ils se comportent des
territoires cédés, etc.

APPENDICE I

PRINCIPES DU DROIT DE LÉGATION

§ 53. — Des ministres et du droit de légation.

Les *ministres* ou *représentants* (*Gesandte*) envoyés comme plénipotentiaires d'un état auprès d'un autre état, soit pour affaire, soit par courtoisie internationale, sont par excellence les organes et les intermédiaires du droit des gens ; et l'on résume sous le nom de *droit de légation* ou de *représentation* l'ensemble des droits qui appartiennent sous ce rapport aux états. Ces ministres, qui n'étaient au moyen âge et dans l'antiquité que temporaires ou commis pour une ambassade spéciale, sont devenus permanents depuis le commencement du xvi° siècle, par suite des relations toujours croissantes et plus intimes de nos états civilisés.

Le droit de légation est dit *actif* en tant qu'il est la faculté d'envoyer des ministres, *passif* en tant qu'il est celle d'en recevoir. Le souverain, qui représente et conduit l'état au regard de l'étranger, possède seul ce double droit, et même dans les républiques il appartient au président élu ou au chef du pouvoir exécutif. Le droit actif ou passif de légation ne peut être d'ailleurs exercé que par des états vraiment souverains ; la demi-souveraineté, qui n'est par définition qu'intérieure et non extérieure ou du droit des gens, et de même les états vassaux ou protégés, ne l'exercent qu'avec l'assentiment de l'état protecteur ou suzerain. La dépendance effective, plus ou moins grande de ces états influe souvent ici. C'est ainsi que les principautés danubiennes de Roumanie et de Serbie envoyèrent, jusqu'en 1878, près plusieurs cours de l'Europe, des agents d'un caractère diplomatique encore mal défini. Devenues souveraines après la paix de Berlin (1878), ces deux principautés, dont les chefs ont même pris depuis le titre de roi, possèdent naturellement aujourd'hui le droit actif et passif de légation. (Voy. Appendice II.) Tant que subsista la république des sept îles Ioniennes, réunie en 1863 au royaume de Grèce, elle se fit représenter à l'étranger par l'Angleterre, qui en avait assumé le protectorat.

Au cas de minorité ou autre empêchement du prince, le droit de légation passe naturellement au régent intérimaire ou au lieutenant général du royaume. Mais un gouverneur général d'une colonie éloignée ne peut lui-même nommer des ministres qu'avec l'assentiment et par délégation de son souverain.

Aucun état n'est peut-être obligé de plein droit d'envoyer des représentants ou d'en recevoir ; tout état pourrait même se contenter d'en accréditer de temporaires, pour telle affaire spéciale qui exigerait des négociations verbales. Néanmoins en fait, tous les pays qui entretiennent des relations très fréquentes sont dans l'usage d'en accréditer de généraux et permanents. L'envoi d'un ministre à l'état étranger implique qu'on lui reconnaît le droit actif de légation ; aussi y répond-il par un envoi correspondant.

§ 54. — Des différentes classes et dénominations de ministres.

On distingue en première ligne des *ministres de cérémonie* et *des ministres d'affaires*. Comme leur nom l'indique, les premiers sont envoyés dans des occasions solennelles et d'apparat, par exemple pour féliciter un prince à son avènement (1), ou comme témoignage de condoléance à la mort d'un membre de la famille royale, etc.; les seconds, pour s'occuper d'intérêts et d'affaires.

Le congrès de Vienne (1815) reconnaît trois classes d'envoyés : 1° les *ambassadeurs* (de *Ambacht, Ambt, Amt,* fonction, en allemand *Botschafter*), nonces et légats du pape ; 2° les ministres proprement dits (*Gesandte*) ou *envoyés extraordinaires* et *ministres plénipotentiaires*, les internonces du pape, et de même l'internonce impérial d'Autriche près la cour de Constantinople ; 3° les simples

(1) C'est ainsi que toutes les puissances ont envoyé des ambassadeurs extraordinaires au couronnement de l'empereur de Russie Alexandre III (M. Waddington pour la France).

chargés d'affaires (*Geschæftstræger*). Le congrès d'Aix-la-Chapelle (1818) y a depuis ajouté une classe intermédiaire entre les ministres et les chargés d'affaires, celle des *ministres résidents*, en sorte que certains états comptent ainsi jusqu'à quatre classes d'envoyés.

Tous les ministres d'une même classe sont traités avec le même *cérémonial*, c'est-à-dire avec les mêmes honneurs externes dans leurs relations officielles ; et ils prennent rang entre eux d'après la date de la notification officielle de leur arrivée dans le lieu de leur destination.

Les quatre classes sont revêtues du caractère *diplomatique*, car toutes elles représentent le souverain, et de simples chargés d'affaires ont assez souvent à traiter d'intérêts aussi importants, si ce n'est plus, que des ambassadeurs eux-mêmes. Toutefois dans le *droit moderne positif*, et relativement au cérémonial usité, la première classe est réputée posséder au plus haut degré ce caractère ; le souverain étranger en personne jouit seul de plus grands honneurs.

La distinction des ministres en *ordinaires* et *extraordinaires* est aujourd'hui hors d'usage, le titre d'extraordinaire étant donné dans la règle à tout ministre de première ou de seconde classe ; l'envoyé de seconde classe reçoit de plus le titre de ministre plénipotentiaire.

Ne doivent pas être confondus avec les représentants diplomatiques : 1. les députés qu'une province ou une ville délègue en temps de guerre soit à son propre prince soit à un prince étranger ou à ses chefs d'armée; 2. les *commissaires* qu'un gouvernement nomme, sans leur donner le caractère diplomatique, pour certaines affaires déterminées, telle qu'un règlement de frontière ou un intérêt commercial; 3. enfin les *agents secrets,* qui pénètrent dans un pays à l'insu de son gouvernement, et peuvent même être punis à l'occasion, et de même, les *agents confidentiels,* qui, tout en étant adressés au gouvernement étranger, ne veulent ou ne peuvent, en raison de circonstances spéciales, revêtir ostensiblement le caractère diplomatique.

Les *consuls* eux-mêmes n'ont pas davantage le caractère diplomatique. Envoyés ou commis par l'état dans les places et dans les ports de l'étranger, leur mission consiste surtout à surveiller et à protéger les intérêts commerciaux de leurs concitoyens. Ils sont munis à cet effet de *lettres de provision* de leur propre pays, reçoivent l'*exequatur* du pays étranger, et revêtent un *caractère officiel* qui leur vaut certains privilèges et la protection du droit des gens en vue de leurs devoirs les plus importants (1). Ils sont en première ligne des agents

______

(1) *Geffken* sur Heffter, p. 565 : « Règle générale, les consuls ne jouissent pas des *immunités* et des *privilèges diplomatiques;* ils sont donc en principes soumis à la juridiction civile et criminelle de l'Etat où ils résident. Mais en raison de leurs fonctions publiques et de leur caractère d'agents (étrangers) reconnus par l'état de leur résidence, ils ont droit à *certains privilèges* (exemption du jury, des logements militaires, du service dans la milice, etc.) auxquels ne peuvent prétendre les particuliers. Ces prérogatives et ces immunités sont presque toujours spécifiées dans les conventions consulaires; à défaut, ils ne peuvent demander que les im-

commerciaux de leur pays, quel que soit d'ailleurs le cercle plus ou moins étendu de leurs attributions et de leur ressort, et qu'on les appelle par suite *consuls généraux, consuls, vice-consuls,* ou *consuls honoraires.* La situation des *consuls de carrière (Berufsconsuln, consules missi)* est toutefois certainement plus importante et plus élevée, que celle des *consuls marchands (consules electi),* choisis simplement parmi les négociants établis dans une ville étrangère de second ordre (1). Les consuls ne jouissent des privilèges diplomatiques proprement dits que dans les états de la Porte ottomane, au Maroc, chez les Barbaresques, et de même en général aujourd'hui chez les peuples non chrétiens. Ils revêtent là-bas le caractère diplomatique, et y jouissent même, en vertu des *capitulations,* de droits beaucoup plus étendus que leurs ho-

munités que leur gouvernement accorde aux consuls de l'état où ils résident. Les plus importantes ne sont accordées qu'aux consuls de carrière (*consules missi*).

(1) *Geffken* sur *Heffter* p. 561 : « Comme il n'est guère possible de placer des consuls salariés (ou de profession, *consules missi*) dans tous les pays où les intérêts commerciaux sont en jeu, les grands états, à l'exception de la France, se sont presque tous décidés pour un système mixte (de consuls salariés, et de consuls marchands ou *consules electi*). L'Allemagne est notamment dans ce cas. » — L'expression de consuls *élus* (*electi*) vient de ce qu'au moyen âge les consuls étaient élus par leurs égaux résidant dans la ville étrangère; aujourd'hui tous ces agents sont nommés par l'état. Les *consuls* et *vice-consuls* de France sont tous de carrière, ne peuvent donc faire le commerce, et doivent être Français; mais nous avons de plus des *agents consulaires* qui peuvent faire le commerce et ne sont pas nécessairement des nationaux.

monymes en pays chrétiens, munis qu'ils sont, pour
la protection de leurs nationaux contre l'arbitraire et
la barbarie orientales, d'une juridiction étendue en matière civile et d'une certaine juridiction pénale (1). L'on
vient cependant d'instituer en *Égypte*, à titre d'essai,
des tribunaux mixtes composés de juges indigènes et
européens, à l'effet d'y supprimer la juridiction des
consuls ; mais cette nouvelle justice n'a pas encore fait
ses preuves (2).

§ 55. — Choix des ministres quant à leur classe, leur personne, leur nombre.

Les états qui jouissent des honneurs royaux, les empereurs, les rois, le pape, les grands-ducs, autrefois
aussi le Prince-électeur de Hesse-Cassel, puis les républiques importantes, y compris la Suisse, ne reconnaissent de nos jours qu'à leurs égaux le droit d'envoyer
des ministres de premier rang. Mais l'entretien coû-
teux des ambassadeurs et le cérémonial souvent gênant
qu'ils imposent, ont déterminé certaines grandes puis-

---

(1) *Geffken* sur Heffter, p. 558 : « Parmi les conventions réglant
cette matière et appelées capitulations, la plus complète et qui
est devenue le modèle de toutes celles qui suivirent, est la capitulation française de 1740. » — Mais notez qu'elle est aussi la dernière de la France, et qu'elle est toujours en vigueur; les plus
anciennes capitulations françaises datent du xvi\u00b0 siècle.

(2) Elle existe pourtant depuis 1875.

sances elles-mêmes à ne s'envoyer réciproquement que des ministres de second rang. Les états qui n'ont pas les honneurs royaux, pourraient d'ailleurs sans doute, s'ils voulaient s'en donner le luxe, s'envoyer *entre eux* des ambassadeurs. La réciprocité est ici généralement d'usage (1).

Un état peut aussi, spécialement s'il s'agit d'un congrès, commettre plusieurs ministres. Inversement, un même ministre peut être accrédité près plusieurs cours, par exemple de minime importance (2), et parfois aussi plusieurs petites cours s'entendent pour nommer un seul et même ministre près une grande puissance.

Tout état est libre de refuser son agrément au ministre étranger dont la personne lui déplaît (*persona ingrata*); mais il doit en indiquer le motif. De là l'usage prudent de communiquer d'avance au gouvernement étranger le nom de la personne et le rang du ministre qu'on se propose de désigner ; on évite ainsi l'éventualité désagréable de le voir refuser.

Les grands états sont en outre dans l'usage, en raison des inconvénients et des difficultés multiples qui peuvent en résulter, de ne pas agréer comme ministre

(1) Mais il n'y a aucune obligation légale, il n'est pas rare qu'un état reçoive des ministres d'un rang plus élevé que ceux qu'il envoie. Exemple, la Bavière et la Suisse, qui reçoivent de la France des ambassadeurs, et ne lui envoient que des ministres plénipotentiaires.

(2) Les républiques de l'Amérique du Sud accréditent volontiers un seul et même ministre près diverses cours d'Europe, vu la grande facilité des communications sur notre continent.

étranger un de leurs propres nationaux. Cet agrément s'accorde déjà plus facilement pour des postes de *consuls* (1). Toutefois, des postes consulaires importants ne devraient du moins jamais être confiés à des négociants étrangers sans autre traitement que certaines faibles taxes, et à qui manque en outre le ressort puissant de l'amour de la patrie. Des consuls de ce genre seront plus disposés à s'occuper de leurs propres intérêts que du commerce et de la navigation du pays qui les commet, et dont les intérêts peuvent même se trouver à l'occasion en conflit avec les leurs.

§ 56. — **Suite du ministre**.

La suite du ministre comprend d'une part le personnel ou les fonctionnaires de sa légation, de l'autre sa famille et ses *gens* (son domestique).

Font partie du personnel de la légation, les *attachés* d'ambassade, qui débutent dans la carrière diplomatique, les *gentilshommes d'ambassade* (*Gesandschaftscavaliere*) (2) chargés d'accompagner les ambassadeurs, spécialement dans les missions d'apparat et pour en rehausser l'éclat, et surtout les *secrétaires* d'ambassade ou de légation qui reçoivent parfois le titre plus distingué de *conseillers*. Les secrétaires diplomatiques des nonces portent le titre d'auditeurs.

(1) C'est ainsi que M. le baron de Rothschild, quoique Français, est depuis longtemps le consul d'Autriche à Paris.

(2) Ce titre n'est plus d'usage en France.

Tout ce personnel est nommé par l'état; il est aux ordres et à la disposition du ministre, et ses secrétaires ou conseillers le remplacent en cas d'absence sous la qualification habituelle de *chargés d'affaires par intérim*. Il ne faut pas les confondre avec les secrétaires privés ou particuliers du ministre, car ils sont nommés par leur pays, comme tous les autres fonctionnaires de la légation, tels que le chancelier et le directeur de la chancellerie, les interprètes, les aumôniers, même les courriers pour le transport des dépêches. Ces derniers, parfois indiqués par un signe extérieur (courriers à écusson, *Schildcourrier*), ou organisés militairement comme en Russie, jouissent du droit de requérir des postes publiques leur transport le plus rapide, et sont exempts de toute visite de leurs bagages par les douanes ; leur personne est de plus inviolable.

Au reste, l'on emploie souvent comme courriers des fonctionnaires civils ou militaires, ou même des voyageurs d'occasion.

La femme du ministre prend auprès de lui une situation éminente, et jouit, notamment s'il s'agit d'un ambassadeur, des mêmes honneurs que son époux dans les réceptions de la cour et dans les occasions solennelles.

Les *gens* de l'ambassade se rangent sous deux noms, l'*uniforme* ou la domesticité supérieure (chambellans, maîtres d'hôtel, etc.), et la *livrée* ou la domesticité inférieure (laquais, cochers, etc).

§ 57. — **Papiers nécessaires au ministre à son entrée en fonction.**

Le ministre se légiti ne avant tout auprès du prince étranger par ses *lettres de créance,* qui, adressées de souverain à souverain, résument l'objet de sa mission, son nom et sa classe, et le recommandent à la bienveillance du prince étranger, en le priant d'ajouter foi aux paroles qu'il pourra dire au nom de son maître. Les envoyés de première et de deuxième classe remettent leurs lettres au souverain lui-même ; ceux de troisième les remettent simplement au ministre des affaires étrangères, auprès duquel ils sont d'ailleurs accrédités, et bien qu'ils soient aussi assez souvent reçus par le souverain lui-même.

Les lettres de créance sont tantôt rédigées en style solennel de chancellerie, tantôt sous la forme plus simple d'offices ou de lettres de cabinet.

Avant d'en remettre l'original au souverain, quand elles sont patentes ou données sous scel *volant* (*fliegender Siegel*), le ministre en communique l'original lui-même, ou, si elles sont closes, une expédition au ministre des affaires étrangères, qui s'assure ainsi qu'elles ne contiennent rien de contraire à l'usage, et que rien ne s'oppose à leur remise.

Le ministre accrédité auprès de plusieurs souverains, ou près le même mais à différents titres, est également muni de plusieurs lettres de créance. Souvent aussi, un ministre reçoit en outre des lettres de recommandation pour certains princes de la famille royale, ou autres personnages importants.

Les *pleins pouvoirs* du ministre, fonctionnaire à l'endroit de son propre souverain et mandataire au regard du prince étranger, sont limités ou illimités, généraux ou spéciaux. Bien que contenus en substance dans ses lettres de créance, ils sont en outre documentés à part. Les délégués à un congrès ne reçoivent pourtant que des *pleins pouvoirs*, qui servent en même temps à les accréditer, et chacun d'eux est admis à prendre part aux négociations aussitôt qu'ils ont été examinés et vérifiés.

Un ministre reçoit, de plus, des *instructions*, générales ou spéciales, ostensibles ou secrètes, qui dictent sa ligne de conduite (1).

Le souverain étranger ne connaît que les pouvoirs et les instructions ostensibles ; c'est envers son seul souverain que le ministre répond de la violation de ses instructions secrètes.

Enfin, le ministre reçoit des passeports de son propre souverain, du souverain auprès duquel il est accrédité, et des souverains des pays qu'il doit traverser pour atteindre sa destination (2).

(1) La publication des instructions des ambassadeurs français à l'étranger de 1648 à 1789 a été récemment décidée, et un premier volume en a déjà paru.

(2) *Geffken* sur Heffter : « Un cas remarquable est celui du réfugié français Soulé, ministre des Etats-Unis à Madrid, à qui le gouvernement impérial français (1854) accorda l'autorisation de traverser la France pour se rendre à son poste, tout en lui refusant celle d'y séjourner. (*Moniteur*, 8 novembre.)

Il n'est pas indispensable qu'il jouisse des privilèges diplomatiques dans les pays qu'il traverse pour gagner son poste; l'on vit même autrefois arrêter et détenir sans scrupule tel ministre qui empruntait un territoire ennemi pour se rendre auprès d'une troisième puissance. La délivrance du passeport par le souverain accrédité implique son agrément du ministre choisi.

§ 58. — Fonctions du ministre.

Les fonctions du ministre, en dehors des fonctions d'apparat ou de cérémonie, comprennent la direction des travaux intérieurs de sa chancellerie, les négociations avec le gouvernement accrédité, les rapports à faire à son propre gouvernement. Rentrent dans ces travaux, l'examen et la rédaction des lettres et dépêches de tout genre, la tenue du *journal* de la légation, la surveillance de ses registres et archives, la défense et le maintien des privilèges diplomatiques, la délivrance et le visa des passeports, soit de ses concitoyens, soit même des étrangers qui veulent voyager dans le pays du ministre, la délivrance de certificats à ses nationaux, la légalisation des titres et documents qui doivent produire des effets juridiques dans son pays.

Les *négociations* du ministre avec le gouvernement étranger ont ordinairement lieu, non avec le souverain en personne, mais avec son ministre des affaires étrangères ou les commissaires qu'il désigne. Ces négociations sont verbales ou écrites; mais les premières sont volontiers constatées elles-mêmes par un *aperçu de conversation* ou *aide-mémoire* écrit. Les secondes se font ordinairement sous forme de *notes*, parfois aussi de mémoires ou autrement; dans les congrès, elles sont fixées par les *protocoles*.

Les négociations sont relatives à des affaires d'état ou à des intérêts particuliers, le ministre comptant parmi ses premiers devoirs la protection de ses compatriotes à l'étranger. Dans les occasions importantes, qui intéressent tous les représentants étrangers près une cour, par exemple, au cas de violation de ses privilèges, le *corps diplomatique* se présente comme un tout solidaire, et le premier d'entre ses membres par le rang et l'ancienneté porte la parole et les revendique en son nom.

Les rapports que le ministre envoie à son gouvernement sont ou périodiques et réguliers, ou extraordinaires, en raison de circonstances exceptionnelles qu'il importe à son gouvernement de connaître aussitôt et qui réclament des instructions spéciales. Les ambassadeurs de Venise, que la république ne nommait que pour trois ans, devaient, outre ces rapports périodiques, lui adresser à la fin de leur mission un rapport général sur celle-ci. C'est ce qui forme ces célèbres *Relazioni degli ambasciatori veneti*, véritable mine pour l'histoire des siècles passés.

La correspondance du ministre avec son gouvernement a lieu ordinairement en écriture secrète ou *chiffrée*, qui en dissimule le contenu à tout œil profane, attendu qu'on ne se fie pas volontiers à la poste elle-même, malgré toutes ses promesses de respecter le secret des lettres. Le ministre reçoit à cet effet une double *clef*, l'une pour chiffrer les dépêches qu'il envoie, l'autre pour déchiffrer celles qu'il reçoit.

Les *chiffres* ne sont d'ailleurs pas autre chose que des signes, des lettres, ou des chiffres conventionnels, à disposer d'une certaine manière ou dans un certain ordre, et dont une grille ou une clef révèle la valeur. Pour plus de prudence, on les change de temps à autre.

La *langue française* est la plus généralement employée dans les négociations diplomatiques, et elle y est très propre par sa clarté, sa précision, et sa grande diffusion. Chaque état peut toutefois se servir aussi de sa propre langue, ou d'une autre à son gré, en y ajoutant dans ce cas une traduction ; et l'état qui se sert d'une langue étrangère, le fait souvent avec une réserve analogue à celle que nous trouvons insérée dans les actes du congrès de Vienne (9 juin 1815, art. 120), savoir que « l'emploi de la langue française ne tirera point à conséquence pour l'avenir ».

§ 59. — Droits et privilèges des ministres.

Ces droits et privilèges sont ou essentiels, attachés à leur mission représentative elle-même, ou simplement accidentels ou externes, et l'on range parmi ces derniers les droits de cérémonial.

§ 60. — 1. Droits de cérémonial.

Le cérémonial diplomatique ou les droits honorifiques
et les privilèges extérieurs des ministres, bien qu'ils
diffèrent dans le détail suivant les cours, sont cependant
devenus assez semblables au fond par l'application du
principe de réciprocité, surtout depuis le congrès de
Westphalie (1648) et les traités subséquents de Nimè-
gues (1679), Ryswick (1697), Utrecht (1713), etc. Le
règlement du congrès de Vienne sur le rang des agents
diplomatiques (1815) prescrit qu'un cérémonial uniforme soit désormais suivi dans chaque cour pour tous
les ministres de même rang.

Les ministres des deux premières classes reçoivent
le titre d'*Excellence*, qu'on ne donne guère à ceux de
troisième que s'ils sont envoyés par un grand état à un
très petit. Rigoureusement toutefois, les ministres de
première classe peuvent seuls exiger ce titre, qui ne revient aux ministres de seconde que s'il leur appartient
d'ailleurs, par exemple, en une autre qualité accidentelle, ou, comme en Autriche, en leur qualité de conseiller privé de fait ; mais on le leur donne régulièrement
par courtoisie.

Le ministre de première classe a le droit de faire dresser
un *dais* (de *discus*) dans son salon de réception, de mettre
des pompons (*fiocchi*) à ses chevaux, d'atteler à six
dans les grandes occasions, d'être salué des honneurs
militaires, etc.

Il est reçu par le souverain en *audience publique* pour

la remise de ses *lettres de créance*. Il y est conduit solennellement, et monte dans la salle du trône accompagné de sa suite, par l'escalier principal ou des ambassadeurs; puis, sur l'invitation du souverain, qui le reçoit entouré des princes de sa maison et de ses ministres, l'ambassadeur se couvre, lit assis son discours d'introduction, et remet les lettres qui l'accréditent. Le souverain, ou quelqu'un de sa suite en son nom, répond en quelques mots au discours de l'ambassadeur, qui reprend aussitôt congé dans les mêmes formes, et va présenter ses hommages à la reine et aux autres membres de la famille régnante.

Les ministres des autres classes sont reçus avec moins d'apparat.

Parfois le souverain fait au nouveau ministre quelque gracieux présent, alors du moins qu'il n'est pas interdit à ce dernier par son propre pays d'en accepter, comme c'est le cas pour les ministres de l'Union américaine.

Le cérémonial de la réception des ministres présente certaines particularités à la cour du pape et à la cour du sultan. A Constantinople notamment, la première visite du ministre s'adresse au grand-visir, et ce n'est qu'ensuite qu'il est reçu par le sultan.

On se conforme également à l'usage général ou aux usages particuliers des cours quant à la nature et à la série des visites d'arrivée ou d'introduction que doit faire le ministre, après la remise de ses lettres de créance qui l'a installé dans ses fonctions, soit aux représentants accrédités des autres puissances, soit aux ministres politiques et autres grands dignitaires. Il en est de même quant aux visites qu'il doit recevoir à son tour. Le ministre de première classe, une fois accrédité et après qu'il a notifié en due forme son arrivée aux autres ministres, en attend la première visite ; les ministres des deux classes inférieures lui font même demander l'heure où ils pourront se présenter. Ces visites sont rendues dans l'ordre où elles sont faites, personnellement chez les ambassadeurs, et par le dépôt de cartes chez les autres ministres. Les ministres de seconde et de troisième classe font par contre toujours la première visite, et chez les ambassadeurs à l'heure qui leur a été préalablement indiquée sur leur demande. Le ministre de seconde classe se contente de faire déposer des cartes chez ceux de troisième. Les ambassadeurs rendent volontiers leurs visites par des cartes, les chargés d'affaires en personne.

Quant au *rang* et à la *préséance* lorsque plusieurs ministres se trouvent réunis ou dans les occasions solennelles et de cérémonie, les ministres de première classe ont naturellement le pas sur ceux de seconde, qui précèdent ceux de troisième, etc. Entre les ministres de même classe, la date de la notification officielle de leur arrivée fait règle, sans égard au titre d'envoyé extraordinaire que pourrait avoir tel ministre, ni aux relations de famille des cours. Toutefois le pas appartient traditionnellement dans les cours ou républiques catholiques aux représentants du pape romain. Les ambassadeurs ne cèdent le pas qu'aux princes du sang, non aux princes étrangers, inférieurs en rang à leurs mandants, ni à Rome aux cardinaux eux-mêmes. Le pape évite cependant de nommer des légats ou des cardinaux comme ministres permanents, ces princes de l'Église prétendant à la préséance même sur les princes du sang. La préséance sur les personnes qui ne font pas partie du corps diplomatique, tels que les hauts fonctionnaires, etc., se règle d'après la tradition ou les usages du lieu. Dans les visites à domicile (nous ne parlons naturellement ici que des visites d'étiquette) le ministre visité cède la *main d'honneur* à son collègue de même classe, ce qu'il ne fait pas pour le ministre d'une classe inférieure.

Les querelles de préséance entre ministres étaient jadis nombreuses, et sont encore fréquentes. Ce n'est pas seulement le rang du ministre, c'est aussi la puissance du souverain qu'il représente et son importance politique que l'on prend en considération. Mais qu'on se garde d'apporter ici une allure ou des prétentions blessantes! La *possession* actuelle, ou la jouissance constante de certains droits honorifiques, abstraction faite de leur légitimité primitive, mérite elle-même des égards.

Pour prévenir tout conflit de ce genre, l'on recourt volontiers à des expédients. Ainsi l'on conviendra que toutes les places seront réputées égales, et l'on siégera sans ordre déterminé, ou encore suivant l'ordre alphabétique des états; l'on évitera de se présenter en même temps; l'on adoptera un pied de parfaite réciprocité, rendant exactement ce que l'on reçoit; l'on protestera, ou l'on ne cédera qu'en réservant tous ses droits et prétentions, etc.

Le rang dans *la rédaction des traités* se détermine

par le rang des parties elles-mêmes, en telle sorte que la plus élevée en dignité signe la première, et ainsi de suite. Quant aux *signatures*, la place la plus élevée dans la colonne à gauche du lecteur (la colonne de droite en terme de blason) est réputée la plus distinguée; puis vient la place du sommet de la colonne à droite du lecteur, puis la seconde place de la colonne à sa gauche, et ainsi de suite. On évite encore des conflits de rang *en alternant*, chaque partie se nommant la première dans l'exemplaire du traité dressé par sa propre chancellerie; ou, lorsqu'on ne dresse qu'un seul exemplaire, en remettant au sort, conformément au règlement du congrès de Vienne du 19 mars 1815, le rang ou la place des puissances qui pratiquent entre elles l'alternat.

En séance, la place réputée première est celle qui se trouve en face de l'entrée; la seconde est à droite de la première, la troisième à sa gauche, et ainsi de suite. Par mesure d'expédient, on se sert aussi volontiers d'une table ronde sans distinguer les places, et l'on évite ainsi tout froissement.

Dans les *marches*, l'on distingue l'ordre vertical ou à la suite les uns des autres, et l'ordre latéral ou sur le même rang. La place du milieu est ici réputée première quand le nombre est impair; la seconde est à sa droite, la troisième à sa gauche, et ainsi de suite. Dans l'ordre vertical, par contre, la première place est souvent en queue, mais l'usage varie beaucoup.

§ 61. — 2. Des droits et privilèges essentiels des ministres.

On peut les ramener à deux idées principales, l'*inviolabilité* et l'*exterritorialité*.

La personne du ministre est sacrée et inviolable. Ce principe était déjà reconnu par les peuples de l'antiquité, par les Grecs et les Romains surtout. Les *hérauts* du moyen âge n'étaient pas moins respectés, et de même les *parlementaires* le sont-ils jusqu'au fort du combat. Outrager un ministre, c'est se rendre doublement coupable, car c'est outrager un hôte et le représentant d'un prince et d'un peuple étrangers, leur dignité, leur majesté.

L'inviolabilité du ministre est impliquée dans le but même de sa mission, qui ne se conçoit pas sans elle : elle commence, de même que ses autres privilèges, du jour où il entre sur le territoire du pays accrédité, pour ne finir que lorsqu'il en sort. L'éclat même d'une guerre n'y porte pas atteinte, le ministre se retirant alors avec sa suite en toute sécurité. La Porte faisait seule exception à cette règle : aussitôt que la guerre éclatait contre elle, elle faisait enfermer les représentants de ses ennemis dans les Sept tours, sous prétexte de les protéger contre les fureurs populaires, en réalité pour se donner ainsi des otages ; mais elle a renoncé depuis plus d'un siècle à cette déplorable coutume. Le ministre congédié ou qui se retire en raison de la guerre survenue, confie généralement le soin et la protection de ses nationaux au ministre d'une tierce puissance neutre et amie.

L'*exterritorialité*, au sens le plus large du mot, consiste en ce que le ministre demeure indépendant de l'état près lequel il est accrédité; dans un sens plus spécial, en ce qu'il n'est pas soumis à la juridiction de ce dernier; enfin, au sens étroit du mot, en ce qu'il est exempt de sa juridiction pénale elle-même. Le ministre est donc considéré, dans une certaine mesure, comme s'il demeurait en dehors (*extra*) du territoire de cet état, comme s'il n'avait pas quitté sa patrie, où il garde son *domicile* au sens juridique du mot. L'exemption des juridictions étrangères lui est surtout nécessaire, afin qu'il se sente entièrement libre de sa conduite et de ses actes, comme le représentant qu'il est d'un prince indépendant et souverain.

L'exterritorialité du ministre s'étend à sa personne, à son hôtel, à sa voiture, à ses meubles, à l'ensemble de sa suite. Elle est d'ailleurs essentiellement la même pour toutes les classes de représentants. Les droits qui en résultent sont fixés par des traités, ou par les traditions, avec plus ou moins d'étendue suivant les cours (1).

(1) *Geffken* sur Heffter, p. 510 : « Dans l'énumération des prérogatives des ambassadeurs, Heffter néglige [et le même reproche semble s'adresser à notre auteur] celle qui est de beaucoup la plus importante : le droit de réclamer à toute heure l'accès auprès du souverain, ce qui peut avoir suivant les circonstances une grande portée dans les monarchies absolues; mais ce droit d'accès personnel a aussi ses inconvénients pour le souverain,

§ 42. — De l'exterritorialité judiciaire.

Le ministre n'est soumis ni aux lois ni aux juridictions de l'état étranger. Mais il doit naturellement, ainsi que sa suite, se conformer aux prescriptions de police prises dans l'intérêt de l'ordre et de la sécurité publics.

Au *civil*, le ministre n'est justiciable que des juridictions de son propre pays, et ne peut être actionné que devant elles. Il ne pourrait même accepter de son seul gré la juridiction étrangère, car il ne s'agit pas ici d'un simple droit privé dont l'exercice lui soit facultatif, mais d'un privilège public et international auquel son souverain peut seul l'autoriser à renoncer. A supposer même qu'il fût le sujet du prince accrédité, s'il ne cesse pas de l'être par sa nomination, — qu'il ne peut d'ailleurs accepter, on le conçoit, qu'avec l'agrément de son prince, —cet agrément aurait pour effet, par l'exterritorialité qu'il implique, de suspendre temporairement et partiellement ses liens de sujétion, à moins qu'ils n'aient été expressément réservés.

Les graves inconvénients d'une situation aussi équivoque font que les grands états l'autorisent rarement, ou défendent même expressément à leurs ressortissants d'accepter une mission étrangère près leur propre sou-

c'est pourquoi Frédéric le Grand ne voulait pas recevoir des ambassadeurs. »

verain. La mission donnée à un étranger près une tierce
puissance, bien qu'elle paraisse au premier abord inattaquable, devrait elle-même être évitée comme pouvant
occasionner des conflits ; du moins sa patrie pourrait-
elle lui interdire de l'accepter, ou considérer son
acceptation comme une renonciation à sa nationalité.

On comprend d'ailleurs que cette exterritorialité judiciaire du ministre au civil ne s'applique qu'en *défen-
dant*. Il ne peut pas être actionné ; mais s'il est
demandeur, il est bien forcé d'introduire son action
devant le juge naturel du défendeur, qui garde ses
droits : « *actor sequitur forum rei.* »

En conséquence, les demandes reconventionnelles du
défendeur, quand la procédure les admet en raison de
leur connexité avec la demande principale, pourront
également être formées devant le tribunal étranger
contre le ministre qui s'est constitué demandeur ; elles
ne sont en effet qu'une suite légale de sa demande ou
même une défense à ses fins, auxquelles tout demandeur doit s'attendre.

L'Autriche possède sous le nom de tribunal « du maréchal de la cour » (*Oberhofmarschallgericht*) une
juridiction spéciale et privilégiée pour les membres
de la famille régnante autres que le souverain, pour
certaines hautes personnalités dénommées (prince
Wasa, etc.), enfin pour les représentants diplomatiques
de l'étranger quand ils sont défendeurs. Absolument,
cette juridiction ne serait pas obligatoire pour ces
derniers ; mais comme son existence et ses attributions
sont anciennes, et que tous les états l'ont depuis long-

temps reconnue à tour de rôle, les diplomates accrédités près la cour d'Autriche l'acceptent sans exception de leur plein gré; ce qui est d'ailleurs à leur avantage, tant en raison de la procédure plus rapide que de l'autorité de ce tribunal.

Quelques auteurs ont soutenu que le ministre doit se faire autoriser par son souverain, même pour agir en demandant. Nous ne saurions en principe approuver cette rigueur; mais le souverain pourrait sans doute l'imposer à son ministre, et ce dernier fera toujours bien de lui en référer préalablement, si ses instructions sont muettes sur ce point.

Le ministre ne peut d'ailleurs être arrêté ou emprisonné pour dettes, ni ses meubles saisis, sauf ceux qu'il posséderait en une toute autre qualité, comme négociant ou fabricant par exemple. Mais un négoce ou une industrie sont encore moins compatibles avec sa situation qu'avec celle des consuls de carrière; ils compromettent la dignité de l'état représenté et provoquent des conflits.

Les *immeubles* du ministre sont par contre naturellement soumis au statut réel du lieu, et le ministre est à leur égard dans la situation de tout autre *forain*. Mais son *hôtel,* lorsqu'il appartient à l'état qu'il représente, comme par exemple le « Palazzo di Venezia » de l'ambassadeur d'Autriche à Rome, est exterritorial sous tous rapports, même quant aux logements militaires.

Le ministre est également exempt de cette charge quand il n'est que locataire de son hôtel, comme c'est le cas ordinaire ; mais le propriétaire de l'immeuble est alors tenu de s'en racheter (du *relutum*), ou de loger ailleurs les militaires qu'il doit. Les ministres ont en outre le droit de mettre les *armes* de leur souverain au-dessus de leur porte extérieure ; mais les consuls font plus souvent usage de cette faculté, afin surtout que leurs compatriotes venus de loin, marins ou autres, puissent plus facilement trouver leurs demeures.

Le ministre est enfin exempt de la juridiction dite *gracieuse* (non contentieuse ou volontaire). C'est ainsi qu'il peut, comme toute personne autre, s'adresser à un notaire du pays ; mais il n'y est pas tenu, alors même que le concours du juge ou du notaire serait obligatoire d'après la loi du pays pour certains actes de juridiction volontaire ou *noble* (*adeligen*), suivant l'expression usitée en Autriche.

Le ministre n'a juridiction sur sa suite qu'autant que son souverain la lui a conférée, ce qui n'est guère l'usage de nos jours que pour certains actes de juridiction volontaire. Il peut ainsi recevoir le testament des personnes de sa suite ou même d'autres nationaux, en se conformant à la loi de son pays. Que si les tribunaux étrangers s'adressent à lui pour avoir la *déposition* ou le *témoignage* de quelqu'un de sa suite, il peut à son choix l'autoriser à comparaître, ou en faire recevoir la déposition par sa chancellerie et la transmettre au juge du lieu par l'intermédiaire du ministre des affaires étrangères.

Ce que nous avons dit du ministre s'applique également à sa famille et à sa suite. Toutefois ses domestiques inférieurs qui seraient sujets de l'état, demeurent soumis à sa juridiction civile comme ils l'étaient auparavant.

§ 62. — De l'exemption de la juridiction pénale.

Bien qu'exempt de la juridiction pénale étrangère, le ministre n'est pas plus autorisé que personne au monde à commettre impunément des crimes ou des délits contre les sujets de l'état étranger ou contre ce dernier lui-même. Son exemption est simplement une exigence du droit international; elle sauvegarde son indépendance; elle empêche qu'on ne puisse lui imputer des délits vrais ou supposés afin de l'ébranler, de le contraindre, de s'emparer de ses papiers. *Montesquieu* dit élégamment dans son Esprit des lois (II, 1, 26) : « Les ambassadeurs sont la parole vivante du prince qui les envoie, et cette parole doit être libre. Ils peuvent souvent déplaire : *on pourrait leur imputer des crimes s'ils pouvaient être punis pour des crimes.* »

Mais cet intérêt doit naturellement se concilier avec celui de l'état étranger qui les reçoit. Leur exemption n'est nullement une prime d'impunité, une carte blanche du crime. Si le ministre se rend simplement coupable de quelque légère infraction, sans scandale public, l'on feindra de ne s'en être pas aperçu, ou bien l'on se contentera de lui faire donner un avertissement tout confidentiel, ou même, suivant l'importance du cas, l'on pourra s'en plaindre auprès de son souverain. Mais qu'il s'agisse d'un délit grave ou d'un crime contre un particulier, ordre lui sera aussitôt intimé de quitter le pays, et plainte en forme en sera adressée à son maître, qui ne saurait refuser châtiment et justice sans faire injure au pays lésé dans l'un des siens. Si même le ministre s'oubliait au point de conspirer contre le gouvernement étranger, s'il commettait, au su ou à l'insu de son maître, un véritable crime d'état, toutes mesures de sûreté pourraient être prises contre lui, et sa mort même n'être que l'effet d'une légitime défense du pays offensé. Toutefois le pouvoir étranger qui s'est emparé de sa personne n'aurait pas le droit de le juger et de l'exécuter. Qu'il le mette dans l'impossibilité de nuire, par la force au besoin, en évitant d'aller plus loin, car son châtiment appartient à son souverain, qui en le refusant ou le négligeant, se rendrait solidaire de l'attentat. « Que s'ils abusent de leur être représentatif, continue Montesquieu (*l. c.*), on le fait cesser en les renvoyant chez eux : on peut même les accuser devant leurs maîtres, *qui devient par là leur juge ou leur complice.* » Et s'il devient leur complice, le conflit ne se plaidera plus en la forme d'un procès ordinaire, mais en la forme internationale de la guerre, alors du moins que l'état outragé a pour lui la puissance au même degré que le bon droit.

« Les causes célèbres du droit des gens » de *Martens* (2ᵉ éd., Leipsig, 1878) nous offrent des exemples connus en ce genre; ainsi, la conspiration du ministre espagnol Bedmar contre Venise (1618), et du ministre également espagnol Cellamare contre la France (1718). On trouve dans le même ouvrage nombre d'exemples d'insultes faites à des ministres étrangers, et des réclamations et négociations qu'elles provoquèrent.

Les *personnes de la suite du ministre* qui se rendraient coupables d'un délit ou d'un crime sont également renvoyées dans leur pays si elles occupent un poste à la légation même. Quant à ses domestiques, le ministre les livre habituellement aux autorités locales, après les avoir congédiés de son service. Il n'importe d'ailleurs que l'infraction ait été commise dans l'hôtel du ministre ou en dehors.

Dans nos pays chrétiens, le ministre n'a sur sa suite qu'un pouvoir disciplinaire pour la répression des légers excès, sans aucune juridiction pénale véritable. Encore moins pourrait-il faire exécuter une sentence judiciaire dans son propre hôtel : le souverain étranger en personne n'en aurait pas le droit.

L'hôtel du ministre est exempt de toute visite judiciaire, de police, ou autre, par exemple des commis des douanes. Mais il ne saurait devenir un *asile* offert à l'impunité des criminels, comme cela se voyait au moyen âge par suite de la « liberté du quartier », ou de l'extension du privilège de l'hôtel à tout le quartier où il se trouvait. Le droit d'asile des couvents, des églises, des hôtels d'ambassade, n'est plus aujourd'hui qu'une réminiscence historique, car il est incompatible avec notre ordre juridique moderne, et inutile en présence de son impartiale justice. Le ministre livrera donc sans hésiter aux autorités locales tout criminel qui se serait réfugié dans son hôtel. S'il s'y refusait, l'hôtel pourrait être entouré de gardes pour empêcher l'évasion du coupable ; la force même pourrait être employée pour s'en saisir, tout en respectant autant que possible l'inviolabilité du ministre, de sa personne et de ses archives.

Remarquons enfin que le ministre n'est pas davantage autorisé à délivrer des *saufs-conduits* pour une raison quelconque à des personnes qui ne seraient pas de sa suite, par exemple pour demeurer à la cour, ou pour l'exercice d'un commerce ; ce serait empiéter sur les attributions des autorités territoriales. Les saufs-conduits que les ministres et consuls près les états du sultan avaient accoutumé de donner aux sujets non musulmans (aux rajahs), ne se délivrent même plus de nos jours qu'au personnel peu nombreux de leur suite. Ils avaient donné lieu à de nombreux abus.

§ 63. — De l'exemption d'impôt.

L'entretien des ministres étrangers par l'état accrédité, autrefois usuel, a cessé de lui incomber depuis que les légations sont devenues permanentes. Le ministre est aujourd'hui simplement exempt des taxes personnelles, par exemple de la capitation et des impôts qui greveraient les choses servant à son usage ou à celui de sa suite, ainsi des droits de douane et même des droits de consommation intérieure quant aux marchandises qu'il ferait venir de l'étranger pour son usage. Toutefois, les

abus auxquels cette exemption de l'accise et de la douane
a souvent donné lieu, l'ont fait supprimer par la plupart
des états, qui accordent au ministre, à titre de compensation, soit une idemnité pécuniaire fixe, soit l'autorisation d'introduire en franchise pendant une période
limitée à partir de son arrivée, et jusqu'à concurrence
d'une valeur également limitée, les objets nécessaires à
son installation (objets et frais de premier établissement).
Cette période écoulée, les marchandises introduites
pour compte du ministre subissent la visite de la
douane, bien qu'elles ne puissent pas être poursuivies
jusque dans son hôtel. Mais les dépêches et les « pa-
quets de légation », souvent d'ailleurs confiés à des
courriers, demeurent, on le conçoit, forcément exempts
de toute visite.

L'exemption des taxes ne s'étend qu'aux meubles,
et encore faut-il qu'ils servent à l'usage personnel du
ministre; nous avons déjà dit que les immeubles du
ministre ne jouissent point d'un semblable privilège, à
l'exception de son hôtel. Le ministre acquitte également, à moins qu'il n'en soit dispensé expressément ou
par l'usage, les taxes de passage, péage ou pontonnage,
qui ne sont que l'équivalent, dû par tous, de la jouissance de certaines routes ou de certains ponts, et qui
ont seuls permis de les établir.

On ne voit pas non plus pourquoi les ministres
seraient dispensés des taxes communales (*Gemeinde-
umlagen*), ce que l'Autriche leur avait accordé, comme si
la commune leur devait gratuitement l'entretien, l'é-
clairage et la propreté de ses rues. Au reste, les taxes

communales sur les maisons de ville, qui se prélèvent
généralement sous forme de « centimes additionnels »
(*Zinskreuzen*), ont le caractère de charges foncières, et
les propriétaires en augmentent d'autant le prix de
leurs loyers. Ce genre d'exemption semble donc abusif,
et, dans la pratique, le plus souvent illusoire.

Quand l'obligation d'acquitter tel ou tel impôt paraît douteuse, le ministre s'en tire volontiers en en versant le montant à la caisse des pauvres de l'endroit.

Le ministre est enfin quelquefois exempté des taxes,
par une courtoisie particulière, sur le territoire même
d'une tierce puissance où il ne fait que résider, par
exemple dans une ville d'eaux. Le droit des gens moderne accorde volontiers, dans un intérêt commun à tous
les états, les privilèges d'inviolabilité et d'exterritorialité judiciaires au *ministre reconnu* qui ne fait que *traverser* un pays ami ou y résider temporairement. Il va
d'ailleurs de soi qu'un ministre accrédité près un état
composé, union ou confédération, jouit de ses privilèges
dans tout le territoire des gouvernements particuliers
qui le composent.

§ 54. — Privilège du culte privé.

La paix de Westphalie (1648) distinguait le plein
exercice ou l'*exercice public* du culte ou de la religion,
leur exercice *privé* — celui que l'édit de tolérance de
Joseph II accordait en Autriche aux non-catholiques,

— enfin leur exercice tout *domestique* (*devotio domes-tica*) pour la famille du ministre et pour sa suite. Le ministre a du moins toujours ce dernier dans les pays où les deux autres seraient interdits par la loi générale ; par suite, il a toujours le droit d'avoir sa chapelle, et son aumônier, pasteur ou curé de sa légation, qui garde les mêmes droits que tout autre pasteur ou curé de sa confession. Cet aumônier peut donc exercer ses fonctions pastorales, baptême, mariage, etc., dans la chapelle de la légation, et au profit de tous les membres qui la composent. La tolérance tacite des états civilisés lui permet aujourd'hui de les exercer même vis-à-vis de ses autres nationaux qui se trouvent au siège de l'ambassade. On ne s'oppose pas davantage à la continuation de ce culte domestique soit durant l'absence du ministre, soit même après sa mort et avant la nomination de son successeur.

La femme du ministre qui appartiendrait à une autre confession que son époux, n'aurait cependant pas droit à une chapelle domestique particulière, lorsque l'exercice de sa confession soit public soit privé est interdit par la loi générale du pays.

§ 63. — Fin de la mission.

Les fonctions du ministre prennent fin ou de plein droit par l'effet de certains événements, ou par son rappel exprès.

C'est ainsi qu'une mission prend fin par l'accomplis-

sement de son objet quand elle n'est que spéciale à cet
objet; ou par l'échéance du terme fixé, quand elle n'est
que temporaire, comme par exemple celle des anciens
ambassadeurs de Venise (v. *suprà*); ou encore, par
l'abdication ou la mort du prince accréditeur ou du
prince accrédité. Dans cette dernière hypothèse, les
ministres étrangers restent le plus habituellement à
leur poste et reçoivent simplement de nouvelles lettres
de créance du ou pour le nouveau prince, en sorte
qu'il y a plutôt suspension qu'extinction de leur mission. Une mission ne s'éteint pas non plus par l'élévation sur place du ministre à une classe supérieure, ni
par l'abaissement de son rang dans les même conditions, ce qui est plus rare, mais n'a rien d'incompatible
avec sa dignité, et peut être réclamé par des raisons
politiques. Ce n'est alors que le cérémonial qui change ;
le ministre garde sa qualité substantielle, et tout au plus
dira-t-on qu'il a cessé d'être ministre de telle classe.

En second lieu, une mission prend fin par le *rappel
du ministre*, qu'il soit ou non nommé à d'autres fonctions, par exemple au ministère des affaires étrangères,
qu'il ait encouru la disgrâce de son souverain ou
exprimé lui-même le désir d'être déchargé, qu'il sur-
vienne un conflit ou une grande tension de rapports
entre les deux états, que le souverain étranger l'ait
demandé, ou enfin que son propre souverain l'ait
ordonné parce que l'état étranger aurait violé les traités
ou les privilèges diplomatiques, ou par mesure de
rétorsion, ou parce que la guerre serait sur le point
d'éclater entre les deux pays.

Sauf dans les deux derniers cas, le ministre rappelé reçoit toujours des *lettres de rappel,* dont la remise au souverain étranger marque la fin de sa mission, de même que la remise de ses lettres de créance en avait marqué le début. Les lettres de rappel sont d'ailleurs rédigées de la même manière que celles-ci, et contiennent en quelques mots les motifs du rappel et de nouvelles assurances d'amitié. Le ministre les remet en audience publique ou privée, et prononce un discours de congé où il remercie du bienveillant accueil reçu ; puis le souverain étranger lui remet à son tour des lettres *de récréance* adressées à son propre prince, et qui reproduisent les lettres de rappel, en accusent réception, et ajoutent habituellement quelques paroles d'éloge pour le ministre rappelé, avec prière à son maître d'ajouter foi aux paroles d'amitié qu'il est chargé de lui rapporter.

§ 66. — De la mort du ministre.

Mors ultima linea rerum est. Avec la mort s'éteignent toutes les dignités humaines, la dignité et la fonction de ministre comme les autres.

Mais le prince peut encore exiger pour son ministre des *funérailles décentes ;* et dans les pays où la religion de ce dernier ne jouirait pas d'un exercice public, il devra du moins être inhumé, fût-ce sans apparat, dans le cimetière d'une autre confession. Que si ses restes sont ramenés dans son pays, ils sont dispensés des droits usuels d'étole dans les stations intermédiaires.

Les *scellés* sur les papiers et effets du ministre décédé sont apposés et l'*inventaire* en est dressé par les soins de son secrétaire de légation, ou par un ministre ou un agent diplomatique voisin et de sa nation, ou par le ministre d'une puissance amie, ou enfin, à défaut de toutes ces personnes, par les autorités du lieu, sans que leur intervention toute subsidiaire et fort rare d'ailleurs, puisse être considérée comme un acte de juridiction.

La *succession* du ministre est réputée s'ouvrir à son domicile légal, c'est-à-dire dans sa patrie, et c'est naturellement d'après les lois de celle-ci qu'elle passe à ses héritiers légitimes ou testamentaires. Ses immeubles peuvent seuls subir éventuellement la loi de leur situation, par exemple si cette loi fait dépendre la capacité d'acquérir des immeubles de certaines conditions que les héritiers du ministre ne rempliraient pas, et qu'ils soient ainsi forcés de les aliéner. Toutefois si, par hypothèse, le ministre décédé se trouvait être le sujet de l'état accrédité, sa succession serait naturellement aussi régie par la loi de ce dernier et soumise à sa juridiction.

Les biens du ministre décédé qui sont ramenés à l'étranger, ne sont soumis à aucun droit de succession, échute, ou retenue quelconque.

Rigoureusement, le ministre étant mort, sa *famille* devrait perdre aussitôt tous ses privilèges diplomatiques, et notamment l'exemption de la juridiction étrangère.

L'usage moderne cependant les lui conserve jusqu'à son retour dans son pays. Un délai peut lui être prescrit à cet effet, pour ne pas prolonger indéfiniment une situation transitoire ; et à son échéance, la juridiction du pays reprend de plein droit son empire sur la veuve, la famille, et les gens du ministre décédé qui y seraient demeurés. Elle le reprend même aussitôt s'ils y établissent un domicile permanent, et à plus forte raison s'ils en deviennent les sujets. Il va de soi qu'aussi longtemps que la famille du ministre ou ses gens jouissent de l'exterritorialité, leurs biens, effets ou valeurs, ne peuvent être ni saisis ni arrêtés à raison des dettes contractées par leur chef.

§ 67. — Conclusion.

La *diplomatie*, au sens le plus large du mot, est la science des relations extérieures de l'état, et elle est ainsi nommée parce que ces relations reposent le plus souvent sur des traités documentés ou diplômes. Le droit international ne serait ainsi qu'une branche de la science diplomatique, comme l'histoire diplomatique des états, ou l'histoire de leurs relations.

Mais plus généralement et dans l'usage moderne, la diplomatie, comme discipline, n'est autre chose que la science du droit de légation, et ne forme ainsi qu'une portion du droit international, très importante d'ailleurs, puisque les relations des états se font principalement par leurs ministres.

La diplomatie ne doit d'ailleurs pas être confondue avec la *diplomatique*, ou l'art de lire et d'interpréter les chartes et diplômes. Mais elle est aussi un art en tant qu'elle consiste dans la conduite pratique intelligente et habile des relations extérieures. La science et l'art de la diplomatie se complètent ainsi l'un l'autre, se pénétrent réciproquement.

La seule *routine* produit aussi peu de grands hommes dans ce domaine que dans les autres. Le *dilettantisme*, mauvais en soi, devient également un péril, un danger de tous les jours pour l'état qui lui confierait ses affaires étrangères, c'est-à-dire son avenir et son sort. « L'art demeure toujours l'art, » suivant l'expression célèbre de Goethe, et le plus heureux talent se trouvera lui-même embarrassé ou dévoyé s'il est jeté sans préparation dans le monde compliqué des affaires. Comment en serait-il autrement ? Un militaire, un médecin, toute profession sociale aurait besoin d'étude et de pratique préalables, et le seul diplomate entrerait d'emblée dans un monde qu'il ignore, alors que la fortune de millions d'hommes dépend de son savoir et de ses talents ?

L'école de l'expérience peut être la meilleure école sans doute. Mais cette formule banale et vague, qui prouve tout et ne prouve rien, démontre-t-elle que toute préparation théorique est inutile ou superflue pour le diplomate, et pour lui seul ? Non certes! les grands noms de la diplomatie, qui brillent dans les annales de l'histoire, les Dossat, Torcy, Temple, Trautmannsdorff, Kaunitz, etc., étaient aussi des hommes profondément versés dans l'étude du droit des gens et des traités, et dans l'histoire interne et externe des négociations internationales. Il suffit pour s'en convaincre de lire leurs mémoires, importants documents de l'histoire de leur temps.

Talleyrand ou Châteaubriand auraient dit que le temps des diplomates est aujourd'hui passé, que le temps des consuls est arrivé! L'affirmation n'a qu'une part de vérité. L'importance des consuls, et nous ne parlons ici que des *consuls de carrière*, est sans doute appelée à grandir encore avec nos relations commerciales toujours plus nombreuses. L'on peut aujourd'hui parler sans emphase d'un marché du monde, et la politique s'inspire constamment aussi des intérêts matériels des peuples. Mais que s'ensuit-il, sinon que les diplomates eux-mêmes ont à vouer une attention plus grande à ces intérêts, et à s'acquérir dans le domaine économique aussi, et surtout dans ce domaine, des connaissances fondamentales? Mieux vaudrait donc dire que si les consuls de carrière doivent eux-mêmes n'être choisis que parmi des hommes éprouvés et instruits dans leur métier, cette exigence ne fait que s'imposer davantage dans le choix des agents diplomatiques.

L'étude ou la théorie, sans l'esprit qui la féconde et sans l'école de l'expérience, ne fait pas à elle seule le diplomate, sans doute. Mais *Heffter* n'en observe pas moins excellemment dans son *Droit des gens de l'Europe moderne* que « la pratique toute seule, même dans les sphères élevées, crée tout au plus des figurants; et que pour faire un bon diplomate, il faut une grande intelligence des principes du droit, et, outre celle des

langues, une connaissance approfondie du droit des gens
européen, des constitutions politiques, de l'histoire générale, des ressources des États. »

APPENDICE II

---

§ 68

L'importance de ce traité, non seulement pour la constitution territoriale et politique de la presqu'île des Balkans qu'il transforme, mais pour l'Europe actuelle et pour son avenir, nous impose la tâche d'en donner ici une analyse étendue. Il nous serait facile de grossir cet appendice en y résumant également les grands traités internationaux qui, depuis et y compris les actes du congrès de Vienne, ont successivement modifié la carte de notre Europe. Mais la maxime *superfla non nocent* conviendrait mal aux étroites limites d'un traité qui veut rester élémentaire; et quant aux données essentielles des formations politiques nouvelles ou récentes, nous les avons sans doute suffisamment indiquées ci-dessus.

Toute autre méthode transformerait nos modestes « Éléments » en un gros livre analogue aux traités étendus sur la matière, et lui ferait ainsi manquer son but.

Le traité de Berlin, outre les dispositions relatives aux territoires, a fixé des principes ou des établissements politiques d'une incalculable portée. L'anlayse qui va suivre s'en tiendra toutefois étroitement à son texte, en se contentant d'y ajouter quelques notes complémentaires d'actualité, et de courts éclaircissements. Plusieurs de ses articles, ceux notamment sur la navigation du Danube, ont d'ailleurs déjà été résumés ci-dessus, et d'autre part nous devons évidemment omettre les détails inutiles à l'intelligence de l'ensemble, telles que les longues déterminations de frontière, d'autant qu'elles ont déjà subi quelques modifications. Même à l'heure où nous écrivons, malgré le traité et les commissions de frontière nommées pour son exécution, des difficultés et des tiraillements quasi permanents entre la Roumanie et la Bulgarie, la Bulgarie et la Serbie, le Montenegro et l'inquiète Albanie, paraissent vouloir réclamer à nouveau l'amicale intervention des puissances (1).

Le congrès de Berlin eut pour objet principal de *reviser* le traité de paix de San-Stefano, conclu le 3 mars 1878 entre la Porte et la Russie victorieuse, et qu'il crut même devoir envisager comme un simple préliminaire de paix. L'œuvre qu'il y substitua ne contient pas moins de 64 articles, et fut signé dès le 13 juillet suivant par les sept grandes puissances, la Turquie y comprise.

(1) La marche du prince Alexandre de Bulgarie sur Philippopoli, pour unir la Roumélie à ses provinces, et la guerre qui éclate aujourd'hui même (15 novembre 1885) entre la Bulgarie et la Serbie ne justifient que trop les prévisions de l'auteur.

La Russie et la Turquie traitèrent ensuite séparément entre elles (9 février 1879). Passons maintenant au texte des articles (1) :

Art. I. « La Bulgarie est constituée en principauté autonomne et tributaire, sous la suzeraineté de S. M. R. le Sultan ; elle aura un gouvernement chrétien et une milice nationale.

Art. II. « La délimitation de la Bulgarie (le traité l'indique avec le plus grand détail) sera fixée sur les lieux par une commission européenne où les Puissances signataires seront représentées. Il est entendu : 1° que cette commission prendra en considération la nécessité pour S. M. R. le Sultan de pouvoir défendre les frontières du Balkan de la Roumélie Orientale ; — 2° 'qu'il ne pourra être élevé de fortification dans un rayon de 10 kilomètres autour de Samakow.

Art. III. « Le prince de Bulgarie sera librement élu par la population et confirmé par la S. Porte avec l'assentiment des Puissances. Aucun membre des dynasties régnantes des grandes Puissances européennes ne pourra être élu Prince de Bulgarie. — En cas de vacance de la dignité princière, l'élection du nouveau Prince se fera aux mêmes conditions et dans les mêmes formes.

Art. IV. « Une assemblée des notables de la Bulgarie, convoquée à Tirnovo, élaborera, avant l'élection du Prince, le règlement organique de la principauté. —

(1) Nous l'empruntons au N. R. des traités de *Martens* III, p. 449 et s.

Dans les localités où les Bulgares sont mêlés à des populations turques, roumaines, grecques ou autres, il sera
tenu compte des droits et des intérêts de ces populations
en ce qui concerne les élections et l'élaboration du
règlement organique.

Art. V. « Les dispositions suivantes formeront la base
du droit public de la Bulgarie. — *La distinction des
croyances religieuses et des confessions ne pourra être
opposée à personne comme un motif d'exclusion ou d'incapacité en ce qui concerne la jouissance des droits civils
et politiques, l'admission aux emplois publics, fonctions
et honneurs ou l'exercice des différentes professions et industries, dans quelque localité que ce soit. — La liberté et
la pratique extérieure de tous les cultes sont assurées à
tous les ressortissants de la Bulgarie aussi bien qu'aux
étrangers, et aucune entrave ne pourra être rapportée
soit à l'organisation hiérarchique des diverses communions, soit à leurs rapports avec leurs chefs spirituels.* »

Art. VI et VII. Ces deux dispositions sont relatives
à l'administration provisoire de la Bulgarie jusqu'à l'élection du prince, qui est depuis intervenue (en la personne
du prince Alexandre de Battenberg). La principauté est
entrée dès lors dans l'entière jouissance de son autonomie.

Art. VIII. « Les traités de commerce et de navigation, ainsi que toutes les conventions et arrangements
conclus entre les Puissances étrangères et la Porte et
aujourd'hui en vigueur, sont maintenus dans la principauté de Bulgarie, et aucun changement n'y sera apporté à l'égard d'aucune puissance avant qu'elle y ait
donné son consentement. — *Aucun droit de transit ne*

sera prélevé en Bulgarie sur les marchandises traversant cette principauté. — Les nationaux et le commerce de toutes les Puissances y seront traités sur le pied d'une parfaite égalité. — Les immunités et privilèges des sujets étrangers, ainsi que les droits de juridiction et de protection consulaire, tels qu'ils ont été établis par les capitulations et les usages, resteront en pleine vigueur tant qu'ils n'auront pas été modifiés du consentement des parties intéressées.

Art. IX. « Le montant du tribut annuel que la Principauté de Bulgarie paiera à la Cour Suzeraine en le versant à la banque que la S. Porte désignera ultérieurement, sera déterminé par un accord entre les Puissances signataires du présent traité, à la fin de la première année du fonctionnement de la nouvelle organisation. Ce tribut sera établi sur le revenu moyen du territoire de la Principauté. — *La Bulgarie devant supporter une part de la dette publique de l'Empire,* lorsque les Puissances détermineront le tribut, elles prendront en considération la partie de cette dette qui pourrait être attribuée à la principauté *sur la base d'une équitable proportion.*

Art. X. « La Bulgarie est substituée au Gouvernement impérial ottoman dans ses charges et obligations envers la compagnie du chemin de fer de Routschouk-Varna, à partir de l'échange des ratifications du présent traité. Le règlement des comptes antérieurs est réservé à une entente entre la S. Porte, le gouvernement de la Principauté et l'administration de cette compagnie. — La Principauté de Bulgarie est de même substituée, pour sa part, aux engagements que la S. Porte a contractés tant envers l'Autriche-Hongrie qu'envers la compagnie pour l'exploitation des chemins de fer de la Turquie d'Europe par rapport à l'achèvement et au raccordement ainsi qu'à l'exploitation des lignes ferrées situées sur son territoire. — Les conventions nécessaires pour régler ces questions seront conclues entre l'Autriche-Hongrie, la Porte, la Serbie et la Principauté de Bulgarie immédiatement après la conclusion de la paix.

Art. XI. « L'armée ottomane ne séjournera plus en Bulgarie ; toutes les anciennes forteresse seront rasées aux frais de la Principauté dans le délai d'un an au plus tôt si faire se peut; — il ne pourra en être construit de nouvelles.

Art. XII. « Les propriétaires musulmans ou autres qui fixeraient leur résidence personnelle hors de la Principauté pourront y conserver leurs immeubles en les affermant ou en les faisant administrer par des tiers. — Une commission turco-bulgare sera chargée de régler, dans le courant de deux années, toutes les affaires relatives au mode d'aliénation, d'exploitation ou d'usage au compte de la S. Porte, des propriétés de l'état et des fondations pieuses (*vacoufs*), ainsi que les questions relatives aux intérêts des particuliers qui pourraient y être engagés. Les ressortissants de la Principauté de Bulgarie qui voyageront ou séjourneront dans les autres parties de l'Empire Ottoman seront soumis aux autorités et aux lois ottomanes.

Art. XIII. « *Il est formé au sud des Balkans une province que prendra le nom de « Roumélie Orientale » et qui restera placée sous l'autorité politique et militaire de S. M. I. le Sultan, dans les conditions d'autonomie administrative. Elle aura un gouverneur général chrétien.*

Art. XIV. « La Roumélie Orientale est limitée au nord etc. (suit le détail des frontières, spécialement du côté de la Bulgarie).

Art. XV. « S. M. I. le Sultan aura le droit de pourvoir à la défense des frontières de terre et de mer de la province en élevant des fortifications sur ses frontières et en y entretenant des troupes. — L'ordre intérieur est maintenu dans la Roumélie Orientale par une gendarmerie indigène assistée d'une milice locale. — Pour la composition de ces deux corps, dont les officiers sont nommés par le Sultan, il sera tenu compte, suivant les localités, de la religion des habitants. — S. M. I. le Sultan s'engage à ne point employer de troupes irrégulières, telles que Bachibouzouks et Circassiens, dans les garnisons des frontières. Les troupes régulières destinées à ce service ne pourront en aucun cas être cantonnées chez l'habitant. Lorsqu'elles traverseront la province, elles ne pourront y faire de séjour.

Art. XVI. « Le gouverneur général aura le droit d'appeler les troupes ottomanes dans les cas où la sécurité intérieure ou extérieure de la province se trouverait menacée. Dans l'éventualité prévue, la S. Porte devra donner connaissance de cette décision, ainsi que des nécessités qui la justifient, aux Représentants des puissances à Constantinople.

Art. XVII. « Le gouverneur général de la Roumélie Orientale sera nommé par la S. Porte, avec l'assentiment des Puissances, pour un terme de cinq ans.

Art. XVIII. « Immédiatement après l'échange des ratifications du présent Traité, une Commission européenne
sera formée pour élaborer, d'accord avec la Porte Ottomane, l'organisation de la Roumélie Orientale. Cette
commission aura à déterminer, dans un délai de trois
mois, les pouvoirs et attributions du gouverneur général ainsi que le régime administratif, judiciaire et finan-
cier de la province, en prenant pour point de départ les
différentes lois sur les vilayets, et les propositions
faites dans la huitième séance de la Conférence de Constantinople. » Les dispositions ainsi arrêtées feront
l'objet d'un firman qui sera promulgué par la Porte et
dont elle donnera communication aux Puissances.

Art. XIX. La commission européenne est chargée
d'administrer les finances de la province jusqu'à l'achèvement de la nouvelle organisation ; cette disposition
n'appartient donc plus qu'à l'histoire.

Art. XX. « Les traités, conventions et arrangements
internationaux de quelque nature qu'ils soient, conclus ou
à conclure entre la Porte et les Puissances étrangères,
seront applicables dans la Roumélie Orientale comme
dans tout l'Empire Ottoman. Les immunités et privilèges acquis aux étrangers, quelle que soit leur condition, seront respectés dans cette province. La S. Porte
s'engage à y faire observer les lois générales de l'Empire
sur la liberté religieuse en faveur de tous les cultes.

Art. XXI. « Les droits et obligations de la S. Porte en
ce qui concerne les chemins de fer dans la Roumélie
Orientale seront maintenus intégralement. » Comp.
art. X *suprà*.

Art. XXII. Dans un délai de 9 à 12 mois au plus, les troupes russes évacueront la Roumélie Orientale, la Bulgarie et la Roumanie, — disposition qui ne présente également plus qu'un intérêt historique.

Art. XXIII. « La Porte s'engage à appliquer scrupuleusement dans l'île de Crète le règlement organique de 1868, en y apportant les modifications qui seraient jugées équitables.

Art. XXIV. « Dans le cas où la S. Porte et la Grèce ne parviendraient pas à s'entendre sur la rectification de frontière indiquée dans le 13ᵉ protocole du Congrès de Berlin, l'Allemagne, l'Autriche-Hongrie, la France, la Grande-Bretagne, l'Italie et la Russie se réservent d'offrir leur médiation aux parties pour faciliter les négociations. » Ajoutons que grâce à leur médiation cette frontière a été finalement réglée en 1883, la Grèce recevant au nord un accroissement de territoire d'environ 243 lieues carrées avec 300.000 habitants.

Art. XXV. « *Les provinces de Bosnie et d'Herzégovine seront occupées et administrées par l'Autriche-Hongrie. Le gouvernement d'Autriche-Hongrie ne désirant pas se charger de l'administration du Sandjak de Novibazar*, qui s'étend entre la Serbie et le Monténégro dans la direction sud-est jusqu'au delà de Mitrovitza, *l'administration ottomane continuera d'y fonctionner.* Néanmoins, afin d'assurer le maintien du nouvel état politique ainsi que la liberté et la sécurité des voies de communication, l'Autriche-Hongrie se réserve le droit de tenir garnison et d'avoir des routes militaires et commerciales sur toute l'étendue de cette partie de l'ancien vilayet de Bosnie. — A cet effet, les gouvernements d'Autriche-Hongrie et de Turquie se réservent de s'entendre sur les détails.

Art. XXVI. « *L'indépendance du Monténégro est reconnue par la S. Porte et par toutes celles des Hautes Parties contractantes qui ne l'avaient pas encore admise.* »

Art. XXVII. Cet article ne fait que répéter pour le Monténégro les dispositions de l'art. V ci-dessus sur la liberté de conscience et des cultes et sur l'égalité des droits civils et politiques en Bulgarie.

Art. XXVIII. « Les nouvelles frontières du Monténégro sont fixées ainsi qu'il suit. » (Suit une énumération détaillée.) Ajoutons qu'en 1880, ensuite de luttes violentes entre les Albanais et les Monténégrins et sur les instances pressantes des puissances, la Turquie a rétrocédé au Monténégro le canton de Dulcigno, attribué à la Porte avec le district de Tusi par le traité de Berlin (art. suivant).

Art. XXIX. « Antivari et son littoral sont annexés au Monténégro sous les conditions suivantes :

« La contrée située au sud de ce territoire, jusqu'à la Bojana, y compris Dulcigno, sera restituée à la Porte.

« La commune de Spica sera incorporée à la Dalmatie. Il y aura pleine et entière liberté de navigation sur la Bojana pour le Monténégro. Il ne sera pas construit de fortifications sur le parcours de ce fleuve, à l'exception de celles qui seraient nécessaires à la défense locale de la place de Scutari, lesquelles ne s'étendront pas au-delà d'une distance de six kilomètres de cette ville.

« *Le Monténégro ne pourra avoir ni bâtiments ni pavillon*

de guerre. — Le port d'Antivari et toutes les eaux du Monténégro resteront fermés aux bâtiments de guerre de toutes les nations. — Les fortifications situées entre le lac et le littoral sur le territoire monténégrin seront rasées, et il ne pourra en être élevé de nouvelles dans cette zone. — *La police maritime et sanitaire tant à Antivari que le long de la côte du Monténégro sera exercée par l'Autriche-Hongrie au moyen de bâtiments légers garde-côtes. — Le Monténégro adoptera la législation maritime en vigueur en Dalmatie. De son côté, l'Autriche-Hongrie s'engage à accorder sa protection consulaire au pavillon marchand monténégrin.* — Le Monténégro devra s'entendre avec l'Autriche-Hongrie sur le droit de construire et d'entretenir à travers le nouveau territoire monténégrin une route et un chemin de fer. — Une entière liberté de communication sera assurée sur ces voies. »

Art. XXX. Cet article correspond avec quelque changement à l'art. XII relatif à la Bulgarie. D'abord la disposition de ce dernier, quant aux Bulgares qui voyageraient ou résideraient dans l'Empire Ottoman, est ici modifiée et précisée en raison de ce que les Monténégrins appartiennent à un état déjà souverain, tandis que les Bulgares font partie d'une principauté nouvellement érigée, tributaire et vassale (comp. l'art. suivant). En second lieu, c'est un terme de trois ans, au lieu de deux, qui est accordé à la commission instituée pour l'objet mentionné au second alinéa de l'art. XII. Enfin notre article XXX contient une disposition spéciale, savoir que « personne ne pourra être exproprié que légalement pour cause d'intérêt public, et moyennant une indemnité préalable», disposition qui est d'ailleurs, sans aucun doute, en raison de sa justice interne, également applicable aux autres principautés de la presqu'île des Balkans.

Art. XXXI. « La principauté du Monténégro s'entendra directement avec la Porte Ottomane sur l'institution d'agents monténégrins à Constantinople et dans certaines localités de l'Empire Ottoman où la nécessité en sera reconnue. — Les Monténégrins voyageant ou séjournant dans l'Empire Ottoman seront soumis aux lois et aux autorités Ottomanes suivant les principes généraux du droit international et les usages établis concernant les Monténégrins. »

L'art. XXXII contient des dispositions transitoires, depuis longtemps exécutées, sur l'évacuation par les troupes de chacune des parties (Turquie et Monténégro) du territoire de l'autre.

Art. XXXIII. « *Le Monténégro devant supporter une partie de la dette publique ottomane* pour les nouveaux territoires qui lui sont attribués par le traité de paix, les représentants des Puissances à Constantinople en détermineront le montant de concert avec la S. Porte *sur une base équitable.*

Art. XXXIV. « *Les Hautes Parties contractantes reconnaissent l'indépendance de la Principauté de Serbie en la rattachant aux conditions exposées dans l'article suivant* (XXXV), qui ne fait que reproduire pour la Serbie les dispositions confessionnelles de l'art. V pour la Bulgarie. »

L'art. XXXVI détermine en détail les limites de la

Serbie, et l'art. XXXVIII correspond à peu près littéralement à l'art. VIII ci-dessus, sauf qu'il s'applique à
la Serbie.

L'art. XXXIX rappelle l'art. X, et statue que la
Serbie est substituée, pour sa part, aux engagements
que la S. Porte a contractés tant envers l'Autriche-
Hongrie qu'envers la compagnie pour l'exploitation des
chemins de fer de la Turquie d'Europe par rapport à
l'achèvement et au raccordement ainsi qu'à l'exploitation
des lignes ferrées à construire sur le territoire nouvellement acquis pour la principauté. — Les conventions
nécessaires pour régler ces questions seront conclues
immédiatement après la signature du présent traité,
entre l'Autriche-Hongrie, la Porte, la Serbie et, dans
les limites de sa compétence, la principauté de Bulgarie.

L'art. XXXIX reproduit, pour la Serbie et quant aux
Musulmans qui y posséderaient des immeubles, les dispositions de l'art. XXX applicable au Monténégro (Comp.
art. XIII.)

Art. XL. « Jusqu'à la conclusion d'un traité entre la
Turquie et la Serbie, les sujets serbes voyageant ou
séjournant dans l'Empire Ottoman seront traités suivant les principes généraux du droit international. »
(Comp. art XXXI, al. 2).

Art. XLI, analogue à l'art XXIIII, s'occupe de l'évacuation par les troupes serbes ou ottomanes des territoires
respectifs.

Art. XLII concerne la part de la Serbie à la dette
publique ottomane, et reproduit l'art XXIII.

L'art XLIII *reconnaît l'indépendance de la Roumanie, et*

la rattache aux mêmes conditions de liberté de conscience et de culte que nous avons lues dans les art. V et XXXV, et que l'art. XLIV reproduit intégralement ; et de plus, à l'art. XLV ainsi conçu: «La principauté de Roumanie rétrocède à S. M. l'Empereur de Russie la portion du territoire de la Bessarabie détachée de la Russie ensuite du traité de Paris de 1856, limitée à l'ouest par le thalweg du Pruth, au midi par le thalweg du bras de Kilia et l'embouchure de Stary-Stamboul.»

Art. XLVI. Les îles formant le Delta du Danube ainsi que l'île des Serpents et la Dobroutschka sont réunies à la Roumanie, qui « reçoit en outre le territoire situé au sud de la Dobroutschka jusqu'à une ligne ayant son point de départ à l'est de Silistre et aboutissant à la Mer Noire au sud de Mangolia. — Le tracé de la frontière sera fixé sur les lieux par la commission Européenne instituée pour la délimitation de la Bulgarie.

Art. XLVII. « La question du partage des eaux et des pêcheries sera soumise à l'arbitrage de la commission Européenne du Danube.

Art. XLVIII. «Aucun droit de transit ne sera prélevé en Roumanie sur les marchandises traversant la Principauté. (Comp. art. VIII, puis art. XXXVII).

Art. XLIX. « Des conventions pourront être conclues par la Roumanie pour régler les privilèges et attributions des Consuls en matière de protection dans la Principauté. Les droits acquis resteront en vigueur tant qu'ils n'auront pas été modifiés d'un commun accord entre la Principauté et les parties intéressées. (Comp. art VIII dern. al., puis art. XXIII);

Art. L. « Jusqu'à la conclusion d'un traité réglant les privilèges et attributions des consuls entre la Turquie et la Roumanie, les sujets roumains voyageant ou séjournant en Roumanie jouiront des droits garantis aux sujets des autres puissances européennes. (Comp. art. XII, puis XXXI et XL).

Art. LI. « En ce qui concerne les entreprises de travaux publics et autres de même nature, la Roumanie sera substituée pour tout le territoire cédé aux droits et obligations de la Sublime Porte. »

Art. LII à LVII sont relatifs à la navigation du Danube. Nous renvoyons en conséquence à ce que nous en avons dit ci-dessus, p. 78 et s.

Art. LVIII. « La S. Porte cède à l'empire russe en Asie les territoires d'Ardaham, Kars et Batoum, avec ce dernier port, ainsi que tous les territoires compris entre l'ancienne frontière russo-turque et le tracé suivant : (suit l'indication détaillée du tracé).

Art. LIX. « S. M. l'empereur de Russie déclare que son intention est d'ériger Batoum en *port franc*, essentiellement commercial.

Art. LX. « La vallée d'Alaschkerd et la ville de Bayazid, cédées à la Russie par le traité de San-Stefano (art. 19), font retour à la Turquie. — La S. Poste cède à la Perse la ville et le territoire de Khotour tel qu'il a été déterminé par la commission mixte Anglo-Russe pour la délimitation des frontières de la Turquie et de la Perse.

Art. LXI. « *La S. Porte s'engage à réaliser, sans plus de retard, les améliorations et les réformes qu'exi-*

gent les besoins locaux dans les provinces habitées par les Arméniens et à garantir leur sécurité contre les Circassiens et les Kurdes. Elle donnera connaissance périodiquement des mesures prises à cet effet aux Puissances qui en surveilleront l'application.

Art. LXII. « *La S. Porte ayant exprimé la volonté de maintenir le principe de la liberté religieuse en lui donnant l'extension la plus large, les parties contractantes prennent acte de cette déclaration spontanée. — Dans aucune partie de l'Empire Ottoman, la différence de religion ne pourra être opposée à personne comme un motif d'exclusion ou d'incapacité en ce qui concerne l'usage des droits civils et politiques, l'admission aux emplois publics, fonctions et honneurs, ou l'exercice des différentes professions et industries. — Tous seront admis, sans distinction de religion, à témoigner devant les tribunaux. — La liberté et la pratique extérieure de tous les cultes sont assurées à tous et aucune entrave ne pourra être apportée soit à l'organisation hiérarchique des différentes communions, soit à leurs rapports avec leurs chefs spirituels.* — Les ecclésiastiques, les pèlerins et les moines de toutes les nationalités voyageant dans la Turquie d'Europe ou la Turquie d'Asie jouiront des mêmes avantages et privilèges. — Le droit de protection officielle est reconnu aux agents diplomatiques et consulaires des Puissances en Turquie, tant à l'égard des personnes susmentionnées que de leurs établissements religieux, de bienfaisance et autres, dans les Lieux Saints et ailleurs. — Les droits acquis à la France sont expressément réservés et il est bien entendu qu'aucune atteinte ne saurait être portée au *statu quo* dans les Lieux Saints. — Les moines du Mont Athos, quel que soit leur pays d'origine, seront maintenus dans leurs possessions et avantages antérieurs et jouiront, sans aucune exception, d'une entière égalité de droits et prérogatives.

Art LXIII. «Le traité de Paris du 30 mars 1856 ainsi que le traité de Londres du 13 mars 1871 sont maintenus dans toutes celles de leurs dispositions qui ne sont pas abrogées ou modifiées par les stipulations qui précèdent. »

L'art. LXIV et dernier est relatif aux ratifications, qui sont depuis longtemps intervenues.

Remarquons en terminant que l'art XXV, qui attribue à l'Autriche-Hongrie *l'occupation* et *l'administration* des anciennes provinces turques de Bosnie et d'Herzégovine sans en limiter le temps ou la durée, n'a nullement été entamé par la convention subséquente (21 avril 1879) de Constantinople entre l'Autriche et la Turquie. Qu'importe, en effet, qu'on y ait stipulé que des prières publiques pour le sultan, successeur des califes, pourraient être faites dans les mosquées de ces provinces ou que les monnaies turques y circuleraient librement, si l'empereur d'Autriche continue d'y exercer en son nom propre tous les droits de souveraineté administrative, judiciaire, financière et militaire? Quant à *Novibazar,* dont le sultan conserve la souveraineté, la convention de Constantinople accorde sur elle à l'Autriche une sorte de servitude militaire, le droit d'y tenir garnison concurremment avec la Turquie. Mais cela même démontre que la situation demeure tout autre en Herzégovine et en Bosnie, où l'empereur et roi d'Autriche-Hongrie exerce tous les droits souverains. Notre appréciation de cette situation politique et internationale se trouve d'ailleurs surabondamment confirmée par les protocoles de la conférence de Berlin (8, 10, 12).

Mentionnons enfin que l'Angleterre, par un traité en date du 4 juin 1878 avec la Porte, antérieur ainsi à l'ouverture du congrès, s'est fait céder l'île de Chypre, une des clefs du canal de Suez et même du Bosphore par sa situation si voisine des côtes d'Asie-Mineure. La souveraineté de la Porte y est nominalement réservée pour sauver les apparences, et il plut à l'Angleterre d'ajouter la clause dérisoire qu'elle évacuerait l'île de Chypre quand la Russie aurait elle-même restitué à la Turquie ses conquêtes d'Asie. Une alliance défensive pour l'intégrité de l'Asie Mineure turque fut le prix de cette acquisition, et l'Angleterre promit en outre de verser dans le trésor turc l'excédent des revenus de l'île, déduction faite des frais d'administration, promesse non moins illusoire que celle d'évacuation.

APPENDICE III

I. — *Historique.*

Six ans s'étaient à peine écoulés depuis l'important
traité de Berlin que de nouvelles assises, non moins
importantes quoique moins solennelles peut-être, s'ou-
vraient dans la capitale impériale. Et cette fois ce n'était
plus simplement à de petits états nouvellement érigés
(Roumanie, Serbie), ou à un vieil empire ébranlé, à cheval sur l'Europe et l'Asie, c'était à l'Afrique centrale elle-

(1) A consulter : Rapport adressé au ministre des affaires étrangères de France par M. *Ed. Engelhardt*, ministre plénipotentiaire,
délégué à Berlin pour la conférence africaine (dans Archives diplom.,
avril 1885); — La conférence africaine de Berlin, par M. *E. Bonning*,
délégué belge, courte mais excellente étude insérée dans la Revue
de Belgique (1885); — Protocoles de la conférence de l'Afrique
occidentale réunie à Berlin, dans *Martens et Hopf*, N. R. G. des
Traités, x, p 200 et suiv.

même, aux pays traditionnels des noirs, à une région à peine explorée d'au delà l'équateur, grande comme les deux tiers de l'Europe (1) et peuplée de cinquante millions d'âmes, qu'il s'agissait de faire une application aussi remarquable qu'inattendue des principes les plus avancés de notre droit public moderne, en élargissant encore leur formule dans un esprit élevé de pacifique justice. Cette tâche donne à la conférence de Berlin dite *africaine* ou *du Congo* un caractère tout à fait à part. Composée des représentants de tous les pays de l'Europe (2) et même des Etats-Unis d'Amérique, elle a su la conduire heureusement à son terme, ensuite de travaux qui n'ont pas duré moins de trois mois (15 novembre 1885 à 25 février 1885), réglant ainsi pacifiquement, non sans dépasser son programme primitif, mais avec un profond respect de tous les droits, la grande colonisation à venir du centre mystérieux de l'Afrique. On a pu dire qu'elle a créé un type nouveau de législation coloniale sous la forme d'un traité de commerce; et nous ajouterons qu'elle a jeté les bases de la constitution future de grands états, dont l'un est déjà même apparu (3), en affirmant une fois

(1) 6.500.000 kil. car.; l'Europe en compte 10.000.000. Nous donnons les évaluations de M. Engelhard ; celles de M. Bonning sont moins fortes (4.000,000 de kil. carrés).

(2) A la seule exception de la Suisse et des trois royaumes orientaux (Roumanie, Serbie, Monténégro).

(3) Ce vaste état nouveau, créé sous le patronage de la Belgique par l'Association internationale du Congo, a déjà ses limites marquées et son drapeau, et il a été successivement reconnu sur ces bases par toutes les puissances (1884-1885). Le roi des Belges

de plus et d'autant plus noblement qu'il s'agissait de les appliquer à la barbare Afrique, les grands principes de justice, de respect des personnes et des droits, et de tolérance religieuse, qui font l'honneur de l'état moderne. Puisse l'application ne pas cesser d'y répondre !

Ce fut cependant une circonstance fortuite, un traité rien moins que libéral entre l'Angleterre et le Portugal (26 février 1884), et stipulant à leur profit *exclusif* des droits de *police* et de *contrôle* sur le cours inférieur du Congo et l'établissement de diverses taxes sur la côte occidentale d'Afrique entre le 8° et le 5° degré de latitude australe, qui devait devenir la première occasion de ce nouveau triomphe des principes modernes. La France ayant réclamé contre cet arrangement *particulariste*, l'Allemagne et les États-Unis d'Amérique ne tardèrent pas à s'en préoccuper également ; d'autres puissances se joignirent à elles, et l'on se demanda bientôt, à l'instigation des chancelleries de France et d'Allemagne, s'il n'y aurait pas lieu de s'entendre et de s'unir pour « résister à une politique d'exclusivisme colonial aussi peu dissimulé, et pour constituer une sorte de ligue défensive des neutres à laquelle tous les états intéressés dans le trafic africain pourraient être appelés à concourir. »

Un accord s'établit en conséquence entre la France et l'Allemagne sur les bases suivantes : application du régime de la liberté commerciale aux territoires compris

---

vient même d'accepter d'en être le chef par une sorte d'union toute personnelle, bien que cette expression ait été évitée dans la loi constitutionnelle belge qui l'y a autorisé.

dans le bassin du Congo ; extension à la navigation de
ce fleuve, ainsi qu'à celle du Niger, des lois générales
édictées par l'acte final de Vienne de 1815 ; adoption de
certaines règles destinées à prévenir l'abus des annexions fictives sur la côte occidentale du continent
africain. Le Portugal ayant dans l'intervalle proposé
de déférer à une conférence l'examen des difficultés
relatives au Congo, et le gouvernement britannique y
ayant de son côté consenti, la France et l'Allemagne
proposèrent aux puissances, qui l'acceptèrent, de dis-
cuter en commun le programme qu'elles avaient
sommairement défini.

L'idée fondamentale de cette convocation, qui était
« de faciliter à toutes les nations l'abord de l'intérieur
de l'Afrique », fut si favorablement accueillie, qu'il
s'établit rapidement « un courant d'idées et d'intérêts »
tendant à dépasser les termes du programme initial.

On put le voir dès le début par la solution donnée à
la question préalable qui s'imposait à la conférence. Que
fallait-il entendre par le « bassin du Congo, » et n'y
aurait-il pas lieu de substituer, dans l'intérêt du commerce universel, à son bassin hydrographique ou
géographique et pour lui appliquer les mêmes principes
de liberté, un bassin *conventionnel* infiniment plus large
et allant de l'Atlantique à l'Océan indien ? L'affirmative
prévalut, sous réserve des droits de souveraineté
existant dans les régions d'Orient, notamment du sultan
de Zanzibar et des Portugais, et une zone franche de
2,500,000 k. c. se trouva par suite ajoutée du côté de
l'Orient, en même temps qu'une zone de littoral de

150,000 k. c. sur l'Atlantique, aux 3,600,000 k. c.
formant le véritable bassin du grand fleuve africain. Ce
littoral atlantique, nécessaire en raison de l'étroitesse des
versants du Congo à son embouchure, puissante mais
unique, avait été lui-même délimité sur les observations
de M. Woerman, de Hambourg, délégué d'une compétence reconnue, « que la côte de Guinée se divisait au
point de vue commercial en deux régions distinctes,
comprenant l'une les bouches du Niger, l'autre celle du
Congo, que cette dernière s'étendrait du Cameroon au
pays d'Angola, et qu'y faire bénéficier le trafic des garanties dont il doit jouir dans l'intérieur du bassin
fluvial serait logique *et absolument conforme à la nature
des relations que l'Europe s'y était déjà créées.* »

Ce fut donc à toute cette vaste région que la conférence se mit en mesure d'appliquer les principes modernes de liberté du trafic et de la navigation. Mais il
s'agissait également de les appliquer au Niger; et ici,
la résistance de l'Angleterre faillit un instant tout compromettre. Occupant partiellement les bouches du Niger,
et bien que la France détînt une partie de son cours
supérieur, l'Angleterre prétendait, contrairement aux
articles de Vienne, s'y réserver toute sa liberté d'action
et repousser tout contrôle international d'une commission des riverains. Pour vaincre ses résistances, il ne
fallut pas moins que la *condition suspensive* qui, sur la
proposition du représentant de la France, baron de Courcel, subordonna tout l'acte du Congo au vote de l'acte
du Niger. L'Angleterre craignit alors que les riverains
actuels ou futurs du Congo ne prétendissent finalement à

la même indépendance qu'elle-même, et se rallia pour
le Niger à un acte *transactionnel*, calqué sur celui du
Congo, mais qui en diffère essentiellement en ce que
son exécution et l'application des lois conventionnelles
qui doivent régir la navigation du Niger, y demeurent
exclusivement confiés à chacune des puissances riveraines sur son territoire (la France et l'Angleterre en
l'état), au lieu de l'être à une commission internationale comme dans le bassin du Congo, ou même à une
commission commune des riverains comme d'après
les principes de Vienne. Outre certaines attributions
toutes spéciales et qu'expliquent l'absence de souverainetés régulières en ces régions, la commission internationale du Congo diffère d'ailleurs de la commission
européenne du Danube en ce que les délégués non riverains de celle-ci sont les mandataires des grandes puissances européennes, tandis que la première peut
comprendre les délégués de toutes les puissances qui
voudront adhérer à l'Acte général de Berlin (art. 17), ce
qui nous place en somme en présence de quatre régimes
fluviaux (principes de Vienne, Danube, Niger, Congo),
dont le dernier, celui du Congo, par la simplicité, la
sûreté et la largeur de son système, paraît certainement l'emporter sur tous les autres.

Les deux actes de navigation du Niger et du Congo
forment la partie substantielle de l'Acte général de
Berlin. Mais la conférence n'en a pas moins rempli le
troisième point de son programme en formulant avec
une sage réserve les conditions *minimum* des occupations
futures sur *la côte occidentale du continent africain,*

disposition qui a d'ailleurs certainement une portée
plus générale par sa sagesse même, et en raison des
importantes délibérations qui l'ont précédées. Enfin deux
autres questions soulevées au cours des débats ont
abouti l'une à un engagement formel de combattre la
traite des esclaves, l'autre à une déclaration très remarquable établissant une sorte de neutralisation facultative
des états et colonies du Congo, ou s'efforçant du moins
de la provoquer (art. 9 à 12).

Mais ce n'est point ici le lieu d'entrer dans de plus
amples détails sur les négociations laborieuses de la
conférence de Berlin. Un manuel élémentaire comme
le nôtre demande essentiellement des résultats, et l'Acte
général de Berlin va être à cet effet intégralement reproduit. Nous nous réservons simplement d'en illustrer
le texte par quelques annotations ; et nous terminerons
ce court exposé en nous associant volontiers aux conclusions un peu enthousiastes de l'éminent rapporteur
français cité au début :

« La conférence africaine occupera une grande place
dans l'histoire diplomatique de la seconde moitié du
siècle. — En tant qu'assemblée représentative de *toutes
les parties intéressées* (1) — et de l'Amérique elle-même,
ses résolutions ont une autorité dont aucun congrès
antérieur n'a pu se prévaloir. — Son œuvre économique, aussi libérale que prévoyante, prépare la con-

____

(1) Sauf les 50,000,000 de nègres eux-mêmes ; mais il était sans
doute difficile de les y appeler. Comp. infrà art. 34 et 35, note.

quête commerciale d'un territoire plus vaste que les
deux tiers de l'Europe ; elle y assure à toutes les entreprises légitimes, de quelque drapeau qu'elles se cou-
vrent, une égale et durable protection ; — et dans l'élaboration de chacun de ses projets, elle s'est appliquée à
garantir les populations indigènes contre toute violence injuste en recherchant les moyens les plus propres
à favoriser leur émancipation morale et leur bien-être
matériel. — C'est plus de cinquante millions d'âmes
dont il lui a été permis de tracer les destinées, et l'on
conviendra qu'en aucune circonstance l'aréopage européen n'a eu à accomplir une plus haute et plus généreuse mission (1). »

II. — *Acte général de la conférence de Berlin*
 (26 février 1885).

Au nom de Dieu Tout-puissant,

S. M. l'empereur d'Allemagne, etc. (*suit l'énumération des puissances contractantes*),

Voulant régler dans un esprit de bonne entente mu-
tuelle les conditions les plus favorables au développement du commerce et de la civilisation dans certaines
régions de l'Afrique, et assurer à tous les peuples les
avantages de la libre navigation sur les deux principaux
fleuves africains qui se déversent dans l'Océan Atlantique ; désireux, d'autre part, de prévenir les malen-
tendus et les contestations que pourraient soulever à

____

(1) Rapport de *M. Engelhardt*, in fine.

l'avenir les prises de possessions sur les côtes de l'Afrique, et préoccupés en même temps des moyens d'accroître le bien-être moral et matériel des populations indigènes, ont résolu, sur l'invitation qui leur a été adressée par le Gouvernement Impérial d'Allemagne d'accord avec le Gouvernement de la République française, de réunir à cette fin une conférence à Berlin, et ont nommé pour leurs plénipotentiaires, savoir :

(Suit l'indication des plénipotentiaires.)

Lesquels, munis de pleins pouvoirs qui ont été trouvés en bonne et due forme, ont successivement discuté et adopté :

1° Une déclaration relative à la liberté du commerce dans le bassin du Congo, ses embouchures et pays circonvoisins, avec certaines dispositions connexes ;

2° Une déclaration concernant la traite des esclaves et les opérations qui sur terre ou sur mer fournissent des esclaves à la traite ;

3° Une déclaration relative à la neutralité des territoires compris dans le bassin conventionnel du Congo ;

4° Un acte de la navigation du Congo, qui, en tenant compte des circonstances locales, étend à ce fleuve, à ses affluents et aux eaux qui leur sont assimilées, les principes généraux énoncés dans les articles 108 à 116 de l'Acte final du Congrès de Vienne et destinés à régler, entre les Puissances signataires de cet acte, la libre navigation des cours d'eau navigables qui séparent et traversent plusieurs états, principes conventionnellement appliqués depuis à des fleuves de l'Europe et de l'Amérique, et notamment au Danube, avec les

modifications prévues par les traités de Paris de 1856,
de Berlin de 1878, et de Londres de 1871 et de 1883 ;

5° Un acte de navigation du Niger, qui, en tenant
également compte des circonstances locales, étend à ce
fleuve et à ces affluents les mêmes principes inscrits
dans les articles 108 à 116 de l'acte final du Congrès
de Vienne ;

6° Une déclaration introduisant dans les rapports internationaux des règles uniformes relatives aux occupations qui pourront avoir lieu à l'avenir sur les côtes du
Continent Africain ;

Et ayant jugé que ces différents documents pourraient
être utilement coordonnés en un seul instrument, les ont
réunis en un Acte général composé des articles sui-
vants.

CHAPITRE I

DÉCLARATION RELATIVE A LA LIBERTÉ DU COMMERCE DANS LE BASSIN DU
CONGO, SES EMBOUCHURES ET PAYS CIRCONVOISINS, ET DISPOSITIONS
CONNEXES.

ARTICLE PREMIER. — *Le commerce de toutes les nations
jouira d'une complète liberté :*

1° Dans tous les territoires constituant le bassin du
Congo et de ses affluents. Ce bassin est délimité par les
crêtes des bassins contigus, à savoir notamment les
bassins du Niari, de l'Ogowé, du Schari et du Nil, au
Nord ; par la ligne de faîte orientale des affluents du lac
Tanganyka, à l'Est ; par les crêtes des bassins du Zambèze et de la Logé, au Sud. Il embrasse, en conséquence,

tous les territoires drainés par le Congo et ses affluents,
y compris le lac Tanganyka et ses tributaires orientaux ;

2° Dans la zone maritime s'étendant sur l'Océan
Atlantique depuis le parallèle situé par 2° 30' de latitude Sud jusqu'à l'embouchure de la Logé.

La limite septentrionale suivra le parallèle situé par
2° 30', depuis la côte jusqu'au point où il rencontre le
bassin géographique du Congo, en évitant le bassin de
l'Ogowé auquel ne s'appliquent pas les stipulations du
présent acte.

La limite méridionale suivra le cours de la Logé jusqu'à la source de cette rivière et se dirigera de là vers
l'Est jusqu'à la jonction avec le bassin géographique du
Congo ;

3° Dans la zone se prolongeant à l'Est du bassin du
Congo, tel qu'il est délimité ci-dessus, jusqu'à l'Océan
Indien, depuis le cinquième degré de latitude Nord jusqu'à l'embouchure du Zambèze au Sud : de ce point, la
ligne de démarcation suivra le Zambèze jusqu'à cinq
milles en amont du confluent du Shiré et continuera par
la ligne de faîte séparant les eaux qui coulent vers le
lac Nyassa des eaux tributaires du Zambèze, pour rejoindre enfin la ligne de partage des eaux du Zambèze
et du Congo.

Il est expressément entendu qu'en étendant à cette
zone orientale le principe de la liberté commerciale, les
puissances représentées à la Conférence ne s'engagent
que pour elles-mêmes et que ce principe ne s'appliquera
aux territoires appartenant actuellement à quelque état

indépendant et souverain qu'autant que celui-ci y donnera son consentement. Les Puissances conviennent d'employer leurs bons offices auprès des gouvernements établis sur le littoral africain de la mer des Indes, afin d'obtenir ledit consentement et, en tous cas, d'assurer au transit de toutes les nations les conditions les plus favorables.

ART. 2. — *Tous les pavillons, sans distinction de nationalité, auront libre accès* à tout le littoral des territoires énumérés ci-dessus, aux rivières qui s'y déversent dans la mer, à toutes les eaux du Congo et de ses affluents, y compris les lacs, à tous les ports situés sur les bords de ces eaux, ainsi qu'à tous les canaux qui pourraient être creusés à l'avenir dans le but de relier entre eux les cours d'eau ou les lacs compris dans toute l'étendue des territoires décrits à l'article 1. Ils pourront entreprendre toute espèce de transports et exercer le cabotage maritime et fluvial ainsi que la batellerie sur le même pied que les nationaux.

ART. 3. — *Les marchandises de toute provenance importées dans ces territoires, sous quelque pavillon que ce soit,* par la voie maritime ou fluviale ou par celle de terre, n'auront à acquitter d'autres taxes que celles qui pourraient être perçues *comme une équitable compensation de dépenses utiles pour le commerce* et qui, à ce titre, devront être également supportés par les nationaux et par les étrangers de toute nationalité.

Tout traitement différentiel est interdit à l'égard des navires comme des marchandises.

ART. 4. — Les marchandises importées dans ces territoires resteront *affranchies de droits d'entrée et de transit* (1).

Les puissances se réservent de décider, au terme d'une période de vingt ans, si la franchise d'entrée sera ou non maintenue.

Art. 5. — Toute puissance qui exerce des droits de souveraineté dans les territoires susvisés ne pourra y concéder ni monopole ni privilège d'aucune espèce en matière commerciale.

Les étrangers y jouiront indistinctement, pour la protection de leurs personnes et de leurs biens, l'acquisition et la transmission de leurs propriétés mobilières et immobilières et pour l'exercice des professions, *du même traitement et des mêmes droits que les nationaux.*

Art. 6.— *Dispositions relatives à la protection des indigènes, des missionnaires et des voyageurs, ainsi qu'à la liberté religieuse.* — *Toutes les Puissances* exerçant des droits de souveraineté ou une influence dans les dits territoires

(1) Cette clause devrait-elle être immuable et de nature à préjuger pour toujours l'avenir? « Ne renouvelons pas, a dit sagement M. de Courcel, l'expérience faite au xvi° siècle, alors qu'on conduisit des colonies à la ruine en prétendant fixer d'Europe — leur mode d'existence financière et administrative ; — n'imposons pas dès maintenant un programme immuable. ». De là le terme de vingt ans provisoirement fixé dans l'al. 2. — Remarquez que les droits de *sortie* demeurent autorisés « pour donner aux administrations territoriales certaines sources de revenus réguliers, — remplaçant en partie l'impôt foncier, dont le prélèvement n'est pas possible sans cadastre ». Le plénipotentiaire d'Italie proposa de leur fixer un *maximum*, mais la Conférence refusa, pour mieux laisser aux états leur autonomie.

s'engagent à veiller à la conservation des populations indigènes et à l'amélioration de leurs conditions morales et matérielles d'existence et à concourir à la suppression de l'esclavage et surtout de la traite des noirs (1) ; elles protégeront et favoriseront sans distinction de nationalités ni de cultes, toutes les institutions et entreprises religieuses, scientifiques ou charitables créées et organisées à ces fins ou tendant à instruire les indigènes et à leur faire comprendre et apprécier les avantages de la civilisation.

Les missionnaires chrétiens, les savants, les explorateurs, leurs escortes, avoirs et collections seront également l'objet d'une protection spéciale.

La liberté de conscience et la tolérance religieuse sont expressément garanties aux indigènes comme aux nationaux et aux étrangers. Le libre et public exercice de tous les cultes, le droit d'ériger des édifices religieux et d'organiser des missions appartenant à tous les cultes ne *seront soumis à aucune restriction ni entrave.*

Art. 7. — *Régime postal.* — La Convention de l'Union postale universelle revisée à Paris le 1ᵉʳ juin 1878 sera appliquée au *bassin conventionnel* du Congo.

Les Puissances qui y exercent ou exerceront des droits de souveraineté ou de protectorat s'engagent à prendre, aussitôt que les circonstances le permettront, les mesures nécessaires pour l'exécution de la disposition qui précède.

(1) Par son respect du droit des peuples africains, l'assemblée de Berlin affirme qu'elle voit en eux des associations humaines *qui entrent aussi dans la communauté du droit des gens.*

Art. 8. — *Droit de surveillance attribué à la Commission Internationale de navigation du Congo.* — Dans toutes les parties du territoire visé par la présente déclaration où aucune Puissance n'exercerait des droits de souveraineté ou de protectorat, *la Commission Internationale* de la navigation du Congo, instituée en vertu de l'article 17, *sera chargée de surveiller l'application des principes proclamés et consacrés par cette Déclaration* (1).

Pour tous les cas où des difficultés relatives à l'application des principes établis par la présente Déclaration viendraient à surgir, les Gouvernements intéressés pourront convenir de faire appel aux bons offices de la Commission Internationale en lui déférant l'examen des faits qui auront donné lieu à ces difficultés.

CHAPITRE II

DÉCLARATION CONCERNANT LA TRAITE DES ESCLAVES

Art. 9. — Conformément aux principes du droit des gens, tels qu'ils sont reconnus par les Puissances signataires, la traite des esclaves étant interdite, et les opérations qui, sur terre ou sur mer, fournissent des esclaves à la traite devant être également considérées

---

(1) Cette commission se trouve ainsi revêtue d'attributions très diverses et qui la distinguent de toutes les autres commissions fluviales, ce qu'explique l'absence de souverainetés régulières dans ces régions. Exagérant cette idée, certains négociateurs avaient même proposé de lui donner une *quasi souveraineté indépendante des pouvoirs territoriaux;* l'art. 8 réserve au contraire l'autonomie de ces derniers.

comme interdites, les Puissances qui exercent ou qui
exerceront des droits de souveraineté ou une influence
dans les territoires formant le bassin conventionnel du
Congo déclarent que ces territoires ne pourront servir
ni de marché ni de voie de transit pour la traite des
esclaves de quelques races que ce soit. *Chacune de
ces Puissances s'engage à employer tous les moyens en son
pouvoir pour mettre fin à ce commerce et pour punir ceux
qui s'en occupent* (1).

CHAPITRE III

DÉCLARATION RELATIVE A LA NEUTRALITÉ DES TERRITOIRES COMPRIS DANS LE BASSIN CONVENTIONNEL DU CONGO

Art. 10. — Afin de donner une garantie nouvelle de
sécurité au commerce et à l'industrie et de favoriser,
par le maintien de la paix, le développement de la civilisation dans les contrées mentionnées à l'article 1 et
placées sous le régime de la liberté commerciale, *les
Hautes Parties signataires* du présent Acte et celles qui
y adhéreront par la suite *s'engagent à respecter la neu-.
tralité des territoires ou parties de territoires dépendant
des dites contrées, y compris les eaux territoriales, aussi
longtemps que les Puissances qui exercent ou qui exerce-*

---

(1) Les puissances l'ont considéré comme une *mission sacrée,*
mais n'ont pas autrement précisé ces moyens ; spécialement elles
n'ont point entendu rétablir l'ancien droit de visite tombé en
désuétude, et plus vexatoire qu'utile. Elles attendent surtout la
suppression successive de l'esclavage de l'éducation morale des
populations indigènes. Comp. a. 6.

ront des droits de souveraineté ou de protectorat sur ces territoires, usant de la faculté de se proclamer neutres, rempliront les devoirs que la neutralité comporte (1).

ART. 11. — Dans le cas où une puissance exerçant des droits de souveraineté ou de protectorat dans les contrées mentionnées à l'article 1 et placées sous le régime de la liberté commerciale serait impliquée dans une guerre, *les Hautes Parties signataires* du présent Acte et celles qui y adhéreront par la suite *s'engagent à prêter leurs bons offices pour que les territoires appartenant à cette puissance* et compris dans la zone conventionnelle de la liberté commerciale *soient, du consentement commun de cette puissance et de l'autre ou des autres parties belligérantes, placés pour la durée de la guerre sous le régime de la neutralité et considérés comme appartenant à un état non belligérant ;* les parties belligérantes renonceraient, dès lors, à étendre les hostilités aux territoires ainsi neutralisés, aussi bien qu'à les faire servir de base à des opérations de guerre (2).

1) Le ministre des Etats-Unis avait exprimé le désir que toute la région fût mise à l'abri de tout conflit à main armée, et qu'à cette fin la conférence en prononçât la neutralité formelle. Mais cette disposition, favorable à la paix, eût privé les gouvernements nouveaux d'une prérogative essentielle de la souveraineté, du droit de guerre. La Conférence n'a pas voulu aller jusque-là ; elle a préféré que la paix leur fût *suggérée qu'imposée.* De là les dispositions analogues des art. 10, 11, 12.

(2) Cette neutralité facultative *suggérée* par les puissances est une institution nouvelle et remarquable en faveur de la paix. Toutefois chaque pouvoir territorial demeure libre de ne pas la consentir; les puissances n'imposent que l'autorité morale de leurs bons

Art. 12. — Dans le cas où un dissentiment sérieux, ayant pris naissance au sujet ou dans les limites des territoires mentionnés à l'article 1 et placés sous le régime de la liberté commerciale, viendrait à s'élever entre des Puissances signataires du présent Acte ou des Puissances qui y adhéreraient par la suite, *ces Puissances s'engagent,* avant d'en appeler aux armes, *à recourir à la médiation d'une ou de plusieurs Puissances amies.*

Pour le même cas, les mêmes Puissances se réservent le recours facultatif à la procédure de l'arbitrage.

CHAPITRE IV

ACTE DE NAVIGATION DU CONGO

Art. 13. — *La navigation du Congo, sans exception d'aucun des embranchements ni issues de ce fleuve, est et demeurera entièrement libre* pour les navires marchands, en charge ou sur lest, de toutes les nations, tant pour le transport des marchandises que pour celui des voyageurs. Elle devra se conformer aux dispositions du présent Acte de navigation et aux règlements à établir en exécution du même Acte.

Dans l'exercice de cette navigation, *les sujets et les pavillons de toutes les nations seront traités, sous tous les rapports, sur le pied d'une parfaite égalité,* tant pour la

offices préalables; stritement, l'autonomie particulière est respectée. L'art. 12 est dans le même esprit: la demande de médiation est seule obligatoire; l'arbitrage est désiré, mais demeure facultatif. Ce sont là néanmoins des garanties importantes de paix.

navigation directe de la pleine mer vers les ports intérieurs du Congo, et vice-versâ, que pour le grand et le petit 'cabotage, ainsi que pour la batellerie sur le parcours de ce fleuve.

En conséquence, sur tout le parcours et aux embouchures du Congo, il ne sera fait aucune distinction entre les sujets des états riverains et ceux des non riverains, et il ne sera concédé aucun privilège exclusif de navigation soit à des sociétés ou corporations quelconques, soit à des particuliers.

Ces dispositions sont reconnues par les Puissances signataires comme faisant désormais partie du droit public international.

ART. — La navigation du Congo ne pourra être assujettie à aucune entrave ni redevance qui ne seraient pas expressément stipulées dans le présent Acte. Elle ne sera grevée d'aucune obligation d'échelle, d'étape, de dépôt, de rompre charge ou de relâche forcée.

Dans toute l'étendue du Congo, les navires et les marchandises transitant sur le fleuve ne seront soumis à aucun droit de transit, quelle que soit leur provenance ou leur destination.

Il ne sera établi aucun péage maritime ni fluvial basé sur le seul fait de la navigation, ni aucun droit sur les marchandises qui se trouvent à bord des navires. *Pourront seuls être perçus, des taxes ou droits qui auront le caractère de rétribution pour services rendus à la navigation même,* savoir :

1° Des taxes de port pour l'usage effectif de certains établissements locaux, tels que quais, magasins, etc.

Le tarif de ces taxes sera calculé sur les dépenses de construction et d'entretien desdits établissements locaux, et l'application en aura lieu sans égard à la provenance des navires ni à leur cargaison ;

2° Des droits de pilotage sur les sections fluviales où il paraîtrait nécessaire de créer des stations de pilotes brevetés.

Le tarif de ces droits sera fixe et proportionné au service rendu ;

3° Des droits destinés à couvrir les dépenses techniques et administratives, faites dans l'intérêt général de la navigation, y compris les droits de phare, de fanal et de balisage.

Les droits de cette dernière catégorie seront basés sur le tonnage des navires, tel qu'il résulte des papiers de bord, et conformément aux règles adoptées sur le Bas-Danube.

Les tarifs, d'après lesquels les taxes et droits énumérés dans les trois paragraphes précédents seront perçus, ne comporteront aucun traitement différentiel et devront être officiellement publiés dans chaque port.

Les Puissances se réservent d'examiner, au bout d'une période de cinq ans, s'il y a lieu de reviser, d'un commun accord, les tarifs ci-dessus mentionnés.

Art. 15. — Les affluents du Congo seront à tous égards soumis au même régime que le fleuve dont ils sont tributaires.

Le même régime sera appliqué aux fleuves et rivières, ainsi qu'aux lacs et canaux des territoires déterminés par l'article 1, paragraphe 2 et 3.

Toutefois, les attributions de la Commission internationale du Congo ne s'étendront pas sur lesdits fleuves, rivières, lacs et canaux, à moins de l'assentiment des États sous la souveraineté desquels ils sont placés. Il est bien entendu aussi que pour les territoires mentionnés dans l'article 1, paragraphe 3, le consentement des états souverains de qui ces territoires relèvent demeure réservé.

Art. 16. — *Les routes, chemins de fer ou canaux latéraux qui pourront être établis dans le but spécial de suppléer à l'innavigabilité ou aux imperfections* de la *voie fluviale sur certaines sections* du parcours du Congo, de ses affluents et des autres cours d'eau qui leur sont assimilés par l'article 15 *seront considérés,* en leur qualité de moyens de communication, *comme des dépendances de ce fleuve et seront également ouverts au trafic de toutes les nations* (1).

De même que sur le fleuve, il ne pourra être perçu sur ces routes, chemins de fer et canaux que des péages calculés sur les dépenses de construction, d'entretien et d'administration, et sur les bénéfices dus aux entrepreneurs.

Quant aux taux de ces péages, les étrangers et les nationaux des territoires respectifs seront traités sur le pied d'une parfaite égalité.

---

(1) Par dérogation aux principes de Vienne, ou plutôt par une intelligente extension de ces principes, les art. 16 et 17 assimilent au fleuve principal tous ses affluents, alors même qu'ils ne traverseraient pas plusieurs états, ainsi que les voies de communication

Art. 17. — *Il est institué une Commission Internationale chargée d'assurer l'exécution des dispositions du présent Acte de navigation.*

Les Puissances signataires de cet Acte, ainsi que celles qui y adhéreront postérieurement, pourront, en tout temps, se faire représenter dans ladite Commission, chacune par un Délégué. Aucun Délégué ne pourra disposer de plus d'une voix, même dans le cas où il représenterait plusieurs Gouvernements.

Ce Délégué sera directement rétribué par son Gouvernement.

Les traitements et allocations des agents et employés de la Commission Internationale seront imputés sur le produit des droits perçus conformément à l'article 14, paragraphes 2 et 3.

Les chiffres desdits traitements et allocations, ainsi que le nombre, le grade et les attributions des agents et employés, seront inscrits dans le compte rendu qui sera adressé chaque année aux Gouvernements représentés dans la Commission Internationale (1).

terrestres qui suppléeraient à l'innavigabilité ou aux imperfections de la voie fluviale.

(1) Cette commission internationale, ouverte aux délégués de toutes les puissances qui adhéreront à l'acte, est certainement une création heureuse et originale. Nous avons signalé plus haut (art. 8) la variété de ses attributions. Elle est plus qu'une simple commission fluviale, du moins partout où aucune puissance n'exerce encore des droits de souveraineté ou de protectorat. Elle représente alors l'action commune des Puissances; elle exerce des attributions de police, de justice et de sûreté pour la protection

Art. 18. — *Les Membres de la Commission Internationale ainsi que les agents nommés par elle sont investis du privilège de l'inviolabilité dans l'exercice de leurs fonctions* (1). *La même garantie s'étendra aux offices, bureaux et archives de la Commission.*

Art. 19. — La Commission Internationale de navigation du Congo se constituera aussitôt que cinq des Puissances signataires du présent Acte général auront nommé leurs Délégués. En attendant la constitution de la Commission, la nomination des Délégués sera notifiée au Gouvernement de l'Empire d'Allemagne, par les soins duquel les démarches nécessaires seront faites pour provoquer la réunion de la Commission.

La Commission élaborera immédiatement des règlements de navigation, de police fluviale, de pilotage et de quarantaine.

Ces règlements, ainsi que les tarifs à établir par la Commission, avant d'être mis en vigueur, seront soumis à l'approbation des Puissances représentées dans la Commission. Les Puissances intéressées devront faire connaître leur avis dans le plus bref délai possible.

Les infractions à ces règlements seront réprimées par

des personnes et des droits ; elle joue comme le rôle d'un pouvoir ou d'un organisme politique rudimentaire mais suffisant pour l'heure. Par contre, dans les sections dépendant d'un état civilisé, il se fait un partage d'attributions (voy. notamment a. 19, al. 4, 1, 20. al. a. 2, 5), et la commission se retire devant la souveraineté territoriale pour reprendre un caractère plus spécialement fluvial.

(1) Ce caractère d'inviolabilité leur vient sans doute de ce qu'ils sont les représentants effectifs des puissances.

*les agents de la Commission Internationale, là où elle
exercera directement son autorité, et ailleurs par la Puissance riveraine.*

Au cas d'un abus de pouvoir ou d'une injustice de la
part d'un agent ou d'un employé de la Commission
Internationale, l'individu qui se regardera comme lésé
dans sa personne ou dans ses droits pourra s'adresser
à l'Agent Consulaire de sa nation. Celui-ci devra examiner la plainte ; s'il la trouve *prima facie* raisonnable,
il aura le droit de la présenter à la Commission. Sur
son initiative, la Commission, représentée par trois au
moins de ses Membres, s'adjoindra à lui pour faire une
enquête touchant la conduite de son agent ou employé.
Si l'Agent Consulaire considère la décision de la Commission comme soulevant des objections de droit, il en
fera un rapport à son Gouvernement, qui pourra recourir aux Puissances représentées dans la Commission
et les inviter à se concerter sur des instructions à donner
à la Commission.

Art. 20. La Commission Internationale du Congo,
chargée, aux termes de l'article 17, d'assurer l'exécution
du présent Acte de navigation, aura notamment dans
ses attributions :

   1° La désignation des travaux propres à assurer
la navigabilité du Congo selon les besoins du commerce international.

   Sur les sections du fleuve où aucune puissance
n'exercera les droits de souveraineté, la Commission Internationale prendra elle-même les mesures
nécessaires pour assurer la navigabilité du fleuve.

Sur les sections du fleuve occupées par une Puissance souveraine, la Commission Internationale s'entendra avec l'autorité riveraine ;

2° La fixation du tarif de pilotage et celle du tarif général des droits de navigation, prévus au 2° et au 3° paragraphe de l'article 14.

Les tarifs mentionnés au 1° paragraphe de l'article 14 seront arrêtés par l'autorité territoriale, dans les limites prévues audit article.

La perception de ces différents droits aura lieu par les soins de l'autorité internationale ou territoriale pour le compte de laquelle ils sont établis ;

3° L'administration des revenus provenant de l'application du paragraphe 2 ci-dessus ;

4° La surveillance de l'établissement quarantenaire établi en vertu de l'article 24 ;

5° La nomination des agents dépendant du service général de la navigation et celle de ses propres employés.

L'institution des sous-inspecteurs appartiendra à l'autorité territoriale sur les sections occupées par une Puissance, et à la Commission Internationale sur les autres sections du fleuve.

La Puissance riveraine notifiera à la Commission Internationale la nomination des sous-inspecteurs qu'elle aura institués, et cette Puissance se chargera de leur traitement.

Dans l'exercice de ses attributions, telles qu'elles sont définies et limitées ci-dessus, la Commission Internationale ne dépendra pas de l'autorité territoriale.

Art. 21. — Dans l'accomplissement de sa tâche, *la Commission Internationale pourra recourir, au besoin, aux bâtiments de guerre des Puissances signataires de cet Acte* et de celles qui y accéderont à l'avenir, sous toute réserve des instructions qui pourraient être données aux commandants de ces bâtiments par leurs Gouvernements respectifs.

Art. 22. — Les bâtiments de guerre des puissances signataires du présent Acte qui pénètrent dans le Congo sont exempts du payement des droits de navigation prévus au paragraphe 3 de l'article 14 ; mais ils acquitteront les droits éventuels de pilotage, ainsi que les droits de port, à moins que leur intervention n'ait été réclamée par la Commission internationale ou ses agents aux termes de l'article précédent.

Art. 23. — Dans le but de subvenir aux dépenses techniques et administratives qui lui incombent, *la Commission internationale instituée par l'article 17 pourra négocier en son nom propre des emprunts exclusivement gagés sur les revenus attribués à ladite Commission* (1).

Les décisions de la Commission tendant à la conclusion d'un emprunt devront être prises à la majorité de deux tiers des voix. Il est entendu que les Gouvernements représentés à la Commission ne pourront, en aucun cas, être considérés comme assumant aucune garantie, ni contractant aucun engagement ni solidarité à

_____

(1) La commission est ainsi une véritable personne morale ayant son patrimoine, ses avoirs et ses dettes.

l'égard desdits emprunts, à moins de conventions spéciales conclues par eux à cet effet.

Le produit des droits spécifiés au 3ᵉ paragraphe de l'article 14 sera affecté par priorité au service des intérêts et à l'amortissement desdits emprunts, suivant les conventions passées avec les prêteurs.

Art. 24. — Aux embouchures du Congo, il sera fondé, soit par l'initiative des puissances riveraines, soit par l'intervention de la Commission Internationale, un établissement quarantenaire qui exercera le contrôle sur les bâtiments tant à l'entrée qu'à la sortie.

Il sera décidé plus tard, par les Puissances, si et dans quelles conditions un contrôle sanitaire devra être exercé sur les bâtiments dans le cours de la navigation fluviale.

Art. 25. — *Les dispositions du présent Acte de navigation demeureront en vigueur en temps de guerre. En conséquence, la navigation de toutes les nations, neutres ou belligérantes, sera libre, en tous temps, pour les usages du commerce, sur le Congo, ses embranchements, ses affluents et ses embouchures, ainsi que sur la mer territoriale faisant face aux embouchures de ce fleuve.*

Le trafic demeurera également libre, malgré l'état de guerre, sur les routes, chemins de fer, lacs et canaux mentionnés dans les articles 15 et 16.

Il ne sera apporté d'exception à ce principe qu'en ce qui concerne le transport des objets destinés à un belligérant et considérés, en vertu du droit des gens, comme articles de contrebande de guerre.

Tous les ouvrages et établissements créés en exécution

du présent Acte, notamment les bureaux de perception et leurs caisses, de même que le personnel attaché d'une manière permanente au service de ces établissements, seront placés sous le régime de la neutralité et à ce titre seront respectés et protégés par les belligérants (1).

CHAPITRE V

ACTE DE NAVIGATION DU NIGER

ART. 26. — Répétition quant au Niger de l'art. 13 relatif au Congo.

ART. 27. — Répétition de l'art. 14, alinéas 1, 2 et 3, jusqu'aux mots « à la navigation même »; puis l'article ajoute, au lieu de procéder à une énumération comme l'art. 14 : « les tarifs de ces taxes ou droits ne comporteront aucun traitement différentiel. »

---

(1) Le principe de *la liberté du trafic fluvial en cas de guerre*, ou plus simplement de la neutralité de la voie fluviale et de ses dépendances, que le congrès de Vienne avait négligé, et qui n'était visé que dans quelques-unes de ses applications par les règlements auxquels l'acte de 1815 avait donné naissance, se trouve ainsi posé dans son acception la plus large par les deux conventions relatives au Congo et au Niger (art 25 et 33). — Les bâtiments commerciaux des puissances belligérantes y jouiront des mêmes immunités que ceux portant pavillon neutre, c'est-à-dire qu'ils seront inviolables au même titre que la propriété privée dans les guerres continentales. Cette disposition d'un caractère exceptionnel est plus libérale que celle sanctionnée par le congrès de Paris dans la déclaration finale du 16 avril 1856. — A propos de la contrebande de guerre, qui demeure naturellement exclue, la conférence refusa de classer la houille parmi les marchandises illicites ou *d'ancipitis usus*, comme le demandait le plénipotentiaire anglais.

Art. 28. — Les affluents du Niger seront à tous égards soumis au même régime que le fleuve dont ils sont tributaires (Comp. art. 15).

Art. 29. — Répétition quant au Niger de l'art. 16 relatif au Congo.

Art. 30. — *La Grande-Bretagne s'engage à appliquer les principes de la liberté de navigation énoncés dans les articles 26, 27, 28, et 29, en tant que les eaux du Niger, de ses affluents, embranchements et issues, sont ou seront sous sa souveraineté ou son protectorat.*

Les règlements qu'elle établira pour la sûreté et le contrôle de la navigation seront conçus de manière à faciliter autant que possible la circulation des navires de guerre ou des navires marchands.

Il est entendu que rien dans les engagements ainsi pris ne saurait être interprété comme empêchant ou pouvant empêcher la Grande-Bretagne de faire quelques règlements de navigation que ce soit, qui ne seraient pas contraires à l'esprit de ses engagements.

La Grande-Bretagne s'engage à protéger les négociants étrangers de toutes les nations faisant le commerce dans les parties du cours du Niger qui sont ou seront sous sa souveraineté ou son protectorat, *comme s'ils étaient ses propres sujets,* pourvu toutefois que ces négociants se conforment aux règlements qui sont ou seront établis en vertu de ce qui précède (1).

Art. 31. — *La France accepte sous les mêmes réserves et*

(1) La loi de navigation du Niger est en somme, on le voit, la même que celle du Congo (art. 26 à 29), mais son exécution et son

*en termes identiques les obligations consacrées dans l'article
précédent,* en tant que les eaux du Niger, de ces affluents,
embranchements et issues, sont ou seront sous sa souveraineté ou son protectorat.

Art. 32. — *Chacune des autres Puissances signataires s'engage de même,* pour le cas où elle exercerait dans l'avenir
des droits de souveraineté ou de protectorat sur quelque
partie des eaux du Niger, de ses affluents, embranchements et issues.

Art. 33. — Répétition quant au Niger des trois premiers
alinéas de l'art. 25 relatif au Congo.

Art 34. — *La Puissance qui dorénavant prendra possession d'un territoire sur les côtes du Continent Africain
situé en dehors de ses possessions actuelles, ou qui, n'en
ayant pas eu jusque-là, viendrait à en acquérir, et de même,
la Puissance qui y assumera un protectorat, accompagnera
l'acte respectif d'une notification adressée aux autres Puissances signataires du présent Acte, afin de les mettre à
même de faire valoir s'il y a lieu leurs réclamations.*

Art. 35. — *Les Puissances signataires du présent Acte
reconnaissent l'obligation d'assurer, dans les territoires
occupés par elles sur les côtes du Continent Africain,
l'existence d'une autorité suffisante pour faire respecter
les droits acquis et, le cas échéant, la liberté du commerce
et du transit dans les conditions où elle serait stipulée* (1).

application sont réservées à chacune des puissances qui y possède
ou qui y possédera des droits de souveraineté, au lieu d'être
remise à une commission internationale comme sur le Congo.

(1) La notification aux puissances de l'a. 34 a été facilement

CHAPITRE VI

DISPOSITIONS GÉNÉRALES

Art. 36. — Les Puissances signataires du présent
Acte général se réservent d'y introduire ultérieurement

admise par la conférence. La rédaction de l'article 35 a été plus
laborieuse ; c'est que la disposition en est aussi plus importante:
il s'agissait de prévenir à l'avenir les *occupations fictives*. Mais
qu'est-ce qu'une occupation *effective* ou *réelle ?* Une règle qui fût
suffisante sans être trop exigeante était délicate à formuler.

L'Angleterre, qui ne pratique pas moins de six systèmes administratifs différents dans son vaste domaine colonial voulait qu'en
distinguât l'*occupation proprement dite* à laquelle la plénitude des
droits souverains est inhérente, du *protectorat* qui n'en implique
que quelques-uns, notamment celui de se substituer au gouvernement local vis-à-vis des états étrangers, et de la *simple protection*
ou *patronage,* plus ou moins incertain dans ses effets, et qui se
traduit volontiers « par l'institution de consulats chargés de rendre la justice aux nationaux, aux indigènes et même aux résidents étrangers. » L'article ne devait définir que les conditions de
l'*occupation* proprement dite, laissant en dehors les *protectorats*
et les *protections*. L'Angleterre, qui en exerce de si variés, crai-
gnait qu'une définition plus étendue ne devînt une source ou une
occasion de compétitions extérieures, ou du moins de difficultés.
Pour vaincre ses scrupules, la conférence se décida donc à réduire au
strict nécessaire l'appareil administratif et juridique des nouvelles
possessions du littoral africain, et à faire disparaître la mention
des protectorats pour ne parler que de l'occupation. Sur la motion
du plénipotentiaire français, on remplaça même l'obligation *d'établir et de maintenir une juridiction suffisante...* par celle *d'assurer
l'existence d'une autorité suffisante...,* afin de permettre, suivant
les circonstances, de *conserver* les institutions du pays occupé.

et d'un commun accord les modifications ou améliorations dont l'utilité serait démontrée par l'expérience.

Art. 37. — Les Puissances qui n'auront pas signé le

Une clause relative à la nécessité du maintien de la paix dans le pays occupé disparut également : « l'on considéra que dans ces contrées lointaines habitées par des peuplades sauvages, la paix, surtout au début d'une occupation, peut se trouver facilement compromise et que des troubles passagers ne sauraient mettre en question les droits de l'occupant » (Rapport *Engelhardt*). — L'article 35 n'exige d'ailleurs ni l'indication des frontières approximatives du pays occupé (proposée par l'Angleterre): une délimitation de ce genre était prématurée, car elle aurait mis en perspective un partage complet du continent africain ; — ni la reconnaissance des puissances, car il est de principe qu'un état peut exister sans être reconnu. — Une dernière remarque, c'est que les articles 36 à 37 ne disent rien des *principaux intéressés*, des habitants eux-mêmes des pays occupés. Le représentant américain avait cependant proposé de dire « qu'on respecterait les droits des chefs indigènes» ou même « que toutes les conditions de droit et de fait » des occupations futures seraient soumises à l'appréciation des puissances. « Sans vouloir s'engager dans *ces questions délicates*, nous dit le rapport de M. Engelhardt, la conférence s'est positivement associée a la pensée humanitaire qui les avait inspirées. » C'est parfaitement exact ; mais il reste que la pratique réponde à la théorie ; et si les puissances « légalisent » habituellement de nos jours leurs occupations par des « arrangements directs » avec les chefs intéressés, il reste à désirer que cette *légalité* ne soit pas toute externe, et que l'injustice et l'usurpation ne se déguisent plus sous la forme de contrats *léonins*, ou les pauvres indigènes ne jouent que le rôle de dupes. L'article 35 a pu se taire sur ce point, mais à condition que les généreuses dispositions de l'article 6 soient autre chose que des formules banales d'humanitarisme théorique sans cesse démenti par les faits.

présent Acte général pourront adhérer à ses dispositions par un acte séparé.

L'adhésion de chaque puissance est notifiée, par la voie diplomatique, au Gouvernement de l'Empire d'Allemagne, et par celui-ci à tous les États signataires ou adhérents.

Elle emporte de plein droit l'acceptation de toutes les obligations et l'admission à tous les avantages stipulés par le présent Acte général.

Art. 38. — Le présent acte général sera ratifié dans un délai qui sera le plus court possible et qui, en aucun cas, ne pourra excéder un an.

Il entrera en vigueur pour chaque Puissance à partir de la date où elle l'aura ratifié.

En attendant, les Puissances signataires du présent Acte général s'obligent à n'adopter aucune mesure qui serait contraire aux dispositions du dit Acte.

Chaque Puissance adressera sa ratification au Gouvernement de l'Empire d'Allemagne, par les soins de qui il en sera donné avis à toutes les autres Puissances signataires du présent Acte général.

Les ratifications de toutes les Puissances resteront déposées dans les archives du Gouvernement de l'Empire d'Allemagne. Lorsque toutes les ratifications auront été produites, il sera dressé acte du dépôt dans un protocole qui sera signé par les Représentants de toutes les Puissances ayant pris part à la Conférence de Berlin, et dont une copie certifiée sera adressée à toutes ces Puissances.

En foi de quoi, les Plénipotentiaires respectifs ont

signé le présent Acte général et y ont apposé leur cachet.

Fait à Berlin, le vingt-sixième jour du mois de février mil huit cent quatre-vingt-cinq.

ERRATA

Page 6, ligne 9, supprimez le ?

Page 9, ligne 28, supprimez le *qui*.

Page 85, au lieu de § 83, *lisez:* § 23.

TABLE DES MATIÈRES

Avertissement du Traducteur. . . . .

Préface de l'Auteur. . . . .

INTRODUCTION

§ 1. Fondement du droit des gens. 1
§ 1 a. Des détracteurs du droit des gens. 6
§ 2. Source et science du droit des gens 8
§ 3. Méthode du droit des gens. 11
§ 4. Aperçu de l'histoire du droit des gens et de son
     élaboration scientifique. 13
§ 5. Division du droit des gens. 19

PREMIÈRE PARTIE. — DROIT DE LA PAIX

CHAPITRE PREMIER. — DROIT DES PERSONNES

§ 6. Les sujets du droit des gens. 21

Première subdivision.

§ 7. Les états, comme sujets du droit des gens. . . . 22
§ 8. Droit généraux des états, comme membres de la
     communauté internationale. 28
§ 8 a. Droit fondamentaux des états. 30
§ 9. Conflits des lois et des droits des divers états. . . 35

DU DROIT INTERNATIONAL PRIVÉ

§ 10. I. Du droit des étrangers en général. 36
§ 11. II. Application de la justice, de l'état aux
     étrangers. 39
§ 12. III. La justice pénale au regard de l'étranger. . . 42
§ 13. Des servitudes publiques. 45
§ 14. Du droit d'intervention. 48

Seconde subdivision.

§ 15. Les souverains comme sujets de droit des gens,
     leur personne et leur famille. 53
§ 16. La famille du souverain. 57
§ 17. Perte de la souveraineté. 60

CHAPITRE II

§ 18.   Du droit des choses.   62
§ 18 a. De l'occupation. — Frontières.   65
§ 19.   Droit de disposer du domaine de l'état (Statsei-
          genthum).   67
§ 20.   Perte du domaine de l'état.   69
§ 21.   De la mer, et du domaine y relatif. . .   70
§ 21 a.   72
§ 22.   Du domaine fluvial.   75
§ 22 a. De la navigation du Danube.   78
§ 23.   Les navires et les droits de la navigation.   85

CHAPITRE III. — LE DROIT DES OBLIGATIONS, OU DES ENGAGEMENTS

DES NATIONS ENTRE ELLES

§ 24.   Des traités.   91
§ 25.   Conditions essentielles des traités.   93
§ 26.   Licité de l'objet.   93
§ 27.   Capacité des contractants. , ...   97
§ 27 a. De la ratification et des promesses (sponsions). . .   99
§ 28.   Libre consentement des contractants   104
§ 29.   Forme et confection des traités   107
§ 30.   Modalités et divisions des traités   109
§ 31.   Alliances.   112
§ 32.   Des confédérations.   113
§ 33.   Effets des traités.   115
§ 34.   Interprétation des traités.   117
§ 35.   Sanction des traités   118
§ 35 a. De la garantie comme mode de sanction des traités.   121
§ 35 b.   123
§ 35 c.   124
§ 36.   Extinction des obligations contractuelles , . . , . .   125
§ 36 a. De l'inexécution du traité.   126
§ 36 b. Des obligations non contractuelles   127

DEUXIÈME PARTIE. — DROIT DE LA GUERRE

CHAPITRE I

§ 37.   Des moyens d'éviter les conflits entre États. . . .   129
§ 37 a. De la médiation   134
§ 38.   Mesures violentes, en dehors de la guerre   136
§ 39.   Notion et division de la guerre   143
§ 39 a. Division de la guerre.   146
§ 40.   Des belligérants   150
§ 41.   Droits de la guerre (Kriegsrechte). Lois de la guerre
          (Kriegsmanier). Raisons de guerre (Kriegsraison).   153
§ 42.   Commencement de la guerre   156
§ 43.   Effets juridiques de l'ouverture de la guerre . . .   160
§ 44.   Sujets de l'état de guerre.   163

§ 45.   Moyens licites de guerre   169
§ 45 a. De la ruse à la guerre   172
§ 46.   Plus amples détails sur le traitement des personnes
        ennemies   176
§ 46 a. Des prisonniers de guerre.   178
§ 46 b. Appendice. — La convention de Genève   181
§ 47.   Des choses de l'ennemi.   185
§ 48.   Du droit de butin.   191
§ 48 a. Du droit sur les choses de l'ennemi dans la guerre
        maritime   193
§ 49.   Des conventions de guerre   197

CHAPITRE II. — DE LA NEUTRALITÉ

§ 50.   Des droits et devoirs des neutres.   202
§ 50 a. Droits et devoirs des neutres (suite)   210
§ 51.   Le commerce des neutres spécialement sur mer et
        ses restrictions.   217

CHAPITRE III. — FIN DE LA GUERRE

§ 52.   Postliminium et paix.   228

APPENDICE I

PRINCIPES DU DROIT DE LÉGATION

§ 53.   Des ministres et du droit de légation   237
§ 54.   Des différentes classes et dénominations des ministres   239
§ 55.   Choix des ministres quant à leur classe, leur per-
        sonne, leur nombre   243
§ 56.   Suite du ministre.   245
§ 57.   Papiers nécessaires au ministre à son entrée en
        fonction.   247
§ 58.   Fonctions du ministre   249
§ 59.   Droits et privilèges des ministres.   251
§ 60.   I. — Droits de cérémonial.   252
§ 61.   2. Des droits et privilèges essentiels des ministres.   257
§ 62.   De l'exterritorialité judiciaire.   259
§ 62 a. De l'exemption de la juridiction pénale   263
§ 63.   De l'exemption d'impôts   266
§ 64.   Privilège du culte privé.   268
§ 65.   Fin de la mission   269
§ 66.   De la mort du ministre.   271
§ 67.   Conclusion   273

APPENDICE II

Le traité de Berlin du 13 juillet 1878.   277

APPENDICE III

La conférence africaine de Berlin et l'acte général du
25 février 1885. — I. Historique. — II. Acte général de
la conférence de Berlin, 2 février 1885   295

CHAPITRE I

Réclamation relative à la liberté du commerce dans le bassin du Congo, ses embouchures et pays circonvoisins, et dispositions connexes. 304

CHAPITRE II

Déclaration concernant la traite des esclaves. 309

CHAPITRE III

Déclaration relative à la neutralité des territoires compris dans le bassin conventionnel du Congo 310

CHAPITRE IV

Acte de navigation du Congo. 312

CHAPITRE V

Acte de navigation du Niger 322

CHAPITRE VI

Dispositions générales. 326

IMPRIMERIE PAUL BOUSREZ, 5, RUE DE LUCÉ, A TOURS.